金の子牛像事件の解釈史

古代末期のユダヤ教とシリア・キリスト教の聖書解釈

大澤耕史

教文館

序文

　はるか遠くの先祖が過去に大罪を犯したという記録が残されている時，後世の人間はそれをどのように扱うだろうか。記録そのものを抹消しようとしたり，罪を矮小化しようとしたりするだろうか。それとも，罪は罪と認めた上で，その償いはもう済んでいると考えるだろうか。もしくは，その先祖を自分と切り離し，遠慮なく非難するだろうか。この問題に直面したのが，ヘブライ語聖書（「旧約聖書」との関係については後述）を聖典とみなすユダヤ教とキリスト教（そしてイスラーム）であった。

　本書は，ヘブライ語聖書を構成する書物の一つである出エジプト記の32章に描かれている金の子牛像事件について，ギリシア・ラテン教父[1]の解釈を参考にしつつ，古代末期のユダヤ教とシリア教父の解釈の比較を試みている。この金の子牛像事件については，古代から現代にいたるまで，ユダヤ教・キリスト教を問わず様々な立場の人間が解釈を行ってきた。またそれと同時に，その解釈自体も現代に至るまで様々な面から研究されてきた。そのような背景を踏まえた本書では，ユダヤ教側としては，紀元500年頃から編纂が開始された一大法規集成である『バビロニア・タルムード』（以下，BTと略記）とその同時代までに編纂された文献，キリスト教側としては，4世紀までの時代を生きたギリシア・ラテン教父とシリア教父の著作に残された解釈に焦点を当て，まず金の子牛像事件の何が問題でどのような罪とみなされてきたのか，そして子牛像事件におけるアロン，モーセ，イスラエルの民，サタン，そして（補足的な形ではあるものの）神がそれぞれどのように描かれ解釈されてきたのかを一次文献の精読から明らかにし，その背景を考察する。

---

[1] ギリシア語やラテン語で説教を行ったり著作を残したりしたキリスト教会の指導者たちを指す。同様に，シリア教父とはシリア語で活動した教父を意味する。例えば，シリア語圏で暮らしながらもギリシア語で活動した教父は，シリア教父ではなくギリシア教父とみなされる。

金の子牛像事件とは，まずユダヤ教においては自分たちの聖典であるヘブライ語聖書に記録されている，自分たちの先祖の犯した「大いなる罪（חֲטָאָה גְדֹלָה）」[2]であった。そしてその重大さゆえにユダヤ教内部でも言及され続ける問題であった。例えば，本書が対象とする時代のシナゴーグでの礼拝では，担当者が聖書をヘブライ語で読んだ後に，違う担当者が当時の一般民衆の言葉であったアラム語に翻訳するという習慣があったが[3]，紀元200 年頃編纂されたユダヤ教の口伝律法集成である『ミシュナ』には，出エジプト記 32 章の一部は翻訳してはならないという規定があった[4]。ここからも，金の子牛像事件の扱いが古代からすでにユダヤ教内部でも議論の対象となっていたことがうかがえる。また，後の時代に災厄が起こった場合にその日を子牛像事件の起こった日になぞらえたり[5]，自分たちの不幸な境遇の原因を子牛像事件に帰したり[6]といった伝承も多く見られる。その一方でキリスト教においては，古くは新約聖書においてすでに子牛像事件を利用してユダヤ人を攻撃する記述が見られるように[7]，それ以降も子牛像事件はユダヤ人の愚かさや神への不敬虔さなどを指摘する際の格好の材料として活用され

---

[2] 本書で引用するヘブライ語聖書の底本は，Elliger, K. & Rudolph, W., *Biblia Hebraica Stuttgartensia* (Stuttgart: Deutsche Bibelgesellschaft, 1977, 1997^5) である。「大いなる罪（חֲטָאָה גְדֹלָה）」という表現はヘブライ語聖書中で 5 回しか使われず，そのうちの 3 回がこの金の子牛像事件についてである。残りの 2 回は創世記 20:9（アビメレクによるアブラハムへの非難）と列王記下 17:21（ヤロブアムへの非難）で使われている。

[3] 聖書の翻訳はネヘミヤ記 8 章が起源とされ，その習慣自体も『ミシュナ』にたびたび記録されている（例えばメギラー篇 2.1）。またこの習慣は，ラビや一部の教養ある者を除き，紀元 200 年頃にはユダヤ人の一般民衆はヘブライ語を解さなかったことを意味する。ちなみにラビとはユダヤ教の学識を備えた者といった身分に過ぎず，キリスト教の聖職者のように一般信徒より神に近い階級といった意味は持たない。なお，その実例の分析も含めて聖書翻訳とそれに類する行為がどのように見なされていたかについては，勝又悦子「ラビ文献における TRGM（翻訳する）の語感」『一神教学際研究』6 (2011), pp. 90–119 が詳しい。

[4] 『ミシュナ』メギラー篇 4.10。その理由については BT で議論されている（本書 p. 13 を参照）。

[5] BT シャバット篇 17a など。

[6] BT エルビーン篇 54a など。

[7] 使徒言行録 7 章など（本書 p. 51 を参照）。

てきた。そもそも、「ユダヤ教は神との契約を失いそれをキリスト教が引き継いだ」という彼らの主張を証明するために子牛像事件が利用される場合もあったように[8]、キリスト教にとっては自らの正統性を示すためにこの事件が必要だったという側面がある。このように、この金の子牛像事件がユダヤ教・キリスト教の両者にとって重要な問題であり、またそれ故に、後で具体的に取り上げるように現代に至るまで多くの先行研究が残されている。このような子牛像事件の重要性が、本書にとっては大きな前提となる。

　本書の根幹をなすユダヤ教とキリスト教の聖書解釈の比較研究については、すでに金の子牛像事件研究とは比べ物にならないほどの研究の歴史と蓄積があり、現在でも総論・各論を問わず様々な形で多くの研究が発表され続けている。しかしその中でも、本書が比較対象の片方とするシリア・キリスト教、つまりシリア語圏のキリスト教については、カトリックとプロテスタントに代表される「西方」のキリスト教に比べると、研究者たちの関心が高かったとは言い難いのが実情である。それでも、ヨーロッパを中心として遅くとも19世紀には研究が行われており、当時編纂されたシリア語の文法書が現在でも重要文献として言及されることなどからも、その当時の研究水準の高さがうかがえる[9]。その後20世紀も半ばになると、E. Beckを中心として、写本に基づくシリア教父の著作の校訂版の出版が相次いだ。こうして、一次文献の精読に基づくシリア・キリスト教の歴史、教父たちの思想、周辺地域との関係などについての研究が進められるようになった。これら一次文献の現代語訳の出版も相次ぎ、シリア・キリスト教と教父たちの具体的な姿が明らかになるにつれ、ここ20年ほどの間で彼らのユダヤ教に対する態度やユダヤ教からの影響などについても詳細な分析が行われるようになった。本書は、シリア・キリスト教研究におけるそうした流れを受け、またその成果を活用したものであると言うことができる。

　本書の立場、およびアプローチの方法についてもここで述べておく。特に比較という作業において真に客観的な立場をとるというのは不可能であり、

---

[8] バルナバの手紙4章、14章など（本書 p. 131–132 を参照）。

[9] 代表的なものとして、Nöldeke, T., (tr.) Crichton, J. A., *Compendious Syriac Grammar* (London; Williams & Norgate, 1904)。

自らが拠り所とする特定の立場を自覚し，その立場から対象をどのように整理することが可能かを明らかにすることが重要である。本書は聖書やその解釈についての議論が中心となるが，聖書学や神学ではなくユダヤ学の立場からなされた研究である。ユダヤ学とは，広義にはユダヤ的なものを扱っているすべての学問であると考えることもできるが，特にそういったユダヤ的なものそれ自体に価値があるとみなし，それらをユダヤ的な観点から分析することを前提とした学問と言えよう[10]。そうしたユダヤ学の立場を説明するのに便利な例が，「ヘブライ語聖書（Hebrew Bible）」という名称である。日本人にも馴染みのあると思われる「旧約聖書（Old Testament）」とは新約聖書と対になる言葉で，キリスト教の神との新しい契約と対比した，ユダヤ教の古い契約という意味を含んでいる。もちろんキリスト教徒がこの旧約聖書という名称を使うのはなんら不自然ではないが，自身のアイデンティティーとしてユダヤ教ともキリスト教とも特に関係を持たない人間が旧約聖書という言葉を当然のように使うのは，キリスト教の影響の産物だと言えよう。そのため，最近ではユダヤ学に限らず，この旧約聖書はヘブライ語聖書と呼ばれることが多くなっており，本書でも一貫してその名称を使用している。なお，新約聖書をギリシア語聖書と呼ぶ向きもあるが，この書物とは別にヘブライ語聖書のギリシア語訳という一連の重要な書物があり，そちらとの混同を避けるためもあってそのまま新約聖書と呼ぶのが一般的である。

　また，本書は聖書の内容や文言に重きを置いて議論を進めていくが，近代聖書学が大きな課題の一つとしている本文批評，および本文の編纂史といったテーマは問題にしていない。むしろ，対象とする時代の人々が聖書をどの

---

[10] ユダヤ学の前身である「ユダヤ教科学（Wissenschaft des Judentums）」は，19世紀初頭のドイツで L. Zunz らのユダヤ人グループによって提唱された（概説として，Dinur, B., "Wissenschaft des Judentums," *Encyclopaedia Judaica 2nd edition* (Detroit: Macmillan Reference USA, 2007) (以下，*EJ²ⁿᵈ*), vol. 21, pp. 105–114 を参照）。ただし少なくとも現代社会では，神学がユダヤ教を，ユダヤ学がキリスト教を研究対象に含んではならないという制約は当然存在せず，研究内容によってはそういった学問分野による区別が無意味になるケースも多々存在する。本書もユダヤ学の立場に立つと明言はしているが，分析対象にはキリスト教の伝承も多く含んでおり，むしろ両分野の横断を試みるものでもある。

ように読み，その意味をどのように解釈したのか，そしてその解釈にはどういった背景があったのかという点を分析対象としている。つまり，ユダヤ学の立場から文学資料としてのユダヤ教（とキリスト教）の聖書解釈の分析を行っているのである。そのため筆者にとっては，聖書の記述が正しいかどうか，歴史的事実かどうかといった点は議論の対象にならない。あくまで聖書解釈者たちが聖書をどのように理解し，どのように解釈してきたのかに焦点を絞り，以下，分析を進めてゆく。

目　次

序文　3

第 1 章　先行研究および
ユダヤ教とシリア・キリスト教の比較の意義

1.1. 序言　13
1.2. 出エジプト記 32 章の金の子牛像事件　14
1.3. 子牛像事件についての先行研究　18
1.4. 今後の研究の可能性　22
　1.4.1. シリア・キリスト教　22
　　1.4.1.1. ペルシアの賢者アフラハト　25
　　1.4.1.2. ニシビスのエフライム　26
　1.4.2. ユダヤ教とシリア・キリスト教の比較　27
1.5. 本書の対象とする文献およびその研究方法　28
　1.5.1. ユダヤ教　30
　1.5.2. キリスト教　31
1.6. 小括　32

第 2 章　罪

2.1. 序言　34
2.2. 聖書中での子牛像事件への言及　35
　2.2.1. 聖書における「牛」　39
2.3. ユダヤ教の解釈　40
　2.3.1. 罪の大きさと結果　40
　2.3.2. 偶像崇拝の罪　44

2.3.3. 姦淫の罪　48
2.4. 新約聖書とギリシア・ラテン教父の解釈　51
   2.4.1. エジプトとの関係　51
   2.4.2. 偶像崇拝の罪　53
2.5. シリア教父の解釈　56
   2.5.1. 罪の認定　56
   2.5.2. エジプトとの関係　57
   2.5.3. 偶像崇拝の罪　59
   2.5.4. 姦淫の罪　60
2.6. 小括　63

第3章　アロン

3.1. 序言　65
3.2. ヘブライ語聖書におけるアロン　66
3.3. ユダヤ教の解釈　67
   3.3.1. タナイーム期まで　68
   3.3.2. アモライーム期　76
3.4. ギリシア・ラテン教父の解釈　83
3.5. シリア教父の解釈　86
3.6. 小括　89

第4章　モーセ

4.1. 序言　93
4.2. ヘブライ語聖書におけるモーセ　94
4.3. ユダヤ教の解釈　95
   4.3.1. タナイーム期まで　96
   4.3.2. アモライーム期　97
4.4. ギリシア・ラテン教父の解釈　104

4.5. シリア教父の解釈　108
　4.5.1. アフラハト　108
　4.5.2. エフライム　111
4.6. 小括　113

第5章　イスラエルの民

5.1. 序言　116
5.2. 出エジプト記全体におけるイスラエルの民　117
5.3. ユダヤ教の解釈　119
　5.3.1. タナイーム期まで　119
　5.3.2. アモライーム期　124
5.4. ギリシア・ラテン教父の解釈　130
5.5. シリア教父の解釈　136
　5.5.1. アフラハト　137
　5.5.2. エフライム　138
5.6. 小括　142

第6章　サタン

6.1. 序言　144
6.2. ヘブライ語聖書におけるサタンの用例　145
6.3. 新約聖書成立まで　151
　6.3.1. ヘブライ語聖書偽典　152
　6.3.2. 新約聖書　158
6.4. タナイーム・アモライーム期のユダヤ教文献　161
6.5. シリア・キリスト教のサタン　166
　6.5.1. エフライムのサタン理解　167
　6.5.2. エフライムの解釈におけるサタンと子牛像事件　169
6.6. 小括　171

目次

第7章　結論

7.1. 比較分析の結果　　173
7.2. ユダヤ教とシリア・キリスト教の類似性の背景　　177
7.3. 子牛像事件が示すアイデンティティー　　178

補遺　子牛像事件解釈から見るユダヤ教，ギリシア・ラテン教父，
　　　シリア教父の神観　　181

一次文献索引　　193
参考文献一覧　　199
あとがき　　215

装丁・熊谷博人

凡　例

〔…〕：省略
（）：翻訳者，引用者による説明・言い換え
〔〕：翻訳者，引用者による語句の補足

・ヘブライ語聖書，新約聖書の書名は括弧をつけず，その他の文献には『』を用いる。
・本書で引用するヘブライ語・アラム語・シリア語文献の訳はすべて直訳調の拙訳である。その他の言語については逐一注で述べているが，ギリシア語・ラテン語文献については，基本的に，既存の現代語訳に基づきつつ原文を確認した上での若干の修正を施している。
・聖書の書名およびその略号は，ヘブライ語聖書については旧約聖書翻訳委員会訳岩波書店版，新約聖書については新共同訳に従った。
・人名，地名などについてはなるべく原語の音に近いものを採用したが，すでに広く用いられているものについてはその限りではない。

第1章　先行研究および
ユダヤ教とシリア・キリスト教の比較の意義

1.1. 序言

聖書においては数少ない「大いなる罪（חֲטָאָה גְדֹלָה）」の一つとされ，『ミシュナ』においてはその一部の翻訳が禁止された[11]ように，出エジプト記32章の金の子牛像事件とはユダヤ教にとって議論の対象となるほどの扱いに困る出来事であった，またキリスト教にとっては，長い間ユダヤ教を攻撃するための格好の材料となっていた[12]。このユダヤ教とキリスト教の両者にとって非常に重要であった子牛像事件を用いて両者の聖書解釈を比較する

---

[11] 『ミシュナ』メギラー篇 4.10（本書 p. 43 を参照）。その理由としては，例えば BT メギラー篇 25b で以下のように述べられている。「第一の子牛の事件は読まれて翻訳される。これは明らかである。イスラエルの栄誉に配慮するべきだ（だからこの箇所は翻訳されるべきでない）と思うだろう。〔だがバライタは〕それが彼らにとって好ましいと我々に教える。〔その箇所を読み，訳すことが〕彼らにとって贖いとなるからだ。〔…〕第二の子牛の事件は読まれるが翻訳されない。第二の子牛の事件とはどの箇所か。『モーセは言った』（出 32:21）から『モーセは見た』（同 25 節）までである。バライタで言われている。ラビ・シムオン・ベン・エルアザル曰く。人は常にその返答に注意するべきである。アロンがモーセに返した答えの中に，騒ぎを起こす者たちは疑念を抱くからだ。『私がそれを火に投げると，この子牛が出てきました』（出 32:24）と言われているように。〔…〕」。なお，本書で引用する BT（小篇は除く）は，Malinowitz, Ch. et al., *Talmud Bavli: the Schottenstein edition* (Brooklyn: Mesorah Publications, 1998) を底本とした。この箇所を含め以下の引用でも BT 内の議論の一部を抜粋しているために，本来の文脈を無視しているという批判が生じうるが，BT ではそもそも文脈に関係のないエピソードや表現が補足的に挿入されることが少なくない。そのため必要と思われる際には引用部分を長めにするか前後の文脈を引用外で説明するなどしているが，文脈が無視できると判断できる時には，そのどちらも行わない。

[12] その最も古い例としては，新約聖書のコリントの信徒への手紙一 10 章が挙げられる（本書 p. 53, 130 を参照）。

に際し，本章ではまずこの事件の内容を聖書本文から確認し，この物語がこれまでに研究者によってどのような面から論じられてきたのかを整理する。そして，これまでにいまだ十分に研究されてこなかったユダヤ教とシリア・キリスト教の比較研究を，この子牛像事件解釈の比較から行う意義と可能性およびその方法を示してゆく。

1.2. 出エジプト記 32 章の金の子牛像事件

　まず，本書の核となる金の子牛像事件の内容を確認する。出エジプト記 32 章[13]全体を以下に引用する。この事件は，エジプトを脱出したモーセとイスラエルの民が荒野を放浪している時代に，モーセがシナイ山に登り神から律法を受け取っている間に起こる。

　　1. 民はモーセが山から下りてくるのが遅れているのを見た。民はアロンのもとに集まった。そして彼に言った。「立って，我々のために我々の前を歩む神々を作れ。エジプトの国から我々を導き上った人モーセについて，彼に何があったのかを我々は知らないのだから」。2. アロンは彼らに言った。「あなたたちの妻，息子，娘らの耳にある金の耳輪をはずし，わたしのところに持って来い」。3. すべての民は，彼らの耳にある金の耳輪を外し，アロンのところに持って来た。4. アロンは彼らの手から取り，それを彫り具（חֶרֶט）[14]で形作り，子牛の像を作った。

---

[13] 以下に引用する出エジプト記 32 章では，読みやすさを考えて筆者による段落分けを行っている。

[14] 詳細は不明な語。新共同訳では「のみ」，口語訳では「工具」，岩波書店版（旧約聖書翻訳委員会訳『旧約聖書I』岩波書店，2004 年）では「小刀」と訳されている。この箇所以外ではイザヤ書 8:1 でしか用いられていない。「袋」，「覆い」などと訳すべきという意見もある。なお，アラム語訳聖書の一つである『タルグム・オンケロス』では，「זיפא」という「鋳型」に近い語があてられており，同じく『タルグム・偽ヨナタン』では，「それを外套（שושיפא）で包み，鋳型（טופסא）で鋳造した」というように加筆が施されている。この語についてこれまでに出された学説については，Spencer, J. R., "Golden Calf," *The Anchor Bible Dictionary* (New York: Yale University Press, 1922), vol. 2, pp. 1065–1069 が詳しい。その他この語に関する研究としては，

第 1 章　先行研究およびユダヤ教とシリア・キリスト教の比較の意義

そして彼ら[15]は言った。「これらが，イスラエルよ，お前をエジプトの国から導き上ったお前の神々だ[16]」。5. アロンは見て，その前に祭壇を築き，宣言して言った。「明日は主のための祭だ」。6. 彼らは翌朝早く起き，焼き尽くす献げ物をささげ，和解の献げ物を供えた[17]。民は座って食べて飲み，立っては戯れた。

　7. 主はモーセに語りかけた。「下山せよ。お前がエジプトの地から導き上ったお前の民が堕落した。8. 私が彼らに命じた道より彼らは即座に逸れ，自分たちのために子牛の像を作り，それにひれ伏し，そのためにいけにえを屠り，『これらが，イスラエルよ，お前をエジプトの国から導き上ったお前の神々だ』と言った」。9. 主はモーセに言った。「私はこの民を見た。見よ，それは強情な民である。10. さあ，私を放っておけ。私の怒りは彼らに対して熱く燃え上がり，私は彼らを消滅させる。そしてお前を大いなる民としよう」。11. モーセは彼の神，主の顔をなだめ，言った。「主よ，なぜあなたの怒りは，あなたがエジプトの地から大いなる力と強き手で導き出したあなたの民に対して燃え上がるので

Loewenstamm, S. E., "The Making and Destruction of the Golden Calf," *Biblica*, 48 (1967), pp. 481–490; Gevirtz, S., "Cheret in the Manufacture of the Golden Calf," *Biblica*, 65 (1984), pp. 377–381 を参照のこと。

[15] 紀元前 1 世紀頃に成立したとされている七十人訳と呼ばれるギリシア語訳聖書では，この発言の主語は三人称単数形，つまりアロンとなっている。この点についてはまた折に触れて言及するが，ヘブライ語原典ではなくこの七十人訳によって聖書を読む者たちにとっては，そもそもこの発言はアロンによるものだと理解されていたという前提がある。

[16] この一文について Joüon & Muraoka は，「卓越・威厳の複数形（plural of excellence or majesty）」により「神（אלהים←אֱלֹהֶיךָ）」が複数形となる原則に従って，主語（אֵלֶּה）も複数形となっているとみなし，「これはお前の神だ」と単数形で訳出している（Joüon, P. & Muraoka, T., *A Grammar of Biblical Hebrew (Forth Reprint of the Second Edition)* (Roma: Gregorian & Biblical Press, 2013), pp. 514–515）。一方で，口語訳聖書は「神」だが新共同訳も岩波書店版も複数形の「神々」と訳している。本書では直前の動詞「導き上った」が三人称複数形であることと直訳調の翻訳という観点から，この語の単数／複数性が問題とならない限りにおいて，複数形の訳語を用いている。

[17] 4 節と同様，七十人訳聖書では，これらの犠牲を捧げる行為の主語もアロンとなっている。

しょう。12. どうしてエジプト人たちが,『悪意を持って彼らを連れ出し,彼らを山で殺して地の表面から彼らを根絶するつもりだったのだ』と言うことになりましょうか。燃え上がる怒りから立ち戻ってください。あなたの民に対する悪意について,心を静めてください。13. あなたの僕である,アブラハム,イサク,イスラエルのことを思い返してください。あなたは自ら彼らに対して誓い,彼らに対して語られました。『私はお前たちの子孫を天の星々のように増やし,私が言ったこの地すべてをお前たちの子孫に与え,彼らは永遠に所有するだろう』と。14. 主は心を静めた。自分の民に対して為そうと告げた悪意について。

15. モーセは向きを変えて山から下りた。彼の手には二枚の証言の石板。石板は両方の面にも書かれており,どちらにも書かれていた。16. これらの石板は神の手によるもので,その筆跡は神の筆跡でその石板の上に刻まれていた。17. ヨシュアは民の叫んでいる声を聞き,モーセに言った。「宿営地で戦いの声が」。18. モーセは言った。「力強さを歌う声でなく,敗北を歌う声でもない。歌う声を私は聞いている」。19. 彼は宿営地に近づくと,子牛と,輪になって踊っている人々を見た。モーセの怒りは燃え上がり,彼は自分の手から石板を投げ落とし,山の麓でそれらを破壊した。20. 彼は彼らが作った子牛を取り,火で燃やし[18],粉々になるまでつぶし,水の上に撒き,イスラエルの子らに飲ませた。21. モーセはアロンに言った。「この民はお前に何をしたのだ。お前がこの民に大いなる罪をもたらしたとは」。22. アロンは言った。「我が主の怒りが燃え上がらないように。あなたはこの民をご存知です。それが悪の中にいることを。23. 彼らが私に言いました。『我々のために我々の前を歩む神々を作れ。エジプトの国から我々を導き上った人モーセについて,彼に何があったのかを我々は知らないのだから』。24. そして私は彼らに言いました。『金を持つ者よ,外して私に与えよ』。そして私がそれを火に投げると,この子牛が出てきました」。25. モーセは民が

---

[18] 金でできた子牛像が燃えるのかという問題については,Loewenstamm, *op.cit.* がユダヤ教の伝承や先行研究をまとめながら,子牛像の破壊とカナン地方のモト神の破壊というモチーフの並行関係を指摘している。

緩められているのを見た。アロンが彼らを緩め、彼らに対して立つ者たちの中で嘲りの噂となった。

26. モーセは宿営地の門に立ち、言った。「主のための者は、私のもとへ」。そして彼のもとにレビの子らがみな集まった。27. 〔モーセは〕彼らに言った。「イスラエルの神、主はこう言われた。『それぞれが自分の剣を腰に帯びよ。宿営地の門から門まで行って戻り、それぞれが自分の兄弟、友人、近親者を殺せ』と」。28. レビの子らはモーセの言葉通りに行い、その日民から約 3000 人が倒れた。29. モーセは言った。「今日、お前たちは主のためにお前たちの手を満たせ[19]。それぞれが自分の息子や兄弟に対したのだから。今日、お前たちに祝福を与えるために」。

30. 翌日になって、モーセは民に言った。「お前たちは大きな罪を犯した。今、私は主のもとへ上り、恐らく、お前たちの罪の贖いをしてくるだろう」。31. モーセは主のもとに戻り、言った。「ああ、この民は大いなる罪を犯しました。彼らは自分たちのために金の神々を作ったのです。32. 今、あなたは彼らの罪をお赦しくださるでしょうか。もし赦されないのなら、あなたが書かれたあなたの書から私を消してください」。33. 主はモーセに言った。「私に対して罪を犯した者を、私は私の書から消す。34. さあ、行け。私がお前に語ったことへと民を導け。見よ、私の使いがお前の前に行くだろう。私が気にかける日に、私は彼らに対し、その罪に報いるだろう」。35. 主は民を打った。アロンが作った子牛とともに彼らがしたことについて。

教父たちの多くはこの事件を利用して、ユダヤ人は愚かにも、ないしは貪欲にも偶像崇拝に傾倒したであるとか、この事件により神との契約を失ったなどとして、ユダヤ人やユダヤ教を長らく攻撃してきた。その一方でユダヤ

---

[19] 岩波版の訳者である木幡藤子と山我哲雄は、出エジプト記 28:41、同 29:9 などの箇所を参考に挙げ、「これは、他動詞の形で『祭司に任命する』を意味する決まった表現」（p. 271、注 5）とみなし、「お前たちはヤハウェに献身せよ」（同）と訳出している。

教の聖書解釈者たちも，様々な目的を持ってこの事件を解釈してきた。次節ではまずこの事件について，現代の研究者たちがどのような観点から研究を行ってきたのかを概観してゆく。

1.3. 子牛像事件についての先行研究

　本節では，金の子牛像事件についての先行研究のうち代表的なものをいくつか取り上げて考察を加える。まずは本書の約半世紀前に，L. Smolar と M. Aberbach の二人が，金の子牛像事件の様々な解釈について包括的な分析を行った。彼らの論文，"The Golden Calf Episode in Post-biblical Literature"[20]は，「金の子牛像事件の初期受容史に適切に焦点を合わせた最初の研究」[21]と目されている。Smolar と Aberbach は，ヨセフスやフィロンといったラビ時代以前の文献や，初期キリスト教文献，ラビ文献，そして教父の著作から様々な解釈を収集し，ラビたちの解釈の背後にある意図を描き出した[22]。彼らは収集した伝承群を，「ラビの擁護的手法」，「キリスト教的見解」，「穏健なラビの護教論」，「戦闘的なイスラエル擁護」などといった項目に分類した。彼らの包括的な視野は重要であり，その成果は後の研究者たちに金の子牛像事件解釈の全体的な理解を与えてくれた。しかしながら，それと同時にこの研究がいくつかの問題を抱えているのも事実である。まず，彼らは様々な解釈や伝承を，「ラビの（rabbinic）」という一つのカテゴリーのもとにまとめており，その内部の，例えばタナイーム期[23]とアモライーム期[24]の差異につい

---

[20] *Hebrew Union College Annual*, 39 (1968), pp. 91–116.

[21] Lindqvist, P., *Sin at Sinai: Early Judaism Encounters Exodus 32* (Vaajakoski: Gummerus Printing, 2008), p. 40.

[22] 彼らには，"Aaron, Jeroboam, and the Golden Calves," *Journal of Biblical Literature*, 86.2 (1967), pp. 129–140 という研究もあり，こちらは出エジプト記 32 章の事件と列王記上 12 章のヤロブアムの子牛像を比較し，両者の関係やその背景を分析している。ヤロブアムの子牛像については，第 2 章で再度言及する。

[23] ユダヤ教の歴史を，その時代を生きたラビたちの呼称で区切るものの一つ。ヒレル（紀元前 1 世紀末〜紀元 1 世紀初）から『ミシュナ』編纂までの期間（≒紀元 20〜200 年）とされる。Sperber, D., "Tanna, Tannaim," *EJ²ⁿᵈ*, vol. 19, pp. 505–507 参照。

[24] 220 年から，パレスチナでは 360/370 年，バビロニアでは 500 年頃までとされる。

第 1 章　先行研究およびユダヤ教とシリア・キリスト教の比較の意義

ては考慮していない。また，彼らが「紀元 1 世紀の終わりから，タナイームとアモライームはどちらもキリスト教からの論争面での攻撃と深く関わっていた」(p. 95) と述べるように，彼らは子牛像事件の解釈について外的な理由しか考慮せず，彼らが言うところの「ラビの」解釈の内部の変化や発展には注意を払っていない。さらに，彼らによればユダヤ教の子牛像事件についての護教的な解釈は常にキリスト教との論争への反応であり，当時のユダヤ人はキリスト教徒以外とは何者とも接触したりその支配下に置かれたりすることはなかったとみなしているかのようである[25]。いずれにせよこの研究は，言及している伝承群の扱いには問題があるものの，子牛像事件の多様な解釈の概略を知るのには適していると言えよう。

　それから少し時間を置いて，I. J. Mandelbaum は 1990 年に発表した "Tannaitic Exegesis of the Golden Calf Episode"[26] という論文の中で，子牛像事件を直接扱っているタナイーム伝承について，テキストの詳細な分析を行いながらその特徴を論じた。Mandelbaum 曰く，「これらの解釈伝承のほとんどすべてが，子牛像事件を罪と贖いの古典的物語として扱っている。全ての伝承が，アロンとイスラエルは重大な罪を犯し，その違反により罰せられ，最終的に神によって赦されたと想定している」(p. 207)。この見解を立証するために，彼は『トセフタ』や『メヒルタ・デラビ・イシュマエル』，『スィフラ』や『スィフレ』といったタナイーム文献からテキストを引用し，それらを「罪の重大性」，「罪に対する罰」，「贖いと赦し」の三つに分類している。この指摘は非常に重要であり，タナイーム伝承に彼の主張するような傾向があることは否めない。しかし本書第 4 章で見てゆくように，子牛像事件について贖いの重要性は強調されながらも，その罪が完全に赦されたと見なすのは難しい伝承も残されている。そのため Mandelbaum の主張はあくまでも傾向の一つという程度に留めておかなければならない。それ以外でもこの研究

Gray, A. M., "Amoraim," *EJ²ⁿᵈ*, vol. 2, pp. 89–95 を参照。

[25] 彼らの論文のこういった問題点は，すでに Lindqvist によって指摘されている (Lindqvist, *op. cit.*, pp. 40–44)。

[26] (ed.) Davies, P. R. & White, R. T., *A Tribute to Geza Vermes* (Sheffield: Sheffield Academic Press, 1990), pp. 207–223.

の限界として二点挙げることができる。第一に,『トセフタ』のキプリーム篇 4(5).14[27]について,Mandelbaum は「これはタナイームに帰されている解釈の中で,イスラエルの子牛像事件の罪の責任を否定する唯一の伝承」(p. 222)と述べ,それ以上に考察を加えることはせずに保留している。この点については以下でも折に触れて考察を加える。第二に,彼はユダヤ教の外の世界については全く関心を示していない。ユダヤ共同体に対する,ローマ帝国や初期のキリスト教といった外の世界からの影響力がどれほどであったのかについては,確実なことは言えないまでも常に考慮しておくべき点であろう。いずれにせよ,Mandelbaum の主張するタナイームの子牛像事件解釈の傾向については念頭に置いておく必要がある。

　キリスト教側からの視点としては,P. C. Bori が *The Golden Calf and the Origins of the anti-Jewish Controversy*[28]という著作の中で,キリスト教がユダヤ教に対する攻撃として子牛像事件をどのように利用してきたかを分析している。Bori は主に,前述の Smolar & Aberbach の提示した素材と分析に依拠しており,それらを反ユダヤ的論争の観点からより詳細に論じている。しかし残念ながらこの Bori の研究は,Smolar & Aberbach の研究と同じ問題を孕んでいる。それに加え,ユダヤ教やユダヤ人に対するキリスト教徒の態度を,彼が提示している一次文献のテキストからは読みとることができないレベルで過度に単純化していたり,そもそも指示している引用箇所が間違っていたりといった問題も抱えている。だがそういった問題点にもかかわらず,この

---

[27] 内容については本書 p. 122 を参照。伝統的なユダヤ教の立場では,シナイ山でモーセに対して律法が成文と口伝の形で与えられたと考えられている。成文律法はそのまま聖書になり,口伝律法の一部は『ミシュナ』として 200 年頃に成文化された。『ミシュナ』に入らなかった口伝律法は,200〜300 年頃に編纂されたこの『トセフタ』と呼ばれる付加的な口伝律法集成において成文化された。さらに,そのどちらにも含まれなかったバライタと呼ばれる口伝律法の伝承群が存在し,タルムードや多くの聖書解釈中に散在していると考えられている。『トセフタ』の成立年代については,阿部望「データベース「マアガリーム」ヘブライ語歴史辞典としての特徴—ヘブライ文学,ヘブライ語研究の新しい方法—」『情報学研究』1 (2012), pp. 101–110 の p. 105 などを参照。『トセフタ』の原典は基本的に S. Lieberman の版を底本とするが,篇ごとに逐一言及する。各篇の名称や章節番号は同書に従った。

[28] (tr.) Ward, D. (Atlanta: Scholars Press, 1990).

第1章　先行研究およびユダヤ教とシリア・キリスト教の比較の意義

Bori の研究はキリスト教徒たちがどのように子牛像事件を読み，またそれを活用してどのようにユダヤ教／ユダヤ人に対応してきたのかを考えるための一助となることは間違いない。

　子牛像事件そのものについての聖書学の見地からの研究も，依然として盛んである。例えば新しいものでは，Y. H. Chung が 2010 年に出版した *The Sin of the Calf: the Rise of the Bible's Negative Attitude toward the Golden Calf* [29] という本は，そのタイトルが示すように聖書全体における金の子牛像（群）の伝承を扱っている。ヘブライ語聖書中で金の子牛像が登場するのは出エジプト記 32 章だけではなく，列王記上 12 章にもヤロブアムによって作られた二頭の金の子牛像についての伝承が残されている。Chung は聖書学的手法を用いながら子牛崇拝について言及している複数の聖書テキストを分析するとともに，メソポタミアやエジプトの思想といった，子牛についての非ユダヤ的概念についても考察を加えている。結論で，彼は「子牛という概念は，神を図像で表さない古代イスラエルの宗教伝承にとって，否定的にみなされたり矛盾するものと考えられていたりしたわけではなかった。〔…〕実際のところ，古代イスラエルの宗教内で，子牛は彼らの目に見えない神である YHWH の足台と考えられていた」（p. 204）と述べている。ここで Chung の主張の妥当性や聖書内の諸問題について深く立ち入りはしないが，金の子牛像事件は聖書の枠組みの中でも注目に値する出来事であり，聖書内部においても論争の的となっていたことが見て取れる。聖書内部における子牛像事件の扱いについては，本書第 2 章で改めて言及する。

　最後に取り上げる P. Lindqvist の *Sin at Sinai: Early Judaism Encounters Exodus 32* は，出エジプト記の子牛像事件解釈を主題とする最新の研究であり，本書でここまでに取り上げた先行研究（Chung のものを除く）についても詳細に論じている。Lindqvist は本書の射程と近い 6 世紀までの資料を原典から参照し，文学的な観点から子牛像事件解釈の分析を行っている。そして結論部では，「〔ユダヤ教の子牛像事件解釈における〕護教的な態度の表れは，全時代を通じて様々な種類の文章，文脈，そして歴史的状況において見

---

[29] New York: T & T Clark, 2010.

出せる。そのため，このような態度の背後に一つの原因や一つの理由があると述べることはほとんど不可能である」（p. 322）と述べられている。これは重要な指摘であり，この点からも，多様な解釈を十把一絡げに論じるSmolar & Aberbach の姿勢は再考を要するし，Mandelbaum のタナイーム伝承についての見解を，安易に他の伝承群に敷衍することは慎まねばならない。それを踏まえた上で Lindqvist は，以下本書でも見てゆくようにユダヤ教文献に散見されるアロンやイスラエルの民を擁護していると考えられる解釈について，「ユダヤ教内部での教理問答の必要性（catechetical need）が，アロンを弁護する第一の理由であったとする証拠が見られる」（p. 323），「イスラエルの擁護は，アロンの擁護よりも高い確率で，恐らく教会との直接的な論争をも含む，外的な要因によって引き起こされたものと見ることができる」（同）などと述べている。このように Lindqvist は，子牛像事件の解釈を分析する際には，それぞれの文章，文脈，そして一連の歴史的状況の細部や微妙な差異に焦点を当てる必要性を唱えている。この観点から，子牛像事件についての今後のさらなる研究の可能性を次節以降で論じてゆきたい。

1.4. 今後の研究の可能性

　これまでに概観してきた先行研究を総括すると，金の子牛像事件とその解釈について新たな分析を行うためには，ある程度の限られた時代と地域に焦点を絞る必要があることがわかる。その一例として本書では，これまでになされたことのないタナイーム期とアモライーム期の子牛像事件解釈の，同時代のシリア・キリスト教による解釈との比較を提案する。

1.4.1. シリア・キリスト教

　本項ではまず，シリア・キリスト教について前提となる情報を確認しておく。そもそも本書で言うところのシリアとは，地理的には現在の国名であるシリアの国土に加えて，レバノン，ヨルダン，イスラエルやトルコの一部も含んだ地域である。シリア地域の都市の例として，ここではシリア・キリスト教の二大中心地であるアンティオキアとエデッサの歴史を簡単に取り上げ

第 1 章　先行研究およびユダヤ教とシリア・キリスト教の比較の意義

る。アンティオキアは現在ではアンタキアと呼ばれる，現在のトルコ南部，シリアとの国境近くの都市である。セレウコス朝シリアの時代の紀元前 300 年に建設され，セレウコス朝の首都として，またローマ時代には属州シリアの州都として，ローマ，アレクサンドリアに次ぐ商業都市として繁栄した[30]。ここには紀元前 2 世紀半ばにはユダヤ人共同体が設立されたとされ，異邦人キリスト教の誕生した地とする説もある[31]。エデッサはアンティオキアの東，現在のウルファに当たり，こちらも現在のトルコ南部シリアとの国境近くの都市である。セレウコス朝シリア時代にエデッサと名づけられ，後のオスロエネ王国の首都を経てローマの支配下に入る。キリスト教はアブガル 9 世（在位 179～212 年）の時代のオスロエネ王国で受け入れられ，一定の勢力となったと考えられている[32]。アンティオキア同様，エデッサにも大規模なユダヤ人共同体が存在し，初期のキリスト教徒の多くは改宗ユダヤ人だったと考える研究者もいるが，現時点では確実なことは言えない[33]。

　シリア地域の言語については，東地中海地域で広く普及していたギリシア語とともにアラム語も日常的に使用されており，そのアラム語のエデッサ周辺の方言とされるシリア語も，キリスト教が広まる前から広く使われていた。言うなれば，4 世紀のシリアは，アラム語・シリア語的伝統を保持したまま，ヘレニズムの影響も併存していたバイリンガルな地域であった。ただし，住民の多くがギリシア語とシリア語を併用していたというよりは，いずれかの

---

[30] 「アンティオキア」西川正雄他編『角川世界史辞典』角川書店，2001 年。

[31] Kessler, E., *An Introduction to Jewish-Christian Relations* (Cambridge: Cambridge University Press, 2010, 2013³), p. 57.

[32] 高橋英海「翻訳と文化間関係——シリア語とその周辺から」『精神史における言語の想像力と多様性』，慶応義塾大学言語文化研究所，2008 年，pp. 83–110 の p. 84。

[33] L. W. Barnard は，エデッサのキリスト教がユダヤ的環境から生まれ，パレスチナの派閥主義（sectarianism）と密接な関係を持っていたと考え，最初期の改宗者は主にユダヤ人だったと述べる（"The Origins and Emergence of the Church in Edessa during the First Two Centuries A. D.," *Vigiliae Christianae*, 22 (1968), pp. 161–175, p. 165)。他方で H. J. W. Drijvers は，4 世紀後半のエデッサの人口のかなりの割合が非キリスト教徒であったことから，逆にユダヤ教がキリスト教徒を惹き付けていたと述べる（"Jews and Christians at Edessa," *Journal of Jewish Studies*, 36.1 (1985), pp. 88–102 の pp. 95–96)。

言語を使う人間同士が混在していたと考えるほうが適切なようである[34]。
　この地域の住民については，もともとの土着の人間に加え，ギリシア人，ペルシア人，ユダヤ人やその他の少数派で構成されていたと考えられている。墓碑銘を調べたある研究によれば，1–4 世紀のエデッサの全人口の 12%がユダヤ人であったとのことである[35]。どの年代を選ぶかにも左右されるが，新興勢力のキリスト教徒が住民の大多数を占めていたわけではなく，大雑把に言って一定数のユダヤ人とキリスト教徒，そしてその他の「異教徒」で構成されていたと考えて問題ないであろう[36]。そしてその「異教徒」には，当時のキリスト教の最大の敵と言われるマニ教とともに，エデッサ教会から異端視されていた，バルダイサン[37]の信奉者や，マルキオン[38]派，アレイオス[39]派も含まれている[40]。
　このシリア・キリスト教は，451 年のカルケドン公会議における「単性説」の断罪をきっかけとして東西に分裂することとなる。本書ではこの分裂前のシリア・キリスト教を一つの集団として扱い，以下に述べるように，その代表としてアフラハトとエフライムの残した著作に考察を加えていく。なお本

---

[34] 武藤慎一『聖書解釈としての詩歌と修辞』教文館，2004 年，p. 38。

[35] Drijvers, *op. cit.*, p. 90.

[36] Wilken, R. L., *John Chrysostom and the Jews* (Berkeley: University of California Press, 1983), p. 30 など。

[37] 154 年にエデッサに生まれ，2 世紀末頃キリスト教徒になる。独立性と思索的な非聖書的なアプローチゆえにか，222 年の死亡後に異端視され著作が散逸した。Barnard, *op. cit.*; 戸田聡「「最初のシリア語キリスト教著作家」バルダイサンの知的背景について」『西洋古典学研究』59 (2011), pp. 118–130 を参照。

[38] 小アジアの出身で，紀元 1 世紀末から 2 世紀半ばまで活動した。イエスがメシアであるという立場を否定し，それでいてイエスの福音のみに価値を置いた。144 年に異端宣告を受けると独自の教会組織を設立して広く同志を集め，独自の正典を作るなど精力的に活動した。グノーシス派と混同されることもあるが，彼の思想はグノーシス的とは言えない。筒井賢治「マルキオン」『岩波キリスト教辞典』大貫隆他編，岩波書店，2002 年，p. 1072 参照。

[39] 紀元 3 世紀後半から 4 世紀初めにかけて活動。破門，復権，追放などを繰り返す。三位一体説を認めない立場を取り，信奉者も多い。

[40] Drijvers, *op. cit.*, p. 91; Brock, S., *The Harp of the Spirit: Poems of Saint Ephrem the Syrian* (3rd enlarged edition) (Cambridge: Aquila Books, 2013), p.9.

第1章　先行研究およびユダヤ教とシリア・キリスト教の比較の意義

書では,「シリア教会」,「シリア・キリスト教」という名称を使用しているが,これは東西分裂前の地理的な名称に過ぎず,現在の用法が含意する,カトリックやプロテスタントと対比される東方教会というような意味合いはほとんど持たせていない。

このシリア・キリスト教は地理的・言語的にパレスチナのユダヤ教と近く,多くの共通点を持つ。またシリア・キリスト教の伝承の中には,ユダヤ伝承と明らかに関係のあるものも少なくない。シリア・キリスト教の伝承に見られるユダヤ教からの影響については,シリア・キリスト教研究の第一人者であるS. Brockを中心に指摘されて久しいが[41],本書のように金の子牛像事件解釈などの一つのテーマに基づいて両者の比較分析を行った研究はまだ緒に就いたばかりと言えよう。続いてユダヤ教とシリア・キリスト教の比較について論じる前に,まずは分裂前のシリア・キリスト教を代表する二人の教父,アフラハトとエフライムについて見てゆこう[42]。

1.4.1.1. ペルシアの賢者アフラハト

アフラハトは「最初のシリア教父」[43]と呼ばれ,「シリア語文学の中で本人の手によるとされる作品が原語で残されている最初の人物」と評される[44]。

---

[41] 代表的なものとしては,Brock, S., "Jewish Traditions in Syriac Sources," *Journal of Jewish Studies*, 30.2 (1979), pp. 212–232。

[42] アフラハト以前にシリア・キリスト教に影響を与えた人物としては,わずかにタティアノスとバルダイサンのみが挙げられる。2世紀に活動したタティアノスは『ディアテッサロン』(四福音書を統合した書)を著したが,ローマでの改宗以降も西側世界に留まり,シリアを含む東方地域に戻ったのは晩年である。バルダイサンは前述(注37)の通り2世紀半ばから3世紀初めにかけてエデッサで活動し多くの著作を残したが,現存しているものはいくつかの断片のみである(タティアノスについては,McCarthy, C., *Saint Ephrem's Commentary on Tatian's Diatessaron* (Oxford: Oxford University Press, 1993), pp. 1–38,バルダイサンについては,Barnard, *op. cit.*, pp. 161–175を参照)。また,バルダイサンがエデッサの教会から異端視されていたことは前述の通りで,ジャン・ダニエルーはエフライムも彼を異端視していたと述べているが,出典を挙げていない(ジャン・ダニエルー著(上智大学中世思想研究所編訳/監修)『キリスト教史1:初代教会』平凡社,1996年,p. 425)。

[43] Blumenkranz, B. & Herr, M. D., "Church Fathers," *EJ²ⁿᵈ*, vol. 4, pp. 719–721のp. 720。

[44] Lehto, A., *The Demonstrations of Aphrahat, the Persian Sage* (Piscataway: Gorgias Press,

4世紀前半に活動した元ユダヤ人ではないキリスト教徒で，サササン朝ペルシアの領内に住んでいたということ以外，出自や生没年など具体的なことはわかっていない[45]。一般に『論証』と呼ばれる23の章ないしは篇からなる著作を残した。アフラハト自身がこの作品の中で述べているように（22.25他），これは336年から徐々に書き始められ，最終的に345年に完成したとされる。その内容としては，前後半で若干傾向が異なるようだが，聖書の意味を説明するのが主な目的であり，聖書本文からの引用が目立つ。そして，宗教的というよりは政治的・社会的な理由によると思われる反ユダヤ的な議論も見られるものの，全体的にユダヤ人に対しては「あまり厳しくない」[46]と評価されている。

1.4.1.2. ニシビスのエフライム

「シリアのシリア教父を代表する人物」[47]と評され，その著作には現代でも惜しみない賛辞が送られているこの人物は，306年にエデッサの東，ニシビス近郊で生まれ，50歳半ばまでニシビスで聖職者を務めた[48]。ローマ帝国とササン朝ペルシアの条約により363年にニシビスがペルシアの手に渡ると，キリスト教徒の住民たちとともにローマ領のエデッサへと移住し，373年にその地で亡くなる。彼の膨大な量に上る著作の大部分は，このエデッサ移住後の作品だとされている。彼がギリシア語を知らなかったのはほぼ間違いなく，ヘブライ語を知っていたことを示す証拠も見つかっていない[49]。以下で具体的に見ていくように，自らの著作にユダヤ的な伝承を多く含む一方で，

2010), p. 5.

[45] 以下，アフラハトについての情報は *ibid.*, pp. 1–64 を参考にした。

[46] Hayman, A. P., "The Image of the Jew in the Syriac Anti-Jewish Polemical Literature," *"To See Ourselves as Others See Us": Christians, Jews, "Others" in Late Antiquity* (Chico: Scholars Press, 1985), pp. 424.

[47] 武藤，前掲書，p. 18。

[48] ニシビスについては，Russell, P., "Nisibis as the Background to the Life of Ephrem the Syrian," *Hugoye*, 8.2 (2005), pp. 179–235 を参照。

[49] Hidal, S., *Interpretatio Syriaca* (Lund: CWK Gleerup, 1974), pp. 16–18; Narinskaya, E., *Ephrem, a 'Jewish' Sage* (Turnhout: Brepols, 2010), pp. 108–8.

ユダヤ人に対する攻撃的な表現も目立っている。その著作については，真筆と証明されているもの，どちらか断定できないもの，偽筆と証明されているものに分けられ，ジャンルとしては，歌われることを意図してスタンザ形式（連，節）で書かれた聖歌，実際に朗読・朗誦されたと考えられる韻文体の説教，そしてその他の散文に大きく分けることができる。以下で折に触れて言及するが，ジャンルごとに異なる聴衆が意図されており，内容や表現方法にも違いが見られる[50]。聖書註解書以外でも，著作の至る所に聖書の引用やモチーフが用いられており，エフライムの聖書理解，聖書解釈はその著作の随所に見てとれると考えて問題ないであろう。

1.4.2. ユダヤ教とシリア・キリスト教の比較

　上述のようにシリア・キリスト教自体への関心が比較的低い中でも，シリア・キリスト教とユダヤ教の比較についてはこれまでにも一定の研究がなされてきた。古くは19世紀に遡り[51]，その後は上述の Brock によるシリア語文献内のユダヤ教伝承についての包括的な分析に加えて，散発的に研究が発表されてきた[52]。21世紀に入ってからは再び広範な研究がなされるようにな

---

[50] 例えば，詩歌はキリスト教共同体内の典礼用，聖書釈義は非キリスト教徒を含むより広い聴衆を想定していたと考えられている（*ibid.*, p. 290）。Shepardson, C., *Anti-Judaism and Christian Orthodoxy* (Washington, D.C.: The Catholic University of America Press, 2008) も同様の指摘を行っている（pp. 12–13）。

[51] 例えば，Gerson, D., "Die Commentarien des Ephraem Syrus im Verhältniss zur jüdischen Exegese," *Monatsschrift für Geschichte und Wissenschaft des Judentums*, 17 (1868), pp. 15–33 (No. 1), 64–72 (No. 2), 98–109 (No. 3), 141–149 (No. 4); Funk, S., *Die haggadischen Elemente in den Homilien des Aphraates, des persischen Weisen* (Wien: Moritz Knöpflmacher, 1891); Krauss, S., "The Jews in the Works of the Church Fathers IV," *Jewish Quarterly Review*, 6.1 (1893), pp. 82–99。

[52] その中で特に本書と関連が深いものとして，Kronholm, T., *Motifs from Genesis 1–11 in the Genuine Hymns of Ephrem the Syrian: with Particular Reference to the Influence of Jewish Exegetical Tradition* (Lund: CWK Gleerup, 1978)を挙げる。Kronholm の研究は，タイトル通り真筆とされるエフライムの詩歌に見られる創世記1–11章のモチーフを抽出し，そのユダヤ教伝承との類似性を指摘している。本書は Kronholm よりも限定されたテーマでより広い文献を対象にユダヤ教側の解釈から議論を進めているが，より広い視点から見ると相互に補完し合うものだと考えている。

り，特に最近では，E. Narinskaya がエフライムの聖書解釈，特に出エジプト記の解釈について様々な面からユダヤ教伝承との比較を行った[53]。本書も手法的にはこの Narinskaya の研究と重なる点が多い。しかし Narinskaya は，エフライムがユダヤ教の解釈伝承を多分に活用している点から，エフライムが「親ユダヤ」であることを証明するのにこだわり過ぎている嫌いがある。確かにこれまでの研究においては，エフライムの著作にはユダヤ教／ユダヤ人への攻撃的な表現が多く見られることから，簡単に彼に「反ユダヤ」のレッテルを貼ってきた傾向があるのは否めない。しかし，ある人物の聖書解釈の内容を分析するに際して，その人物が内面的に「反ユダヤ」であるか「親ユダヤ」であるかは究極的には関係がない。また，その人物が「反」であるか「親」であるかは，多くの場合複合的に絡み合った問題であり，第三者が簡単に判定できるものでもない[54]。本書は，一方では，金の子牛像事件という具体的なテーマに基づき（アフラハトに加えて）エフライムの解釈の特徴及びユダヤ伝承への親密性を示すことになり，その点では Narinskaya の分析を補完するものである[55]。他方で，対象資料の著者のユダヤ教／ユダヤ人に対する思想的な嗜好にまでは踏み込まず，聖書解釈の内容を中心的に分析することで，対象とする時代のユダヤ教とシリア・キリスト教の関係を論じるものである。

1.5. 本書の対象とする文献およびその研究方法

以下，本書ではユダヤ教とキリスト教の様々な解釈を取り上げていくが，

---

[53] Narinskaya, *op. cit.*

[54] J. E. Walters も，同書の書評において Narinskaya の「反」と「親」の区別については疑問を投げかけている（*Hugoye*, 16.1 (2013), pp. 195–8）。

[55] しかし，エフライムが「ユダヤ伝承の後継者」（Narinskaya, *op. cit.*, p. 11）であるとまでは考えていない。Narinskaya はまた，エフライムの「反ユダヤ的」な主張はユダヤ教／ユダヤ人ではなく自らの属するキリスト教共同体内部に向けられたものであると述べている（*ibid.*, pp. 24–25）。エフライムが聴衆や読者としてユダヤ人を想定していなかったとは断言できないものの，エフライムの主張の受け手を意識したこの指摘は重要である。

第 1 章　先行研究およびユダヤ教とシリア・キリスト教の比較の意義

ユダヤ教伝承は前述の通りアモライーム期まで，具体的には 500 年頃から編纂が開始されたとする BT に含まれる伝承までとし[56]，キリスト教の伝承は，シリア・キリスト教はアフラハトとエフライムに代表される東西分裂以前のもの，その他の地域の教父文献についてはそれに準じるものとする。対象とするユダヤ教文献とキリスト教文献の上限年代に（表面的には）100 年ほどのずれがあるが，いつ誰が著したのかが比較的明らかなキリスト教の教父の著作と違い，ユダヤ教の伝承は口伝の形態を取ることが多く，生まれてから文字として記録されるまでにある程度の時間がかかるという点を考慮する必要がある。つまり，例えば BT にはその編纂当時に生まれた解釈も当然含まれているであろうが，それ以前に生まれて脈々と受け継がれてきた解釈も大量に保存されているのである。そのため，BT の編纂時までに成立した文献には，対象とするキリスト教文献の上限年代である 4 世紀末までに生まれた伝承が多く含まれているものと判断する。同様に，ある文献のまとまった形での成立は後世であっても，その内容には古い伝承が残っている可能性は十分にある。例えば，ひとまとまりの文献としての成立が 7〜10 世紀とされている『タンフーマ』には，4 世紀に活動したタンフーマ・バル・アバというラビの解釈が多く残されている。このようなユダヤ文献の特徴[57]を考慮し，本書で分析対象とする文献には一応の射程年代を設定してはいるが，その射程外の伝承を無視しているわけではなく，必要に応じて参考にしていることを付言しておく。

またすでにエフライムの著作について述べたことだが，作品の文学的ジャンルごとに対象読者やその論調が異なるのは自然なことである。例えば聖書註解書では，学術的な知識を含む広範な情報を前提とした解釈がなされ，そ

---

[56] ユダヤ教ではこの時期までに様々な伝承が成文化され，それ以降に編纂された多くの文献が，この時期までに成立した伝承をそのまま利用しているケースが多い。この点も BT の成立を境界とした理由の一つである。また，BT の編纂は 500 年頃から開始され，その 1〜2 世紀後に完了したと考えられている。

[57] もちろん，同様のことはキリスト教文献にも言える。しかし，キリスト教文献のほうが著者性がはっきりしている分だけ，どの時点で確実に存在していた伝承であるかが判断しやすい。また著作の内外で師弟関係や解釈の系譜が述べられていることが多いことからも，ユダヤ教伝承よりは整然としていると言うことができよう。

の対象とする読者は必ずしも教養レベルの低い一般信徒ではない可能性が高い。その一方で，シナゴーグや教会で一般信徒向けに語っていた説教や詩歌は，細かい議論よりもイメージやインパクトを重視した内容になる可能性が高い。こうした傾向は定量的に示せるものではなくまたそうした傾向自体を最初から想定することで読解に偏見が入ってしまう恐れもあるため，一概に前提とすることはしないが，各文献の分析の過程でそうした傾向が現れる可能性は踏まえておく必要がある。

なお，本書では「シリア教父の解釈」というように解釈の主体に具体的な人間を想定する表現と，「ユダヤ教の解釈」というように漠然とした集合体の名称を解釈の主体とする表現を並行して用いている。前者においては具体的に取り上げる人物という範囲の限定がなされるが，後者が広範に及ぶ雑駁とした解釈の集合という印象を与えることは否定できない。これは上で述べたように，ユダヤ教では解釈を行った人物，またはそれを記録した人物の特定が非常に困難なことに起因する。そのため，「ユダヤ教の解釈」という表現の裏にも具体的（だが特定不可能）な人間の存在が前提とされていることはあらかじめ断っておく。

1.5.1. ユダヤ教

各伝承の詳しい考察は後の章に譲るとして，本項ではアモライーム期までのユダヤ教が子牛像事件について具体的にどのような解釈を行ってきたのかを概観していく。

まず，出エジプト記の内容を語りながらも，その中であえて金の子牛像事件を語らないというのも一つの解釈である。例えば，紀元 1 世紀のローマ帝国を生きたフラウィウス・ヨセフス[58]や，ヘブライ語聖書偽典に分類される

---

[58] 紀元 37 年に生まれ 100 年以降に没。エルサレムの祭司の家系に生まれユダヤ戦争時にはガリラヤの司令官に任命されながらも，敗走後は自らローマ軍に投降し，ユダヤ人側からは裏切り者とみなされた。そのため後のラビ文学とは幾分異なる系譜に属するが，ハラハーやアガダーの知識に優れ，「ヘレニズム期のユダヤ文学を代表する一人」と評されるように，その著作を本書で扱うユダヤ文学に含めることに問題はないと考える。ヨセフスの経歴及び上記引用は Schalit, A., "Josephus Flavius," *EJ²ⁿᵈ*, vol. 11, pp. 435–442 による。

第 1 章　先行研究およびユダヤ教とシリア・キリスト教の比較の意義

『エチオピア語エノク書』[59]はこの手法を用いている[60]。一方で他の聖書解釈者たちは，子牛像事件を語る際に聖書本文の内容に説明や解説を付すことが多い。よく用いられる解釈としては，アロンの周りに集まったイスラエルの民はなんらかの理由で大きな恐怖を抱いており，そのためにアロンに子牛像を作るよう求めたのであって，その点を考慮すれば彼らの責任は軽減されるべきであるというもの[61]，聖書本文に基づくと子牛像を作ったとされるアロンは，迷わず即座に子牛像を作ったというわけではなく，まずは民を落ち着かせて彼らが子牛像を求めないように説得したが，結局は失敗したというもの[62]，アロンはモーセが下山するまでの時間を稼ごうと尽力したというもの[63]，民の中でも女性たちは自らの金の耳輪を男たちに渡すのを拒んだため，男たちは自分たちの耳輪をアロンに渡したというもの[64]，そもそも子牛像を作ったのはアロンではなくイスラエルの民だったとするもの[65]，などである。

　子牛像事件に限らずとも，ユダヤ教の聖書解釈には互いに相対立するものが少なくない。子牛像事件解釈においても，アロンやイスラエルの民を擁護するものが目立つとは言え，彼らを非難するものも多く残されている。それでは，ユダヤ教を擁護する必要はないと考えられるキリスト教の解釈はどうであろうか。

1.5.2. キリスト教

　上記のユダヤ教の解釈に対してキリスト教の子牛像事件解釈の多くは，地

---

[59] セム語からエチオピア語に翻訳されたエノク書のこと。その内実は，時代も著者も異なる複数の層から構成されており，以下で問題となる 89 章は紀元前 164 年に成立したと考えられている。村岡崇光訳「エチオピア語エノク書」『聖書外典偽典 4 旧約偽典 II』教文館，1975 年，pp. 161–292 の pp. 163–164 参照。

[60] ヨセフス『ユダヤ古代誌』III, 5 章，『エチオピア語エノク書』89 章。どちらもモーセのシナイ登山およびその後の民の騒ぎを描きながらも，子牛像についてはまったく言及していない。

[61] 例えば BT シャバット篇 89a（本書 p. 127–128, 144–145 を参照）。

[62] 例えば『レビ記ラッバー』10.3（本書 p. 77–79 を参照）。

[63] 同上。

[64] 例えば『雅歌ラッバー』4.9（本書 p. 128–130 を参照）。

[65] 例えば『聖書古代誌』12 章（本書 p. 69–71 を参照）。

域の東西を問わずユダヤ教に対して攻撃的な傾向にあると言えるだろう。早くは新約聖書の時代から，ユダヤ教やユダヤ人に敵対的と言えるようなキリスト教的解釈が現れ始めている。そういった解釈の中では，ユダヤ人ないしイスラエルの民は，子牛像事件のために神に見捨てられたとか[66]，子牛像事件の結果として自分たちの神との契約を破壊してしまったとか[67]，事件によって自分たちの愚かさや強欲さを明らかにした[68]，などとされている。

あまり多くはないが，ユダヤ教に対してそれほど攻撃的ではない論調で子牛像事件を解釈している教父もいる。そういった解釈では，アロンは民が子牛像を求めないよう説得を試みたとか，アロンは自分が殺されることを非常に恐れ，民が祭司殺しの罪を犯さないように子牛像を作ることにしたなどと述べられている[69]。こうしたキリスト教の教父たちの一見相矛盾するような伝承群を考慮するに，ユダヤ教と同じくキリスト教としても，統一見解と呼べるような，一貫した子牛像事件解釈が存在すると想定することは難しい。

1.6. 小括

本章ではここまで，出エジプト記 32 章の金の子牛像事件の内容を確認し，この問題についての先行研究，およびユダヤ教とキリスト教の解釈を概観してきた。次章からは，子牛像事件の罪，アロン，モーセ，イスラエルの民，サタンというテーマに関連した伝承に焦点を当てて，より詳細な比較分析に入る。こうした作業により，大きくは以下の成果を得ることができる。

（1）古代末期から中世初期のユダヤ教の子牛像事件解釈がどのような意図のもとに行われたのか，ひいてはユダヤ教の聖書解釈がどのようなものであったのかの一例。

（2）ユダヤ教とシリア・キリスト教の解釈を比較することで，前者が後

---

[66] 例えば使徒言行録 7:38–42（本書 p. 51–52 を参照）。
[67] 例えば『バルナバの手紙』4:6–9（本書 p. 131–133 を参照）。
[68] 例えば，テルトゥリアヌス『マルキオン駁論』II, 18.
[69] エフライムの『出エジプト記註解』に見られるこれらの解釈は，以下の章で順次取り上げて論じてゆく。

第 1 章　先行研究およびユダヤ教とシリア・キリスト教の比較の意義

者に及ぼした影響（および後者が前者に及ぼした影響）の一例。
（3）4 世紀までのシリア教父の聖書解釈の特性の一端。
（4）シリア教父とギリシア・ラテン教父の解釈の比較により明らかになる，古代末期から中世初期のキリスト教世界の多様性と，その中でのシリア教父の特徴。

そして以上により，（5）聖書解釈を通じた 4 世紀までのユダヤ教とキリスト教の，地域差を重視した見取り図を得ることができるのである。

またより細かい学術的貢献という点から考えると，Lindqvist の研究が提示するように，これからの金の子牛像事件の研究は一定の時代や地域，歴史的状況などの条件を設定した上での分析に特化する必要がある。そこで本書では，BT までのタナイーム・アモライーム期の文献および 4 世紀までのシリア・キリスト教の教父の解釈について，ギリシア・ラテン教父の解釈を参考にしながら比較分析を試みている。またその際には概念的な議論に左右されず，上記の具体的なテーマに沿って彼らの解釈を一次文献から丁寧に分析している。以上の前提を踏まえ，次章からは具体的な分析に移る。

第 2 章　罪

2.1. 序言

　本章では，そもそも金の子牛像事件の何が問題だったのか，それはどういう罪に値するのかという点に焦点を当てる。具体的には，まずヘブライ語聖書における子牛像事件への言及から始め，順にユダヤ教とキリスト教の伝承を考察してゆく。

　出エジプト記 32 章で神が事件に対して怒っているのは間違いないが，その理由はイスラエルの民が「堕落した（שִׁחֵת）[70]」（7 節），そして彼らが神の命じた道から「逸れた（סָרוּ）[71]」（8 節）というものであり，それ以上のことは語られない。モーセもシナイ山から下り，「子牛と，輪になって踊っている人々」（19 節）を見て激怒して石板を割っているが，それがどのような問題であったのかは述べられていない。結末部に至って初めて，イスラエルの民の罪は「自分たちのために金の神々を作った」（31 節）ことだと読み取れる。アロンを含むイスラエルの民が子牛像を作って崇拝したことが問題なのは自明であるが，例えばそれが「偶像崇拝」の罪だと断言できるかと言

---

[70] 聖書では，この語と同じ語根が 150 回以上，ここで使われているのと同じ変化形の動詞としては 40 回以上現れる。「損なう」，「破壊する」，「滅ぼす」，「堕落する」などの意味から，比喩的に「罪を犯す」，「正道から逸れる」という意味も持つ。特定の罪に用いられる語というわけではない。なお筆者が参照した聖書ヘブライ語の辞書は，Clines, D. J. A., *The Dictionary of Classical Hebrew* (Sheffield: Sheffield Phoenix Press, 1993–2011), Holladay, W. L., *A Concise Hebrew and Aramaic Lexicon of the Old Testament* (Leiden: Brill, 1988), 及び Brown, F., Driver, S. R., & Briggs, C. A., *The Brown-Driver-Briggs Hebrew and English Lexicon* (Peabody: Hendrickson Publishers, rep. 2003) であり，コンコルダンスは，Even-Shoshan, A., *A New Concordance of the Bible* (Jerusalem: Kiryat Sefer, 1988) である。

[71] 聖書中で同じ語根が約 300 回，ここで使われているのと同じ変化形の動詞としては 150 回以上現れる。「向きを変える」，「逸れる」といった他に，「止める」，「止む」という意味もある。「堕落した（שִׁחֵת）」と同様，特別な術語というわけではない。

えば，ことはそう簡単ではない。そもそも「偶像崇拝（עבודה זרה）」[72]という言葉自体が聖書中には現れない後世の概念であり，それを聖書の事象に適用するのはアナクロニズムである。また，像を作って崇拝したという行為以外にも，子牛像事件に様々な意味を見いだす解釈が多く残されている。つまり，子牛像事件の中にどのような罪を見ているかも個々の解釈ごとに異なっており，その内容の分析や異なる解釈の比較によって，本書が目的とするユダヤ教と（シリア・）キリスト教の比較考察に資するところは大きいと考えられる。そして，その罪を分析した上で初めて，事件の登場人物たちの行動も分析することが可能になる。

2.2. 聖書中での子牛像事件への言及

まずは最初期の解釈として，ヘブライ語聖書中で出エジプト記の子牛像事件がどのように言及されているかを概観してゆく[73]。聖書の並び順に従えば，子牛像事件への最初の言及は申命記9章である。モーセがイスラエルの民を

---

[72]　「アボダー・ザラー」は，直訳すると「異国の／異質な崇拝行為」といった意味であり，必ずしも図像を伴った行為というわけではない。『ミシュナ』では篇の一つの名前にこの語が用いられているように，遅くともタナイーム期には使われていた。この「偶像崇拝」という概念やそれにまつわる諸問題については，例えば Halbertal, M. & Margalit, A, (tr.) Goldblum, N., *Idolatry* (Cambridge: Harvard University Press, 1992) を参照。Halbertal & Margalit は「偶像崇拝」の異質性について，崇拝行為の対象が異なる神である場合と，対象には問題がないとしてもその方法が異なる場合があると述べている（p. 3）。また「偶像崇拝」が多様な概念であることを示し，その中の一つには本章で扱う姦淫も含まれるとしている（pp. 9–36）。筆者はこうした議論も踏まえた上で，子牛像の罪を語る際に（「偶像崇拝」という上位概念も含む）いずれの概念が罪として前面に描かれているかに注目している。

[73]　列王記上12章の金の子牛像事件の記述には出エジプト記32章との類似が多く見られ，どちらかがどちらかのモデルとなったはずという議論が行われて久しいが，いまだ結論が出たとは言い難い（出エジプト記の方が成立が古いとするのは，伝統的解釈と呼ばれる立場の U. Cassuto ((tr.) Abrahams, I., *A Commentary on the Book of Exodus* (Jerusalem: Magnes Press, 1997), p. 409）など，逆に出エジプト記の子牛像事件が列王記の子牛像事件をモデルにしたと考えるのは Bori（*op. cit.*, p. 88），上村静（『宗教の倒錯』岩波書店，2008年，p. 47）など）。本書の内容ともこれ以上の関連性は見られないため，列王記の子牛像事件についてはここまでとする。

集めて神の命じる戒律などを告げる中で，荒野での出来事が回想される。

7. お前は，自分が荒野でお前の神である主を怒らせたことを思い返し，忘れてはならない。お前がエジプトの地を出た日からこの場所に来た時まで，お前たちは主に対して強情であった。8. そしてお前たちはホレブで主を怒らせた。主はお前たちに対して怒り，お前たちを滅ぼそうとした。9. 私が，主がお前たちと結んだ契約の石板を取りに山に登った時，私は四十日四十夜山に留まった。パンも食べず，水も飲まなかった。10. 主は私に，神の指によって書かれた二枚の石板を与えた。そこには，民が集まった日に主が山で火の中からお前たちに語ったすべての言葉があった。11. 四十日四十夜の終わりになり，主は私に二枚の契約の石板を与えた。12. 主は私に言った。「立て，山から下りよ。お前がエジプトから導き出したお前の民が堕落し，お前が彼らに命じた道から逸れ，自分たちのために鋳像を作った」。13. 主は私にこう言った。「私はこの民を見た。見よ，それは強情な民である。14. 私を一人にせよ。私は彼らを滅ぼし，彼らの名前を天の下から消し去る。そして私は，お前をそれよりも強くて大きな民にしよう」。15. そして私は向きを変えて山を下りた。山は火に燃えていた。そして私の両手には二枚の契約の板。16. そして私は見た。お前たちの神であるお前たちの主に対して，お前たちが罪を犯したのを。お前たちは自分たちのために子牛の鋳像を作り，主がお前たちに命じた道から即座に逸れた。17. 私は二枚の板を掴み，それらを私の両手から投げ，それらをお前たちの目の前で破壊した。18. 私は最初の時のように，主の前に四十日四十夜身を投げ出し，パンを食べず水も飲まなかった。お前たちが主の目に悪とされることをなして主を怒らせた罪のために。19. 主がお前たちに対して燃え上がらせてお前たちを滅ぼそうとした怒りと憤りのために私は恐れたが，主はこの時も私のことを聞いてくれた。20. アロンに対しても主はとても怒って彼を滅ぼそうとした。私はその時，アロンのためにも祈った。21. お前たちが子牛を作ったというお前たちの罪を，私は取って火で燃やし，打って粉々につぶして塵とし，その塵を山から流れる川に投げた。

第 2 章　罪

　この箇所では，いくつか出エジプト記とは異なる点がありながらも[74]，モーセが出エジプト記の金の子牛像事件を簡潔にまとめて述べている。内容としては出エジプト記の単純な繰り返しであり，聖書に書かれていない事柄の加筆や解釈などは行われていない。たびたび述べられる「四十日四十夜」というのは，出エジプト記の 32 章には出て来ないものの 24:18 や 34:28 などで用いられる表現であり[75]，以下で見てゆくように特にキリスト教の解釈では出エジプト記 32 章の解釈に結び付けられることが多い。
　この他の箇所では，子牛像事件の描写は断片的なものにとどまる。

詩編 106:19–23

　19. 彼らはホレブで子牛を作り，鋳像にひれ伏した。20. そして彼らは自分たちの栄光[76]を，草を食べる雄牛[77]の像に変えた。21. 彼らは自分たちを救ってくれる神を忘れた。エジプトで大いなることを行った神を。22. ハムの地で驚異を，葦の海のほとりで素晴らしきことを〔行った神を〕。23. 彼らを滅ぼそうと神は言った。もし神が選んだモーセがいなかったならば〔そうなっていただろう〕。モーセは神の前で裂け目に立った。彼は神の怒りを〔彼らを〕一掃することから引き戻した。

---

[74] 大きな違いとしてはまず，話の舞台がシナイ山ではなく「ホレブ」となっている（ただ，ユダヤの伝統では「ホレブ」＝「シナイ」と同定されている）。出エジプト記 32 章ではそこがシナイ山だと明確に述べられているわけではないが，例えば同 19 章にイスラエルは「シナイの荒野に来た」と述べられている。また，32 章ではモーセは子牛を粉々に砕いて水に混ぜ，その水を民に飲ませたとの描写があるが（20 節），ここではその粉々に砕いた子牛像を「川に投げた」としか書かれていない。

[75] その他，申命記 9:25 と同 10:10 にも見られる。

[76] 岩波書店版の詩編を翻訳した松田伊作は，本来は「彼（神）の栄光」とすべきところを，本文を書き写した人間が畏敬の念から「彼らの」と書き替えたのだと述べている（旧約聖書翻訳委員会訳『旧約聖書 IV：諸書』岩波書店，2005 年，p. 223 の注 21）。

[77] 「雄牛（שׁוֹר/shor/）」は「子牛（עֵגֶל/ʻegel/）」とは違う単語である。なぜここで「雄牛」という単語が使われているのかは不明。

ここでは，イスラエルの民が子牛像を作って神の栄光を雄牛と取り換えたことを非難する一方で，モーセが行った神への執り成しが言及されている。ここに描かれている内容は子牛像事件と同定できるが，語の選択や焦点の当て方が出エジプト記 32 章と若干異なることは興味深い。

ネヘミヤ記 9:17–19

　17. 彼らは〔言うことを〕聞くのを拒み，あなたが彼らとともに為されたあなたのいくつもの驚異を思い返さず，自分たちのうなじを固くし，頭をミルヤムの労働[78]へ戻ることに委ねた。あなたは赦しと寛大さと憐れみの神。怒りにくく，慈しみ深く，彼らを見捨てなかった。18. 彼らが自分たちのために子牛の鋳像を作って，これが，エジプトからお前を導き上ったお前の神だと言って[79]，大いなる中傷を為した時でさえも，19. あなたはあなたの多大な慈悲でもって彼らを荒野で見捨てはしなかった。〔…〕

　ここでは，神の寛大さを強調する形で子牛像事件が言及されている。「中傷を為した」と言われているが，子牛像事件への他の言及ではこの表現は使われていない。
　以上のように出エジプト記 32 章以外でも金の子牛像事件は言及されており，それぞれで微妙に細部が異なっている。もちろん個々のケースによって異なるであろうが，後世の人間が同じ金の子牛像事件に言及しているとしても，それが出エジプト記 32 章に基づくのか，申命記や詩編，ネヘミヤ記に基づくのか，それともそれらすべてが合わさったものを前提としているのかは，彼らが立脚している資料が不明な以上，厳密には判断できない場合がほ

---

　[78] 意味不明。「エジプトの」と書かれている写本に従うべきかもしれない。岩波書店版の訳者である村岡崇光は，注をつけることなく「エジプトの苦役」と訳している（*ibid.*, p. 749）。
　[79] 出エジプト記 32:4 の「これらが，イスラエルよ，お前をエジプトの国から導き上ったお前の神々だ」と異なり，「これ」と「導き上った」の主語が単数形のため，神を単数形で訳出する。

とんどである。いずれにしても，金の子牛像事件の内容が出エジプト記 32 章に限定されないという視点は，解釈者たちの生きた時代や社会を考える際にも無視できるものではないだろう。

2.2.1. 聖書における「牛」

　ここで若干視点を変えて，子牛像事件が「牛」の像ゆえに問題となるのかどうかをヘブライ語の単語の面から少し考察しておく。

　日本語の「牛」にあたるヘブライ語としては，「若い雄牛」の意味を持ち，子牛像事件でも用いられている「עֵגֶל/'egel/」（ヘブライ語聖書全体での出現回数は 35 回。以下同様）[80]，その女性形の「עֶגְלָה/'eglah/」（14 回），雄牛を意味する「פַּר/par/」（133 回），雌牛を意味する「פָּרָה/parah/」（26 回），特に農業用などのために去勢された雄牛「שׁוֹר/shor/」（79 回），雄牛とほぼ同義で力強さなどの象徴として使われた「אָבִיר/'avir/」（7 回），それらの上位概念として牛や大型の家畜を意味する「בָּקָר/baqar/」（183 回）などがある。この中から特に「עֵגֶל/'egel/」に注目してみると，その使用法は大きく分けて「子牛像事件の描写」（出 32 章など），「ヤロブアムの子牛像の描写」（王上 12 章など），「イスラエルの神への献げ物」（レビ記 9 章[81]など），「その他一般的な動物としての用法」（サム上 28:24[82]など）などとなる。

　聖書時代の世界で牛と言えば，肥沃や多産の象徴としてエジプトや中東地域でよく用いられており，例えばエジプトの太陽神ラーは，朝に聖なる雌牛から生まれ，昼に雄牛に成長する金の子牛であったとしばしば考えられてい

---

[80] 「עֵגֶל/'egel/」が使われている 35 例の内訳は，出エジプト記 32:4, 8, 19, 20, 24, 35，レビ記 9:2, 3, 8，申命記 9:16, 21，サムエル記上 28:24，列王記上 12:28, 32，列王記下 10:29, 17:16，ネヘミヤ記 9:18，イザヤ書 11:6, 27:10，エレミヤ書 31:18, 34:18, 19, 46:21，エゼキエル書 1:7，ホセア書 8:5, 6, 13:2，アモス書 6:4，ミカ書 6:6，マラキ書 3:20，詩編 29:6, 68:31, 106:19，歴代誌下 11:15, 13:8。

[81] 「1. 八日目に，モーセはアロンとその子らとイスラエルの長老たちを呼んだ。2. 彼はアロンに言った。お前のために，家畜の中から子牛（עֵגֶל）を罪の献げ物のために，雄羊を焼き尽くす捧げ物のために取れ。傷のないものを。そして主の前に捧げよ」。

[82] 「女には家に肥えた子牛（עֵגֶל）がいた。彼女は急いでそれを屠り，小麦を取ってこねてそれを焼いて種なしパンにした」。

た[83]。このようなエジプトや周辺世界との関係については以下でも折に触れて言及してゆくが，単語としての「עֵגֶל/'egel/」そのものにユダヤ教にとって否定的な意味はなく，イスラエルの神への献げ物にも金の子牛像にも一般的な家畜にもなりうる，本来は中立的な語という理解で問題ないであろう[84]。

2.3. ユダヤ教の解釈

以上，ヘブライ語聖書における子牛像事件の描写や「牛」の用法を確認したところで，ここからは聖書以後の時代のユダヤ教における子牛像事件解釈を見てゆく。基本的にタナイームとアモライームの解釈というように時代で区切るのが本書の基本方針ではあるが，本章では便宜的に，子牛像事件にどのような問題があったのかという点から伝承を区分してゆく。

2.3.1. 罪の大きさと罪の結果

具体的な統計をとるのは困難ではあるが，ユダヤ教の金の子牛像事件解釈にかかわる伝承を一定量集めてみると，子牛像事件がどれほど悪いことだったのか，そして子牛像事件の罪の結果がどのようなものであったのかを述べているものが目立っている。子牛像事件が聖書において「大いなる罪」であったことを反映してか，少なくとも無視できない量の伝承が残されていると言うことはできよう。本項ではまず，そういった子牛像事件の罪の大きさと罪の結果について言及している伝承を具体的に取り上げ，ユダヤ教における子牛像事件の一般的なイメージを概観してゆく。

---

[83] Langner, A. M., "The Golden Calf and Ra," *Jewish Bible Quarterly*, 31.1 (2003), pp. 43–47 の特に p. 45.

[84] それがどのような背景かにかかわらず像そのものが問題だという考えもあるが，出エジプト記 25:18–20 他で描かれているケルビムとの兼ね合いなどもあり，本書では像そのものについての議論には立ち入らない。像そのものの禁止については，聖書中では出エジプト記 20:4，レビ記 19:4 などに規定がある。

第2章 罪

『トセフタ』シャバット篇 1.16

　これらはハナニヤ・ベン・ヘゼキヤフ・ベン・ガロンがエルサレムに上った時，人々が彼を訪ねに上った際に言った法による。シャンマイの一派がヒレルの一派を数の上で上回った。その日に 18 のことが決定された。その日はイスラエルにとって，子牛が作られた日のように厳しい日であった[85]。

BT シャバット篇 17a

　〔…〕その日，ヒレルは屈服して弟子の一人のようにシャンマイの前に座った。そしてそれはイスラエルにとって，子牛が作られた日のように厳しいことであった。〔…〕

BT 小篇セフェル・トーラー篇 1.6

　ヘブライ語やエラム語，メディア語やギリシア語で〔聖典を〕書いてはならない。70 人の長老たちは，すべてのトーラーをプトレマイオス王のためにギリシア語で書いた。そしてその日はイスラエルにとって，彼らが子牛を作った日のように厳しい日であった。〔…〕[86]

　紀元前 1 世紀から紀元 1 世紀を生きたヒレルとシャンマイの二人は，当時の二大巨頭と言えるラビである。シャンマイ一派が数の上で優勢になった日，ヒレルがシャンマイに屈服した日，そしてその二人とは関係なくヘブライ語聖書がギリシア語に翻訳された日が言及され，それらの日が子牛像事件が起きた日と同じくらい深刻だったと述べられている。伝承の内容の正否や価値判断についての考察は行わないが，何か深刻な問題が起きた日や（伝承を残した者にとって）由々しき事態になった際に，子牛像事件がしばしば引き合いに出されることが確認された。

---

[85] Lieberman, S., *The Tosefta, Mo'ed* (New York: The Jewish Theological Seminary of America, 1962) を底本とした．．

[86] 底本は Higger, M., *Seven Minor Treatises* (New York: Bloch Publishing Company, 1930) を用いる．英訳には Cohen, A., *The Minor Tractates of the Talmud*, 2 vols. (London: The Soncino Press, 1971) がある．同じく小篇のソフェリーム篇 1.7 にも並行伝承。

BT エルビーン篇 54a

〔…〕ラビ・エルアザル曰く。「石板の上に〔神の筆跡が〕刻まれていた」（出 32:16）と書かれているのはどういう意味か。もし最初の石板が破壊されなかったならば、律法がイスラエルから忘れられることはなかったであろうということである[87]。ラビ・アハ・バル・ヤコブ曰く。〔もし最初の石板が破壊されなかったならば〕いかなる民族も言語も、イスラエルを支配することはなかったであろう。「彫られている」（同）と言われているように。「彫られている（חָרוּת）」ではなく「自由（חֵירוּת）」と読め[88]。〔…〕

シナイ山から降りてきて事件を目の当たりにしたモーセが神から与えられた石板を破壊するわけであるが、この解釈ではモーセが石板を破壊したことによる弊害として、イスラエルの民がトーラーを忘れたことと、自由を失って他の民族に支配されるようになったことが挙げられている[89]。ここからは、子牛像事件が起きなければモーセが石板を破壊することはなく、イスラエルの民がトーラーを忘れることも他の民族に支配されることもなかったという、解釈者（ここではラビ）の歴史観が読み取れる。

[87] 「の上に」を意味する前置詞を「によって」の意味にとり、「石板によって〔神の筆跡が〕刻まれている」と読み替えている。それゆえ、その石板が破壊されたことにより神の御手がイスラエル（の記憶）に刻まれることがなくなったという解釈だと考えられる（この解釈を突き詰めると、モーセが二度目に受け取った石板についても検討する必要があるが、それは別の機会に譲る）。

[88] この読み替えと同時に、上の注と同じく「の上に」を「によって」の意味にとることで、「石板の上に彫られている」が「石板によって自由である」という意味になる。つまり、石板があればイスラエルの民は自由であるはずだったのだが、それが破壊されたことにより自由でなくなったという解釈である。

[89] この解釈における主題は、子牛像事件そのものについてよりも「自由」についてだと考えるほうが文脈に即している（この問題について、詳しくは勝又悦子「ユダヤ教における「自由」―ヘブライ語聖書とラビ・ユダヤ教を中心に―」『基督教研究』77.1 (2015), pp. 1–23 を参照）。なお本項は、子牛像事件に言及している伝承が少なからず存在していることからユダヤ教における事件の重要性を推察しているに過ぎず、それらの伝承すべてにおいて子牛像事件への言及が不可欠であったとまでは述べていない。

第 2 章　罪

子牛像事件の残した影響については，例えば BT ローシュ・ハシャナー篇 26a に，大祭司は金の衣服を着て神殿の至聖所には入ってはならない，そしてユダヤ暦の新年に吹き鳴らすショファルと呼ばれる角笛に雌牛の角を使ってはならないという伝承がある。理由はどちらも，それが子牛像を連想させるからとされている。また，シナゴーグでの聖書朗誦の際には出エジプト記の子牛像事件を含む箇所を翻訳してはならないとする規定もある。

『ミシュナ』メギラー篇 4.10

〔…〕ルベンの件（創 35:22）は読まれるが翻訳されない。タマルの件（創 38 章）は読まれて翻訳される。第一の子牛の件（出 32:1-20）は読まれて翻訳される。第二（同 21-25 節）は読まれるが翻訳されない。〔…〕[90]

『トセフタ』メギラー篇 3(4).31-37

読まれて翻訳される箇所，読まれるが翻訳されない箇所，読まれず翻訳もされない箇所がある。〔…〕第一の子牛の件は読まれて翻訳される。〔…〕第二の子牛の件は読まれるが翻訳されない。〔…〕[91]

シナゴーグでは通常，聖書がヘブライ語で読まれた後に（当時は）アラム語に翻訳されていた。しかし『ミシュナ』にはそういった朗誦とアラム語への翻訳が適用されない箇所がいくつか挙げられており，「第二の子牛像の件」（出 32:21-24）は，朗誦はされるが翻訳はされるべきではない箇所とされている。つまり，ヘブライ語を解さない一般の信徒には子牛像事件のこの箇所の内容を知らせてはならないという判断である。『ミシュナ』のこの箇所

---

[90] Albeck, Ch., *Shishah Sidrei Mishnah,* 6 vols. (Jerusalem: Bialik Institute, 1953–1959). 詳しくは立ち入らないが，この箇所で言及されているルベンの件とタマルの件は，どちらも男女の交わりについて述べている。これらの箇所についても分析を加えれば，このメギラーで言及されている箇所の共通点（例えば姦淫に関する問題）やその背景を指摘できる可能性がある。

[91] Lieberman, S., *The Tosefta, Mo'ed* (New York: The Jewish Theological Seminary of America, 1962) を底本とした。Lieberman はこの箇所を 3 章としているが，エルフルト写本では 4 章に該当する。

ではその理由は述べられていないが，上のトセフタの引用部分の後と BT の メギラー篇 25b[92] によると，モーセに対するアロンの返答に問題があるとのことである（この解釈については第 3 章で改めて言及する）。その理由はさておき，シナゴーグでの聖書朗誦の際にも議論されるほどに，子牛像事件がユダヤ教においては無視できない箇所であったことは間違いない。

以上，本項で取り上げた伝承をまとめると，子牛像事件とは，それが起こった日は他の悪いことが起こった日の引き合いに出されるような一大事であり，事件の結果としてイスラエルはトーラーを忘れて他の民族に征服されることになった。さらには，金の子牛像事件を連想させるために，大祭司は金の衣服を着て神殿の至聖所には入ってはならないし，ユダヤ暦の新年の月に使われるショファルに雌牛の角を使ってはならない。一般のユダヤ人にも関連するところでは，子牛像事件を含む出エジプト記 32 章の一部は，シナゴーグで読まれても翻訳はされないことになっていた。

ユダヤ教には子牛像事件の罪を前提としたこのような解釈が多数存在することを確認したところで，続いてはより具体的に子牛像事件の罪に言及している伝承を見てゆくこととする。

2.3.2. 「偶像崇拝」の罪

「偶像崇拝」という言葉の問題は本章冒頭ですでに述べた。本項ではそれを踏まえて，子牛像そのものに対する具体的な行為を問題視している伝承を取り上げる。

まず以下の伝承では，出エジプト記 32:27 で語られているようにレビ人によって民のうちの 3000 人が殺害されたことを踏まえ，民に対するそれ以外の罰，及びそれらの罰の理由となる問題行動が言及されている。

---

[92] 「〔…〕バライタで言われている。ラビ・シムオン・ベン・エルアザル曰く。人は常にその返答に注意するべきである。アロンがモーセに返した答えの中に，騒ぎを起こす者たちは疑念を抱くからだ。「私がそれを火に投げると，この子牛が出てきました」（出 32:24）と言われているように。〔…〕」。本書注 11 も参照。

第 2 章　罪

BT ヨーマ篇 66b
　〔…〕賢い女性がラビ・エリエゼルに尋ねた。子牛像の件は等しいのに（みな等しく罪を犯したのに），何故彼らの刑は等しくないのか[93]。〔…〕次のように言われている。ラヴとレビ。一人が言った。〔子牛像のために犠牲の動物を〕殺害し香をたいた者は剣で〔殺された〕。〔子牛像を〕抱擁し接吻した者[94]は〔神による〕死で〔殺された〕。心の中で喜んだ者は水腫[95]で〔殺された〕。もう一人が言った。目撃され警告を受けた者は剣で〔殺された〕。目撃されたが警告は受けなかった者は〔神による〕死で〔殺された〕。目撃されず警告も受けなかった者は水腫で〔殺された〕。

　ラヴとレビのどちらがどちらの解釈を残したのかは不明であるが，いずれにせよ子牛像に関わった者は三者三様の罰を受けたという解釈である。ここで重要なのは，「〔子牛像のための犠牲を〕殺害し香をたいた者」，「〔子牛像を〕抱擁し接吻した者」，「心の中で喜んだ者」の三種類の人間に死の罰が下ったという点である。感情的なものも含め，子牛像に対して具体的な行為を取ったり好意的な態度を取ったりした者たちが処罰の対象とされている。この解釈では，罪となるのが子牛像に対して「犠牲を捧げる」，「香をたく」，「抱擁し接吻する」，「心の中で喜ぶ」ことであったと具体的に述べられてい

---

　[93] この「賢い女性」が，以下に述べられているように，レビ人の剣によって殺された者（出 32:27），神によって打たれた者（32:35），そして（聖書の記述からは定かではないが）モーセが飲ませた子牛像を砕いて混ぜた水（32:20）によって命を落とした者の三種類を想定しているのか，それとも単に，子牛像事件の罰として殺害された者が 3000 人だけなのはおかしいと考えているのかは不明である。
　[94] 子牛像事件に限らず，偶像を抱擁したり接吻したりした者は処罰するよう定めている戒律がある。『ミシュナ』サンヘドリン篇 7.6：「〔像に対して〕抱擁する者，接吻する者〔…〕は，してはならない戒律に違反している」，BT サンヘドリン篇 60b：「〔像に対して〕抱擁する者，接吻する者，靴をはかせる者を〔石打ち刑の対象という範疇に〕増し加えることも可能である」。
　[95] モーセが飲ませた子牛像の粉入りの水によってそのような状態になったものと考えられる。なお民数記 5 章では，姦淫を行ったと疑われる妻の判定にこのような水が用いられるという規定がある。

る。

　イスラエルの民の行為を直接「偶像崇拝」だと述べる伝承としては，以下のものがある。

『トセフタ』ソーター篇 6.6

　ラビ・シモン・ベン・ヨハイ曰く。ラビ・アキバは四つのことを註解している。私もそれらを註解する。私は自分の言葉を彼の言葉より良いと見ている。ラビ・アキバは註解した。「〔アブラハムとハガルの息子イシュマエルが〕戯れる（מְצַחֵק）〔のをサラは見た〕」（創 21:9）。「戯れ（צחוק）」とは偶像崇拝（עבודה זרה）に他ならない。「〔子牛像を作ったイスラエルの民は〕立っては戯れた（לְצַחֵק）」（出 32:6）と言われているように。〔…〕[96]

　これは創世記 21:9 についての解釈だが，そこで使われている「מְצַחֵק」という「צחוק」と同語根の単語が，出エジプト記 32:6 に使われている「לְצַחֵק」とも同じ語根であることを利用し，後者が「偶像崇拝」のことを述べているわけであるから前者も同じく「偶像崇拝」であるとみなしている。これは金の子牛像事件が「偶像崇拝」であったことを前提としている解釈であり，そのことは自明であってここでは特に説明はされていない。

　上に挙げた BT ヨーマ篇 66b の続く箇所では，モーセの命を受けて民を殺害することになるレビ人は罪を犯さなかったという点が強調されており，その中で「偶像崇拝」についての言及がある。

BT ヨーマ篇 66b

　〔…〕ラビ・イェフダが曰く。レビの部族は偶像崇拝[97]を行わなかっ

---

[96] Lieberman, S., *The Tosefta, Nashim* (New York: The Jewish Theological Seminary of America, 1967) を底本とした。

[97] Schottenstein 版では「עבודת כוכבים」だが，ミュンヘン写本では「עבודה זרה」。「עבודת כוכבים」の原義としては「星辰崇拝」のほうが近い。元来は実際に太陽や星を崇拝することを指していたのかもしれないが，BT では星以外を対象とする行為に

46

第 2 章 罪

た。「モーセは野営地の入口に立って…」（出 32:26）と言われているように。ラビナは腰をおろし，そのように言った。ラブ・パパ・バル・アバの息子たちがラビナに異議を唱えた。「〔レビとは〕彼の父と彼の母について，『私は考慮しなかった』と言う者〔そして彼はその兄弟たちを認識せず，その息子たちを知らなかった〕」（申 33:9）〔と言われているではないか〕[98]。「彼の父」とはイスラエル出身の母の父（祖父）のことであり，「その兄弟たち」とはイスラエル出身の母から出た兄弟ということであり，「その息子たち」とはイスラエル出身の娘の息子たちということである〔だからここで言われている親族とは彼らの親族ではあってもレビの部族の者ではない，とラビナは答えた〕。〔…〕

レビ人は自分の肉親をも顧みることなく神の命令に従ったとされるが，それゆえ子牛像事件後に殺害された 3000 人の中にはレビ人の家族，つまりレビ人も含まれているのではないかという疑問が呈されている。それに対して，レビ人が顧みることがなかった肉親というのは，あくまで同胞であるイスラエルの民という意味に過ぎないという解釈が展開されている。その議論の本筋は掘り下げないが，そのような解釈によりレビの部族の者は「偶像崇拝」を行わなかったと述べられている。つまり，レビ人を除くイスラエルの民は「偶像崇拝」を行ったという結論に帰結する。そしてそれゆえにレビ人に殺されたのである。

同じように，イスラエルの民の「偶像崇拝」を明示する伝承をもう一つ引用する。

も適用されるため，便宜上「偶像崇拝」という訳語を用いる。

[98] つまり，レビ人は自分の家族かどうかにかかわらず剣で殺した，だから，上述の箇所で分類されている「剣で殺された者」，すなわち「『偶像崇拝』を行った者」の中にもレビ人が含まれている可能性があるのではないか，という疑問。なおこの申命記 33:9 で述べられている内容は，直前の 32:8 で述べられているようにマサやメリバの泉での争いと考えるのが自然であるが，タルムードの議論の中でこの箇所を引用した者は子牛像事件の文脈の中に組み込んでいる。こういった文脈の切断と移植はユダヤ教の聖書解釈においては全く珍しいことではない。

BT アボダー・ザラー篇 53b

〔…〕イスラエルは子牛に仕えた（פלחו）ことから，彼らにとって偶像崇拝[99]が受け入れられるものであるという考えを明らかにした。
〔…〕聖句が曰く。「これらはお前の神々だ，イスラエルよ」（出 32:4）。これは，彼らが多くの神々を望んだということを教えている。〔…〕

ここでは，子牛像に仕えたイスラエルの民にとって「偶像崇拝」は受け入れ可能なものだったと述べられており，事件が直接その「偶像崇拝」に結び付けられている。また，聖句の「これら」という語に着目し，彼らが求めた神は唯一神ではない，複数存在しうる神であるという解釈も展開されている。この点も，神への正しい崇拝から逸れるという意味で「偶像崇拝」の概念に該当しているのだと考えられる。なお，ここで「仕えた（פלחו）」と訳した語は，「人や神に仕える」，「崇拝する」という意味を持ち，名詞化して「偶像崇拝」の文脈で使われる「崇拝（עבודה）」の類義語と言えよう[100]。

以上のように，子牛像事件の罪は「偶像崇拝」だと述べる伝承もいくつか残されているが，その中には子牛像に犠牲をささげたり抱きついたりといった具体的な行為を問題視するものもあれば，聖書中には存在しない概念である「偶像崇拝」というアナクロニズムな言葉をそのまま適用しているものもある[101]。ではユダヤ教の子牛像事件解釈では，その罪はすべてこの「偶像崇拝」に帰せられているかというと，ことはそう単純ではない。続いては子牛像事件の異なる問題点を指摘する伝承を取り上げる。

2.3.3. 姦淫の罪

「偶像崇拝」ではなく，姦淫の罪を子牛像事件の中に見出す伝承も一定数

---

[99] Schottenstein 版では「עבודת כוכבים」だが，パリ写本では「עבודה זרה」。

[100] ヘブライ語聖書中でも「פלחו」と同じ語根（פלח）は使用されているが，こちらは「細かく割る」，「生み出す」というような意味で，「仕える，崇拝する」という意味は（まだ）有していない。

[101] むしろ，聖書後の時代に「偶像崇拝」という概念が生まれて以降，その実例が聖書の中に求められたという可能性が高い。

残されている。

BT シャバット篇 88b

〔…〕ラビ・シュムエル・バル・ナフマニ曰く。ラビ・ヨナタン曰く，「あなたは私の心を奪った。私の愛する花嫁よ。あなたは私の心を奪った。あなたの一目で」（雅 4:9）と書かれているのはどういうことか。最初（トーラーを受け取る時）は一目で〔私の心を奪い〕，〔トーラーを〕行う時には二つの目で〔心を奪ったということ〕。ウラ曰く。天蓋の中にいながら不貞をはたらく（מזנה）花嫁とはあさましいものである[102]。〔…〕

文脈から判断するにこの解釈は，シナイ山の山頂で神がモーセに律法を与えている間にその麓で子牛像を崇拝するイスラエルの民を，結婚式を行う場所（天蓋の中）にいながら不貞をはたらく花嫁に例えている。ここでは，子牛像の罪に不貞，つまり性的不道徳，姦淫を重ね合わせていると言える。また，上記 BT ヨーマ篇 66b でも少し触れたが，モーセが子牛像をすりつぶして水に撒き，その水を民に飲ませた行為を，姦淫の疑いのある妻の判定法（民 5 章）と同じと見る伝承がある。

BT アボダー・ザラー篇 43b–44a

〔…〕ミシュナ（アボダー・ザラー篇 3:3）：「ラビ・ヨセ曰く。〔鋳像は〕粉々にして風に撒く。もしくは海に投げる。〔賢者たちは〕彼に言った。それ（粉々にした鋳像）は肥料にもなりうる。『禁じられたものは何もお前の手に接触させてはならない』（申 13:18 ［新共同訳では 13:17]）と言われているではないか〔だからラビ・ヨセの言う方法は適切ではない〕」。バライタで次のように教えられている。ラビ・ヨセが彼ら（賢者たち）に曰く。すでに「お前たちが子牛を作ったというお前たちの罪を，私は取って火で燃やし，打って粉々につぶして塵とし，その

---

[102] BT ギッティーン篇 36b にもほぼ同内容の伝承が残されている。

塵を山から流れる川に投げた」（申 9:21）と言われているのではないのか〔だからその方法でよい〕。〔賢者たちは〕彼に言った。ここから根拠〔を導くの〕か。見よ，聖書はこう言っている。「〔モーセは子牛像をつぶして〕水の上に撒き，イスラエルの子らに飲ませた」（出 32:20）。〔モーセは〕姦淫の疑いのある妻たちのように〔イスラエルの民を〕試すことを目的にしているのに他ならない〔だからこれは鋳像の破壊を目的とした行為ではない〕。〔…〕[103]

ここでのラビ・ヨセと賢者たちの議論の主題は鋳像の破壊方法についてであり，子牛像事件についてはその一例として挙げられているに過ぎない。本書にとって重要なのは，子牛像事件を起こした民に対してモーセが子牛像を粉々にしてその粉を混ぜた水を飲ませたその行為が，姦淫の疑いのある妻に行うのと同じ手法だと述べられていることである[104]。上に挙げたシャバット篇 88b の伝承と同様，この伝承は子牛像事件の罪を姦淫の罪と同列に論じていると考えて問題ないだろう。これらの例で言うところの姦淫の罪とは，イスラエルの民が神と婚姻関係にある（＝契約を締結した）にもかかわらず，子牛像に浮気して不正な関係を持ったということだと考えられる[105]。

この二つの伝承だけで，子牛像事件の罪はすなわち姦淫の罪だと断じるには不十分である。「偶像崇拝」が姦淫をも含意していることを考慮すれば，「偶像崇拝」という上位概念ではなく敢えて姦淫の罪が前面に押し出されているという可能性が高い。言い換えると，一部の解釈者たちにとっては子牛

---

[103] 『トセフタ』アボダー・ザラー篇 3.19（写本によっては 4.19）にも同様の解釈が残されている。

[104] なお，ユダヤ教において姦淫の罪がこのような水を使って判定されるということは，初期キリスト教においても周知の事実だった可能性がある。紀元 1 世紀末から 3 世紀前半の間に書かれたとされる『ヤコブ原福音書』と呼ばれる書物（16 章）に，ユダヤ教の祭司がマリアの処女性を確認するために「主の呪いの水」をヨセフとマリアに飲ませるという描写がある（八木誠一・伊吹雄訳「ヤコブ原福音書」『聖書外典偽典 6 新約外典 I』教文館，1976 年，pp. 83–114）。

[105] 直接子牛像事件に言及しているわけではないが，他の神と関係を持つことを姦淫と表現する例が，子牛像事件後の神の言葉の中に見られる（出 34:16–17）。

第 2 章　罪

像事件の中に姦淫という表現を用いて提起したい内容があったということである[106]。

ここまでに確認したユダヤ教の伝承をまとめると，子牛像事件の罪は大きく，その影響は様々な面に及んでいる。その罪は「偶像崇拝」であると判断されることが多いが，特に姦淫の罪でもって糾弾されることもある。こうしたユダヤ教の解釈を踏まえて，続いてはキリスト教の解釈を見てゆく。

2.4. 新約聖書とギリシア・ラテン教父の解釈

ここからは，キリスト教の成立時から順を追ってその子牛像事件の罪についての解釈を考察してゆく。キリスト教自体の発展に従い，まずは新約聖書からギリシア・ラテン教父の解釈について考察する。全体的に見て，ユダヤ人やイスラエルの民がただ「悪い」とする伝承が目立つが，具体的な問題点を指摘している解釈も少なくない。

2.4.1. エジプトとの関係

まず新約聖書には，子牛像事件とエジプトの関係を指摘する解釈が見られる。以下は，十二使徒によって弟子の中から選ばれた七人のうちの一人であるステファノが，逮捕され裁判にかけられた際に行った演説の一部である。

> **使徒言行録 7:38–42**
> 38. これが，荒野の集会で，シナイ山で彼に話しかけた天使とともに，そして私たちの父祖たちとともに，生きる言葉を受け取って私たちに与えてくれた人である。39. その人に対して我々の先祖たちは忠実である

---

[106] シャバット篇 88b で「不貞をはたらく」と訳した語（מזנה）は，「道を逸れる」「不誠実」といった意味を持つことから，男女間に限定されない問題と捉えることもできる。文脈上男女間の問題であることが明らかであるため，またアボダー・ザラー篇 43b–44a（こちらで論じているのは明らかに男女間の問題である）との兼ね合いから「姦淫」の罪と分類したが，必ずしも性別にとらわれない問題と考えることも可能である。

51

ことを望まず，拒絶して彼らの心の中でエジプトの方を向き，40. アロンに言った。「我々に我々の前を行く神々を作れ，この，我々をエジプトの地から導き出したモーセ，彼に何が起こったのかを我々は知らないのだ」。41. そして彼らはその時に子牛を作り，その偶像に犠牲を捧げ，彼ら自身の手の業に喜んでいたのである。42. 神は向きを変え，彼らが天の軍勢（星々）に仕えるにゆだねた。預言者たちの本に書かれているように。「荒野にいた四十年間，お前たちは私に生贄や献げ物を捧げたか，イスラエルの家よ」[107]。

ステファノはイスラエルの民の歴史を語る中で，荒野での出来事に言及している。出エジプト記 32 章には子牛像とエジプトとの関係は述べられていないが，この解釈によれば民はモーセに反抗してエジプトを思慕して子牛像を作ったとのことである。エジプトの何が問題であるかはこの前後でも述べられていない。同じような解釈は，2 世紀後半に主に小アジアで活動したエイレナイオス[108]の著作にも見られる。

エイレナイオス『異端反駁』IV, 15.1

〔…〕そして，こういうわけで，〔主は〕彼に従ってゆこうとした人々に掟を守るよう〔勧めた〕のである。ところが彼らは心を転じて子牛を作り，心ではエジプトへ帰ってしまい，自由な身である代わりに奴隷でありたいと憧れたので，この時彼らは，自分たちの欲望に適したその他の〔祭儀上の〕〔務め〕を，〔すなわち〕神から切り離すのでなく，隷属というくびきで彼らを〔馴らす〕〔務め〕を受けることになった。〔…〕[109]

---

[107] Nestle-Aland, 27 版を底本とした。

[108] 彼の生涯や思想については，Grant, R. M., *Irenaeus of Lyon* (London: Routledge, 1997) を参照。

[109] この引用は小林稔訳『キリスト教教父著作集 3/II：エイレナイオス 4 異端反駁 IV』教文館，2000 年によるが，Migne, J. P., *Patrologia Graeca*, vol. 7 (Paris: Migne, 1857)，および Rousseau, A., *Irene de Lyon: Contre les Heresies, Libre IV* (Paris: Editions du Cerf, 1965) にて原文を確認した。

第 2 章　罪

エイレナイオスはこの前後で律法の意義や重要性について説明している。その中で，神がモーセを通じてイスラエルの民にその律法を守るよう求めたにもかかわらず，彼らは子牛像を作り，「心ではエジプトに帰っ」たと述べられている。この二例の成立年代からすると矛盾して見えるかもしれないが，エジプトそのものが問題というよりも，エイレナイオスの言うようにもともとはエジプト滞在時の民の状態やそれへの憧れが問題であり，使徒言行録はその構図を省略して簡素な表現を用いたという可能性を指摘できる。いずれにせよ，子牛像とエジプトの結び付きを読み取る意図は見受けられるが，ここに引用しなかった一次文献を含めても，エジプト自体が問題なのか，仮にそうだとしてエジプトの何が問題なのかは明示されていない。

2.4.2. 偶像崇拝の罪

ユダヤ教の解釈同様，キリスト教においても子牛像事件を「偶像崇拝」とみなす伝承が，古くは新約聖書にも残されている。以下は書名の通り，使徒パウロからコリントにある教会の信徒たちへ宛てた手紙の一部である。

> **コリントの信徒への手紙一 10:5–8**
> 5. しかし神は，彼らのうちのより多くの者たちに満足しなかった。彼らは荒野で殺された。6. この者たちは私たちの〔悪い〕模範となった。彼らが追い求めたように，私たちが悪を追い求める者にならないための。7. また，彼らのうちのある者たちのように偶像崇拝者となるな。「民は座って飲み食いし，立ちあがって戯れた」と書かれているように。8. また，彼らのうちのある者たちのように姦淫することのないように。彼らは姦淫[110]して一日で 23000 人が倒れた[111]。

---

[110] 一見すると，ここでは子牛像事件の罪が「姦淫」であると読めてしまうかもしれないが，7 節と 8 節は違う事柄を指していると読むべきである。

[111] アウグスティヌスは，民が「偶像崇拝」に走った例として新約聖書のこの箇所（10:8）を引用している（『書簡 36』）。

冒頭で「彼ら」と呼ばれているのは、当時のキリスト教徒たちにとっても父祖である聖書時代のイスラエルの民のことである。荒野にいた彼らのうちの「ある者たち」は、「偶像崇拝者（εἰδωλολάτραι／単数形：εἰδωλολάτρης)」であったと述べられている。この「偶像崇拝者」という言葉は「図像（εἴδωλον）に仕える者（λάτρις）」という語義を持ち、目に見える形での図像に仕える「偶像崇拝」という意味になる。その点で、異質さによって規定されるユダヤ教の「偶像崇拝（עבודה זרהやעבודת כוכבים)」よりも、具体的な図像が問題視されていると言うことができる[112]。もちろん、ユダヤ教の「偶像崇拝」に近い語がギリシア教父の著作にも使われている可能性は高いが、こと子牛像事件の罪理解については、これまでに調査した限りではそのような表現は見つけられていない。

4世紀に小アジアのニュッサで主教を務めたグレゴリオス[113]は、彼の最も名高い論考とされる『モーセの生涯』で、子牛像事件に関連して以下のように述べている。

ニュッサのグレゴリオス『モーセの生涯』1.57–59

57. モーセは聖なる石板を携えて山を降りる。〔…〕人々はその恵みを拒み、法の授与者に心を向ける代わりに、偶像崇拝の反旗を翻すのである。58. モーセは〔…〕そして、四十日四十夜の間、暗黒のもとでかの永遠の生命に与って、自然本性それ自身を越えた境位に留まったのである。だがまさにそのとき、イスラエルの民は保護者の目から離れた子供のように、節度なき衝動に駆られて放埒へと陥れられた。そして、彼らは一群となってアロンに逆らい、偶像崇拝に自分たちを先導するよう祭司に詰め寄るのであった。59. 偶像が金を材料にして造られたとき、

---

[112] 本書が対象とする時代のユダヤ教にも図像の崇拝を意味する用語は存在したが（עבודת גילוליםやעבודת אלילים）、子牛像事件に関する文脈では用いられていない。

[113] 彼の生涯や思想については、アンソニー・メレディス、津田謙治訳『カッパドキア教父』新教出版社、2011年が詳しい。著者曰く、この本を除いてはグレゴリオスを含めた三人のカッパドキア教父についての「英語で書かれた学術的で有益な研究書や入門書」や「英語で書かれた彼らに関する単一の研究」は「存在していない」（p. 5）。

第 2 章　罪

彼らは自分たちの不敬虔に酔いしれ歓喜した。しかるに、モーセはそのとき既に彼らのいたところに降り来たり、神から受け取った石板を粉々に砕いたのである。それは、彼らが神の与えた恵みに心して与ろうとしなかったので、その過ち・罪に相応しい罰を蒙らんがためであった。

同 2.202

われわれが観想してきた登攀の道をこのように進んできた人は、神の手によって生み出された石板を手に携える。その石板は神的な法を含んでいたのである。しかし、それらは罪深い人たちの頑なな抵抗にあったために砕かれてしまうことになる。彼らの罪のかたちとは偶像崇拝であり、子牛に似せた形の像が偶像崇拝のために造られたのである。だが、この像はモーセによって全面的に砕かれて粉とされ、水に混ぜ合わされて、罪のある人々の飲用に供された[114]。

　すなわち、モーセが石板を持ってシナイ山から降りてきた時、麓で待っていた民は「偶像崇拝」で反抗した、彼らの罪は「偶像崇拝」であった、と繰り返し述べられている。その際のイスラエルの民は、「保護者の目から離れた子供のように、節度なき衝動に駆られて放埓へと陥れられ」て、子牛像を作ってからは「自分たちの不敬虔に酔いしれ歓喜した」とされている。そしてモーセが石板を破壊したのはその罰ということである。グレゴリオスは、子牛像事件の構造をこのように明快に述べている。なおここで「偶像崇拝（εἰδωλο-λατρεία）」と訳した語は、上記「偶像崇拝者（εἰδωλολάτρης）」と同語源の「図像（εἴδωλον）に仕える状態（λατρεία）」という意味を持つ。

　キリスト教、特に誕生時から5世紀頃までの教父の解釈には、子牛像事件をエジプトに結び付けたり、その事件に具体的な図像を対象とする「偶像崇拝」の罪を見出したりといった事例があることが確認できた。ユダヤ教の解釈に見られた、子牛像事件を直接姦淫と結び付ける解釈は、これまでのところ見つけられていない。続いてはシリア教父の解釈に入る。

---

[114] この引用は谷隆一郎訳「モーセの生涯」『キリスト教神秘主義著作集1』教文館、1992年によるが、Musurillo, H., *Gregorii Nysseni: De Vita Moysis* (Leiden: Brill, 1964, rep. 1991) にて原文を確認した。

2.5. シリア教父の解釈

シリア教父の解釈においても，様々な形で子牛像事件の罪を述べている解釈が見られる。ギリシア・ラテン教父と同じく新約聖書を踏まえているはずのシリア教父の解釈には，前者の解釈との共通点に加えてどのような差異が見出せるだろうか。

2.5.1. 罪の認定

ユダヤ教の解釈ほどの量ではないが，アフラハトとエフライムも子牛像事件が罪であることを前提としていたと考えられる解釈が散見される。

> **アフラハト『論証』7.15**
> 悔い改めを求める者よ，祭司の長であるアロンのようになれ。彼は子牛によって民に罪を犯させた時，自らの罪を告白してその主が彼を赦した。イスラエルの王たちの中で最も偉大なダビデも，自らの愚行を告白して赦された。〔…〕[115]
>
> **同 10.2**
> 〔…〕モーセの主が，彼らが子牛を崇拝したというその罪ゆえに彼らを滅ぼすことを欲した時，モーセは祈り，神に懇願してこう言った。「ああ，この民の罪をお赦し下さい。さもなければ，私をあなたが書かれたあなたの本から消し去ってください」（出 32:32）[116]。これが，自分の群れのために我が身を引き渡す有能な羊飼いである。これが，自分

---

[115] 原典は Parisot, I., *Aphraatis Sapientis Persae Demonstrationes* (Paris: Firmin-Didot et socii, 1894) を底本とし，Wright, W., *The Homilies of Aphraates, the Persian Sage* (London: Williams and Norgate, 1869) も同時に参照した。章節番号は前者に基づく。なお英訳は，Lehto, A., *op. cit.* がある。

[116] 内容からして出エジプト記 32:32 であることは確実だが，文面はマソラ本文の直訳とも，聖書の標準シリア語訳とされるペシッタ本文とも一致しない。このような引用については，Weitzman, M. P., *The Syriac Version of the Old Testament. An Introduction*, (Cambridge: Cambridge University Press, 1999), p. 130 を参照のこと。

の群れのために我が身を差し出す優れた指導者である。これが，自分の息子たちを守り育てる憐れみ深い父親である。

7章では悔い改めた者，10章では羊飼いについて述べられている。後者は聖書の記述に従っているだけとも言えるが，アフラハト自身の言葉でも子牛像事件の「罪」に言及していることから，それを罪とみなして問題視しているのは間違いない。ここに挙げたのは，その罪を特に他の罪状の中で述べているわけではないものだけだが，アフラハトもエフライムも，以下に見てゆくように子牛像事件の中に様々な罪の要素を見出している。

2.5.2. エジプトとの関係

2.4.1.でも取り上げたギリシア語圏のキリスト教の解釈のように，二人のシリア教父の著作にも子牛像事件をエジプトという文脈の中で語る解釈が見出せる。

アフラハト『論証』15.4

〔イスラエルの民が〕エジプトの地で異教の祭儀を行い彼らの神々を崇拝していたことをお前が知るために，ヌンの子ヨシュアはまさに自分の最期がやってきた時に，イスラエルの子らを呼んで彼らに向かって言った〔ことを思い起こせ〕。「今日，お前たちは自分たちが何に仕えるかを選べ。川の向こう側のお前たちの父祖たち，〔例えば〕アブラハムの父でありナホルの父であるテラが仕えた神々か，お前たちがエジプトの地で仕えていた神々か。だが私と私の家の者たちは，主である神を崇拝する」。〔…〕彼ら（イスラエルの民）がエジプトで羊と雄牛を崇拝していたということをお前がさらに認めるために，モーセが山上にとどまっていた時，彼らが主から逸れて偶像を崇拝したことを見よ。彼らは子牛の像を除いては，自分たちが崇拝するためにはいかなる像も作らなかった。それが，彼らがエジプトの地で普段崇拝していたものなのである。そして彼らは逆らって，自分たちの作った子牛の前で祝った。ナバトの子ヨラブアム（ヤロブアム）も，彼らを迷わせた時に彼らのために崇拝

57

のための子牛を作った。それが，彼らがエジプトで崇拝していたものである。〔…〕

エフライム『我らが主についての説教』6
〔…〕彼らが荒野で作った子牛は，荒野の草のように，彼らの生命を食料とする。彼らが自分たちの心の中に隠し，エジプトから持ちだした偶像崇拝が表に出てきた時，それは彼らを公然と殺した。〔…〕[117]

『論証』の 15 章は食物の区別についての章であり，『我らが主についての説教』6 章はイエスを十字架にかけたイスラエルへの批判がその内容の中心となっている。どちらの解釈も，上述の使徒言行録 7 章やエイレナイオスの『異端反駁』で述べられているような漠然とした子牛像とエジプトの結び付き以上に，エジプトの地での異端の祭儀や「偶像崇拝」と子牛像事件を結び付けている。この「偶像崇拝」については後の節で詳しく論じるが，エジプトそのものが悪いというよりは，子牛像がエジプトで行われていた異端の祭儀や「偶像崇拝」を連想させるから悪いという理屈が見て取れる。使徒言行録や『異端反駁』も，断言はできないまでも，このようなエジプトの異端の祭儀や「偶像崇拝」との結び付きから子牛像事件を非難しているという可能性が高い。

最後に，子牛像の崇拝がエジプト由来だと直接的に述べているエフライムの解釈を引用する。

エフライム『信仰賛歌』87.4
邪悪な子牛の邪悪な習慣はエジプト人たちから
四つの顔の憎むべき像の憎むべき光景はヒッタイト人たちから

---

[117] Beck, E., *Des Heiligen Ephraem des Syrers Sermo de Domino Nostro* (Louvain: Peeters, 1966) を底本とした。独訳は *ibid.*，英訳は，(tr.) Mathews, E. G., JR., & Amar, J. P., (ed.) McVey, K., *St. Ephrem the Syrian: Selected Prose Works* (Washington, D.C.: The Catholic University of America Press, 1994) がある。

第 2 章　罪

憎むべき議論，隠れた腐敗は，ギリシア人たちから[118]

否定的に語られる様々なものの由来を諸民族に帰している中で，子牛像（崇拝）の習慣をエジプト由来としている。この箇所からも，エフライムが子牛像事件とエジプトの接点をその背景を含んで理解していたのは明らかであろう。

2.5.3. 偶像崇拝の罪

続いては，ユダヤ教においてもギリシア・ラテン教父においても問題とされている「偶像崇拝」に言及している箇所を確認する。

まず，上記アフラハトの『論証』15.4 では，イスラエルの民が「エジプトの地で異教の祭儀を行い彼らの神々を崇拝していた（ܣܥܪܝܢ ܗܘܘ ܥܠܡܐ ܘܣܓܕܝܢ ܗܘܘ ܠܐܠܗܝܗܘܢ）」とあるが，ここで「異教の祭儀を行」うと訳出した二語（ܣܥܪܝܢ ܥܠܡܐ）は，まさにユダヤ教の「偶像崇拝（עבודה זרה や עבודת כוכבים）」と同じく，自分たちのものではない異国の／異教の祭儀を行う，正しくない崇拝行為を行うといった意味を持っている。これは新約聖書などに出てきたギリシア語の「偶像崇拝（εἰδωλο-λατρεία）」のように，必ずしも図像を必要とするわけではない。また，「〔彼らの神々を〕崇拝していた」と訳出した語（ܣܓܕ）については，「ひざまずく」や「ひれ伏す」といった肉体的な動作から「崇拝する」という意味が派生したと考えられ，こちらも対象が図像であるかどうかは問題になっていない。

他方，「偶像崇拝」と訳出した語を含むエフライム『我らが主についての説教』6 章を，上に挙げたよりも長く引用する。

〔…〕彼らが荒野で作った子牛は，荒野の草のように，彼らの生命を食料とする。彼らが自分たちの心の中に隠し，エジプトから持ちだした偶像崇拝（ܦܬܟܪܘܬܐ）が表に出てきた時，それは彼らを公然と殺した。

---

[118] Beck, E., *Des Heiligen Ephraem des Syrers Hymnen de Fide* (Louvain: Peeters, 1955) を底本とした。独訳は *ibid.*，英訳は Wickes, J. T., *St. Ephrem the Syrian: The Hymns on Faith* (Washington D.C.: The Catholic University of America Press, 2015) がある。

それは彼らの中に静かに潜んでいた。木の中に隠れていた火のように。それが木の中から出てきた時，それは木を焼いた。モーセは子牛を破壊し，それを試しの水に入れて彼らに飲ませた。子牛を崇拝するために生きていた者はみな，子牛を飲んだことで死ぬことになった。彼らのもとヘレビの子らが襲いかかった。彼らはモーセのもとへと馳せ参じ，剣を帯びていた。レビの子らは誰を殺すのかをわかっていなかった。〔子牛を〕崇拝した者たちが，崇拝しなかった者たちと混ざっていたからである。簡単に分けることができる者（神）が，彼らを異教に走った者たち（ܐܫܘܒ）と異教に走らなかった者たちに分けた。無実な者たちは感謝した。彼らの徳が正義に背かなかったことを。有罪な者たちは認識した。彼らの罪が裁きから逃れられなかったことを。レビの子らは公然と復讐者になった。かくして，彼（モーセ）は罪人たちにしるしをつけた。復讐者たちが制圧するのが容易になるように。

後半に出てくる「異教に走った者たち（ܐܫܘܒ）」と訳出した語は，上でアフラハトが用いた「異教の（ܫܘܒܚܐ）」を意味する語と同じ語根である。エフライムもこのように，対象が図像であるかを問題としない異教／異質という概念を子牛像の崇拝者に当てはめている。それと同時に，前半で「偶像崇拝（ܦܬܟܪܘܬܐ）」と訳出した語は，まさに日本語で偶像崇拝と訳するべき「偶像／像の崇拝」という意味を持ち，ギリシア語で言うところの「偶像崇拝（εἰδωλο-λατρεία）」に近い意味を持っている。

以上のように，アフラハトとエフライムの若干の著作を見るだけでも，ユダヤ教／ヘブライ語的な「偶像崇拝」，すなわち異教的な行為と，ギリシア語圏のキリスト教的な「偶像崇拝」が子牛像事件の罪理解の中で混在しているのが見て取れる。

2.5.4. 姦淫の罪

では，シリア教父の聖書解釈の中では子牛像事件の罪は「偶像崇拝」の罪だと断定されているかと言えば，ことはそう単純な話ではない。シリア教父，特にここではエフライムの著作の中にも，ユダヤ教の解釈に見られるような，

子牛像事件をイスラエルの民の姦淫とみなす解釈が散見される。

以下に引用する賛歌は，エフライムがカナの婚礼（ヨハネによる福音書 2 章）に見立てた婚礼にイエスを招待するという内容を詠んでおり，その流れの中で金の子牛像事件が語られている。

エフライム『信仰賛歌』14.6–7

6. 聖なるモーセはシナゴーグ[119]をシナイ山に連れて行った。
彼は彼女の身体を白い服で輝かせたが，彼女の心は暗かった。
彼女は子牛像と姦通（ܒܝܫ）し[120]，高きお方は彼女を軽蔑した。
だから彼は石板を破壊した。彼女の契約の書を。
7. かつて誰が見ただろうか。恥ずべき行為の恐ろしさを。
声を上げながら花嫁用の部屋で罪を犯す花嫁。
彼女はエジプトに滞在していて，〔そのことを〕学んだ。
ヨセフの未亡人から。彼女は大声を上げて罪を犯した[121]。

「シナゴーグ」とはイスラエルの民を指しており，エフライムによれば，モーセに率いられていた彼らは「子牛像と姦通」をしたとのことである。さらに，異なる単語のために訳語は「花嫁用の部屋」としたが，「花嫁用の部屋」にいる花嫁というモチーフは，本書 p. 49 で引用した BT シャバット篇 88b の「天蓋の中にいながら不貞をはたらく花嫁」と一致している。語順や単語に若干のばらつきがあるため，両者が同じ一つの伝承を彼らの言語でそのまま用いたわけではなさそうだが，両者が同じような伝承を下敷きとして自分たちの解釈を行ったと考えるのは十分可能である。エフライムが子牛像事件を姦淫に結び付けている伝承は他にもある。

---

[119] 「ユダヤ教」や「イスラエルの民」の比喩と考えられる。

[120] 「不誠実」のような心情的な意味よりも，直接的な「姦通」，「姦淫」を意味する語。

[121] Beck, E., *Des Heiligen Ephraem des Syrers Hymnen de Fide* (Louvain: Peeters, 1955) を底本とした。独訳は *ibid.*，英訳は Wickes, J. T., *St. Ephrem the Syrian: The Hymns on Faith* (Washington D.C.: The Catholic University of America Press, 2015) がある。

エフライム『誕生賛歌』14.19
　モーセは自分を妻から区別して分離し，売春婦の前で海を割った。
　ツィポラは神聖さを心にとどめた。彼女は〔異教の〕祭司たちの娘であるにもかかわらず。
　〔しかし〕アブラハムの娘は，子牛とともに姦通した（ﾊｲﾝ）。[122]

　ここでは，自らの異教的な出自にもかかわらず純潔を保ったツィポラ（モーセの妻）と違って，「アブラハムの娘」，つまりイスラエルの民は金の子牛と「姦通」をしたと述べられる。さらに『我らが主についての説教』6 章では，上に引用した箇所で偶像崇拝の問題を指摘した後，続く箇所では姦淫についても述べられている。

エフライム『我らが主についての説教』6
　〔…〕レビの子らは公然と復讐者になった。かくして，彼（モーセ）は罪人たちにしるしをつけた。復讐者たちが制圧するのが容易になるように。子牛の水は，確かに子牛への愛が潜んでいた者たちの中に入った。そして彼らに目に見えるしるしをつけた。抜き放たれた剣が彼らに襲いかかるように。シナゴーグは子牛と姦通した。彼（モーセ）はシナゴーグに試しの水を飲ませた。その結果，シナゴーグには姦婦のしるしが現れるだろう。ここから，試しの水を飲む女性についての法が出てきた。姦婦であるというしるしにより，シナゴーグは自分の子牛との姦淫を思い起こすだろう。〔…〕

　前半では，出エジプト記 32:25 以下でモーセが招集したレビ人たちが，いかにして殺害すべき民を選別したのかが述べられている。すなわち，先述した民数記 5 章に規定されている「試しの水」を飲むと，「違反者」たちには印が現れたとのことである。

---

[122] Beck, E., *Des Heiligen Ephraem des Syrers Hymnen de Nativitate (Epiphania)* (Louvain: Peeters, 1959) を底本とした。独訳は *ibid.*，英訳は McVey, K. E., *Ephrem the Syrian: Hymns* (Mahwah: Paulist Press, 1989) がある。

第 2 章 罪

以上の例からは，エフライムが時にユダヤ教の解釈と同様，子牛像事件をイスラエルの民の姦淫という文脈で語っていることは明らかである。

2.6. 小括

本章では，金の子牛像事件の罪について，ユダヤ教，初期キリスト教からギリシア・ラテン語圏の教父，そしてシリア教父の解釈を，それぞれの問題ごとに概観してきた。

ユダヤ教では，まず罪の大きさと結果に言及する伝承が多く残されており，ユダヤ人社会における子牛像事件への関心の高さがうかがえる。そして子牛像事件の罪とは何かと言えば，対象が像かどうかは問題ではない「偶像崇拝（עבודת כוכביםやעבודה זרה）」，もしくはその中でもイスラエルの民の姦淫が特に指摘されている。

ギリシア・ラテン語圏のキリスト教の解釈では，新約聖書の段階から子牛像事件をエジプトに結び付けて論じる伝承が見られるが，その解釈自体の中ではその背景は語られていない。また，子牛像事件を「偶像崇拝（εἰδωλο-λατρεία）」とみなす解釈も見られるが，それは目に見える形の図像に対する崇拝行為を問題としており，ユダヤ教の「偶像崇拝」とは意味合いが異なっている。そして事件を姦淫と結び付ける解釈は今のところ見つかっていない。

最後にシリア教父では，ギリシア語のキリスト教の解釈と同様，子牛像事件をエジプトと結び付けて問題視する解釈が見られ，しかもその解釈には，イスラエルの民がエジプトで行っていた「偶像崇拝」を連想させるからだという説明が付されている。そしてシリア教父の言う「偶像崇拝」には，ユダヤ教のそれと同じ異教的な祭儀と同時に，ギリシア語のそれのように具体的な像を崇拝対象とする行為の両方が含まれている。また，シリア教父にもユダヤ教と同様，子牛像事件を姦淫の罪とみなす解釈が見られ，細部の類似性からも両者が同じような伝承を念頭に置いていた可能性が指摘できる。

以上の内容から，三者の解釈の背景を考察する。三者ともに子牛像事件を問題視する伝承を一定量有していることから，いずれもが子牛像事件の罪を

認めていることは間違いない[123]。その上で事件の何を問題とするかには違いが見られる。すなわち，日本語では同じ「偶像崇拝」と呼べる行為とみなしていても，ユダヤ教伝承のそれが「異教的／異質」かどうかに焦点を当てているのに対し，ギリシア語のそれは目に見える図像を対象とした行為を想定しており，シリア教父の認識にはその両方が含まれている。また子牛像事件を姦淫と結び付ける解釈からも明らかなように，4世紀のシリア教父の解釈には，他の地域のキリスト教の解釈には見られないユダヤ教との類似性を見出すことができる。言うなれば，シリア教父はキリスト教の立場に身を置きながらも，ユダヤ教の伝承を十分に活用しているのである[124]。

以上の点を踏まえながら，続く各章では子牛像事件の登場人物たちに焦点を当ててユダヤ教，ギリシア・ラテン教父，シリア教父の三者間の比較を行い，彼らの相互関係や影響関係をより多角的に把握できるよう試みる。

---

[123] 後の章で見てゆくように，ユダヤ教では特に事件全体は問題視しながらも，個々の人物や出来事の背景を慮ってその重大性を軽減しようとする解釈が少なくない。また第1章で挙げた Mandelbaum が述べているように，罪は罪として認めた上で，その罪は赦されたとする伝承も見られる。それらを踏まえると，結論の先取りになりかねないが，ユダヤ教の聖書解釈は賛否両論併記，様々な視点からの多様な伝承が混在していると言うことができる。

[124] この点は，第1章でも言及した Brock, "Jewish Traditions in Syriac Sources"を代表とする研究によって大枠としてはすでに指摘されている。この中で Brock は，シリア文献内のユダヤ伝承として，①シリア語聖書に見られるタルグム（アラム語訳聖書）的背景，②聖書には見られないが他のシリア語文献に見られるタルグム的伝承，③ユダヤ起源の聖書外典・偽典のシリア語訳に見られる伝承，④もともとのシリア文学に見られるユダヤ伝承，の四つを挙げている。本書はこの Brock の指摘を補完する具体例の一つだと言うこともできるだろう。

第 3 章　アロン

3.1. 序言

　本章では，金の子牛像事件におけるアロンについての解釈を分析する。聖書の記述に依拠する限りでは，彼はこの事件において根幹にかかわる，そして大いに問題視される可能性の高い役割を果たしており，次章で扱うモーセ以上に事件に深く関わっていると言える。まずは，出エジプト記 32 章に描かれているアロンの行動を再度確認しておく。

　彼は自分のもとに集まってきた民に対して金の耳輪を持ってくるように言い（2 節），民がそれを持ってくると，受け取って「彫り具で形作り，子牛の像を作った」（4 節）。そしてその子牛像の前に祭壇を築き，「明日は主のための祭りだ」と宣言する（5 節）。翌日に民は「焼き尽くす献げ物をささげ，和解の献げ物を供え」（6 節）たり，「座って食べて飲み，立っては戯れ」（同）たりしたが，その中にアロンが含まれるかどうかは聖書本文からは明らかではない[125]。その後のモーセの下山と子牛像の破壊，およびその後のレビ人による 3000 人の民の殺害に際しては，アロンは前面に出ず，子牛像の始末を終えたモーセに叱責される場面から再度聖書本文に現れる（21 節）。モーセの叱責に対しアロンは，民が「悪の中にいる」と述べ（22 節），その民に像を作るよう求められたため，彼が金を「火に投げると，この子牛が出てき」たと説明する（24 節）[126]。この問答を経て，アロンが民を「緩め」，

---

[125] これらの行為の主語は，特定されない三人称複数もしくは「民」であり，その中にアロンが含まれるかどうかは断定できない。同様に，4 節で「これらが，イスラエルよ，お前をエジプトの国から導き上ったお前の神々だ」と言ったのも，七十人訳では三人称単数だがマソラ本文では三人称複数であるため，そこにアロンが含まれるかどうかは不明である。

[126] この返答内容は明らかに 4 節の内容と矛盾するが，後述のように，ユダヤ教には矛盾を指摘する伝承とこの内容を真とする伝承の両方が存在する。第 2 章で引用した BT のメギラー篇 25b は，このアロンの返答を問題視している。

そのせいで敵対する勢力の嘲りの的となったと述べられ（25 節），神は「アロンが作った子牛」と民の行為のために「民を打った」（35 節）とまとめられている。ちなみに，アロンはレビ人によって殺害されたわけではなく，聖書の他の箇所においても子牛像事件ゆえに罰を受けたとの記述はない。

　以上のように，出エジプト記 32 章の記述によれば，この事件におけるアロンの責任は無視できないものであり，仮にそのすべての責任をアロンが負って罰を受けたとしても不思議はないほどである。しかしながら，ユダヤ教のみならずキリスト教の子牛像事件解釈においても，アロンは必ずしも常に非難されているというわけではなく，その責任を否定するような伝承も少なくない。その背景にある機微を探る前に，まずは出エジプト記 32 章以外の聖書中のアロン像について簡単に確認しておく。

3.2. ヘブライ語聖書におけるアロン

　モーセの兄であるアロンは，出エジプト記 4:14 で唐突に神によって言及される[127]。その後，神によってモーセと会うよう促されたアロンは荒野に出てモーセと出会い，二人でイスラエルの長老たちの前に姿を現すことになる（同 4:27–31）。聖書本文には明示されていないが，この時点でモーセとアロンの二人がイスラエルの民の指導者となったと考えられる。その出自については，ヤコブの子であるレビの子であるケハト，そのケハトの子のアムラムがヨケベドとの間になしたのがアロンとモーセで，二人はレビ族の出とされる（同 6:16–20）。その後，二人はファラオのもとに出向いてイスラエルの民を解放するよう求めるが，ファラオは頑なにこれを聞き入れない。そのためにエジプトには十の災いが訪れ，イスラエルの民の出エジプトへと続

---

[127] イスラエルの民を率いよという神の要求を，モーセは再三拒否する。業を煮やした神がモーセに次のように言う。「主の怒りがモーセに対して燃え上がった。そして言った。『お前の兄であるレビ人アロンがいるのではないのか。私は彼が実によく話すことを知っている。そしてまた，見よ，彼はお前に向かって出てきている。彼はお前を見て，心の中で喜ぶのだ』」。聖書中で，この唐突な紹介より前にはアロンについての言及は皆無である。

く。これ以降，聖書本文の時間の流れは不明瞭になるのだが，恐らく子牛像事件よりも前に，アロンは神によって祭司に任命されて聖別される（同 28–29 章）。それから金の子牛像事件が起こり（32 章），それ以降の出エジプト記では，アロンについての情報は戒律に関するものを除いてほぼ語られることはない。

出エジプト記に続くレビ記ではアロンは戒律に関連して言及されるのがほとんどで，その次の民数記では，レビ記と同様，戒律に関して言及される他には，モーセがクシュ人の女性を妻にしていることを非難したために神の怒りを買ったり（12 章），モーセとともに民の反抗にあったり（14, 16 章），その民のために神との間の執り成しをしたりしている（17 章）。水不足に端を発する民の反抗（20:1–13）が述べられた後，アロン（とモーセ）はその件で神に逆らったため，神がイスラエルに与えると約束したパレスチナの地に入ることができずにホル山の上で死んだとされる（20:22–29）。なお，死亡時のアロンの年齢は 123 歳とされている（33:39）。その次の申命記以降ではアロンへの言及は極端に減り，その名前が出てくるのは「アロンの子ら」や「アロンの子孫」といった，アロンに連なる祭司の家系の人間に言及する時，または過去の出来事が語られる時にモーセと対になって言及される程度である。

やや大雑把にまとめると，アロンの大祭司としての生涯，および職務と血筋は重要であるが，それ以外で特に言及されることはないというのがヘブライ語聖書におけるアロン像と考えて特に問題はないであろう。

ではそのようなアロンが，子牛像事件における振舞いについてはどのよう解釈されているのかを次節以降で確認してゆく。

3.3. ユダヤ教の解釈

以上の内容を踏まえ，ここからは具体的にユダヤ教の解釈を見てゆく。基本的にはアロンに対して擁護的か批判的かの区別になるため，本章では内容ではなく時代順に分類して論を進めてゆく。まずはタナイーム期までの伝承を一括して見てゆくこととする。

3.3.1. タナイーム期まで

　第 1 章でも述べたように，紀元 1 世紀のローマ帝国を生きたフラウィウス・ヨセフスは，聖書の歴史物語の流れに沿ってユダヤ人の歴史を語る中で出エジプト記の内容にも触れるのだが，本来なら子牛像事件が語られるべき場面でも，子牛像の存在をなかったこととして話を進めている（『ユダヤ古代誌』III, 5.7–8 [95–99]）[128]。シナイ山の麓にいた民が，四十日が経過しても帰ってこないモーセの身を案じるところまでは聖書の記述と同じだが，その後は民の間にモーセの安否についての対立が生じたとして，各々の立場の主張と，指導者としてのモーセの偉大さを述べている。そしてその後も子牛像は全く登場することなく，四十日四十夜の後にモーセが帰ってきたとする。つまり，モーセの下山に至るまでの背景設定とそれに対するイスラエルの民の反応は出エジプト記と共通しているが，その後の出来事が大きく異なっている。この解釈は後の章でまた扱うが，子牛像事件が起きないということは，アロンが子牛像を作らないということでもある。ヨセフスは同書の他の箇所で，神によるアロンの大祭司への任命や，なぜアロンが大祭司に選ばれたのかという理由，そしてその正当性の説明のためにたびたび紙幅を費やしており，ユダヤ教内でのアロンの立場を尊重しているのは間違いない。そういったアロン擁護の姿勢が，このあえて子牛像事件を語らないという手法にも見出せると言うことができるだろう[129]。

---

　[128] Thackeray, H. St. J., *Josephus, vol. IV* (London: William Heinemann, 1930) にてギリシア語原典と英訳を参照した。

　[129] C. T. Begg はヨセフスの執筆目的を，彼の民族（ユダヤ人）に対する異邦人たちの敬意と同情を獲得することだとしており，子牛像事件を含めてしまうとその目的の達成が遠ざかってしまうと述べている（"The Golden Calf Episode according to Pseudo-Philo," *Studies in the Book of Exodus* (Leuven: Leuven University Press, 1996), pp. 577–594 の特に p. 592）。他方で秦は，ヨセフスが子牛像事件を語らなかった理由として，以下の三点を挙げている（秦剛平『書き替えられた聖書』京都大学学術出版会，2010 年, pp. 214–5）。①後の箇所でアロンを瑕疵なき人物として擁護するため，②出エジプト記 32:1–2 を翻訳してはならないという『ミシュナ』の規定のため，③神殿で驢馬を崇拝しているというユダヤ人への中傷への対応。③の中傷とは，例えば『アピオーンへの反論』2.80：「さて，アピオーンは厚顔にも主張する。すなわち，ユダヤ人

第 3 章　アロン

　ヨセフスとほぼ同じ時期，紀元 70 年より少し後に成立したとされる『聖書古代誌』[130]には，ヨセフスとは違い聖書の記述に近い子牛像事件が描かれている。

『聖書古代誌』12.2–3
　2．彼（モーセ）が山にいる間，民の心は堕落した。彼らはアロンのもとに集まって言った。「私たちが仕えることができるよう，他の民族も持っているのと同様に，神々を私たちのために造ってください。なぜなら，モーセを通して私たちの面前で驚くべき業が行われましたが，あのモーセは私たちから奪われてしまったからです」。そこでアロンは彼らに言った。「落ち着きなさい。モーセは来るであろうから。そして彼は私たちに定めをもたらし，私たちのために法を明るく照らし，神の至

たちはろばを崇拝し，最高の敬意を払うべきものだと考えて，ろばの頭を聖所内に保管した，と」（フラウィウス・ヨセフス著・秦剛平訳『アピオーンへの反論』山本書店，1977 年，他にも同 114, 120 など）。当時ユダヤ人に対するこのような中傷は広く知れ渡っていたようであり，タキトゥス，ディオドーロスらの著作にも同様のものが見られる。秦が挙げる 3 点に加えて L. H. Feldman は，イスラエルの民のイメージとアロンの行動が問題であるのに加えて，ヨセフス自身が属するアロン系祭司集団のライバルであったレビ人が，子牛像事件の中で活躍する点も理由に挙げている。そもそもアロンとモーセもレビ族の出であり，聖書の多くの箇所でレビ人に祭司的な役割が帰されている。しかしながら，民数記 17:5 などに見られるように，レビ族の中でも最初の大祭司であるアロンの子孫のみを祭司と認めるという動きもあり，このレビ族内でのレビ系祭司とアロン系祭司の抗争が想定されている。ヨセフスの時代には，支配者であるローマ帝国による承認等の政治権力とユダヤ教の律法が絡み合った祭司規定をめぐる対立があり（例えば，『ユダヤ古代誌』20.216–218 参照），アロンが叱責されレビ人が神意に沿って活躍する子牛像事件は，ヨセフスにとって都合が悪かったのだと考えられる（"Philo's Account of the Golden Calf Incident," *Journal of Jewish Studies,* 56.2 (2005), pp. 245–264 の特に pp. 261–2）。

[130] ヘブライ語聖書のアダムからサウルの死までの内容を要約しつつ拡大敷衍した作品。原語はヘブライ語だが，現存しているのはラテン語訳のみ。作者はフィロンだと考えられてきたが後に間違いだとわかり，現在は偽フィロンと呼ばれている。その人物についての詳細は不明だが，キリスト教徒ではなくユダヤ教徒だと考えられている。なお『聖書古代誌』という名称は，1527 年に出版された校訂本に由来する。Strugnell, J., "(Pseudo-) Liber Antiquitanum Biblicarum," *EJ*[2nd]*,* vol. 16, pp. 58–59; 井阪民子・土岐健治訳『聖書古代誌』教文館，2012 年，pp. 275–277 を参照。

高〔の法〕を自分の口から告げ，我が民族のために掟を定めるであろう」。3. 彼はこう語ったが，彼らは聞き入れなかった。〔…〕さて，民に非常に力があったのでアロンは恐れ，彼らに言った。「私たちのもとにあなたたちの妻の耳飾りを持ってきなさい」。そこで男たちは各々自分の妻に頼み，彼女たちはすぐに渡した。そして彼らがそれらを火に入れると，それらはある型に形造られ，鋳造された子牛が出てきた[131]。

この冒頭で語られているのは，モーセの不在による民の不安ではなく，民の堕落である。これは出エジプト記 32:7 でも言われていることであり，民がアロンのもとに集まって来た理由が先に述べられている。詰め寄る民に対して，アロンはただちに民の要求に従って金の耳輪を持ってくるよう命じるのではなく，モーセは間もなく戻ってくると言って民をなだめようとしている。しかし民はアロンの言葉を聞き入れなかったため，アロンは恐怖を感じて耳輪（耳飾り）を持ってくるよう民に告げる。そうして集まった耳輪は，アロンではなく民によって火に投げ入れられ，そこから子牛像が出てきたとのことである。

出エジプト記では，アロンが「それを彫り具で形作り，子牛の像を作った」（4 節）とされており，仮にアロンが後にモーセの叱責に対して答えた内容（24 節：「〔アロンが〕それを火に投げると，この子牛が出て〔きた〕」）が事実だとしても，集められた耳輪を火に投げ入れたのはアロンである。他の箇所では主語の人称を変えている七十人訳でも，この箇所の主語はアロンであり，この『聖書古代誌』では意図的な書き換えがなされている可能性が高い。

まとめると，『聖書古代誌』に残されている解釈では，アロンは民の要求にすぐに従ったのではなくまず説得を試み，それが聞き入れられなかったために恐れを抱き，金の耳輪を持ってくるよう民に求めた。さらには，子牛像を直接作った主体もアロンではなく民となっている。ヨセフスのように事件

---

[131] 引用は井阪・土岐，前掲書による。Jacobson, H., *A Commentary on Pseudo-Philo's Liber Antiquitatum Biblicarum* (Leiden; Brill, 1996) でラテン語訳を確認した。

第 3 章　アロン

そのものを敢えて語らない形でのアロン擁護とは違い，この『聖書古代誌』では，子牛像事件は子牛像事件としてはっきりと語られながらも，アロンの責任を明確に否定するような描かれ方をしている[132]。

さらに，これらとほぼ同時代に活動し，ヘレニズム期のユダヤ教を代表する人物とみなされているアレクサンドリアのフィロン（紀元前 20 年頃〜紀元 50 年頃）[133]は，子牛像事件を語る際にアロンについては言及していない。

フィロン『モーセの生涯』II.161–162

161.〔…〕モーセが山に登って行き，そこで神と緊密に語り合っていた時，不安定な性質の者たちが，彼の不在を好機と考え，自省なく不敬な習慣に走った。権威が終局を迎えたかのように。そして自ら存在する者に抱いていた敬意を忘れ，エジプトの神話の熱狂的な愛好者となった。162. それから，あの国で最も神聖視されている動物を真似て金の雄牛を形作り，犠牲ではない犠牲を捧げ，聖歌隊ではない聖歌隊を立ち上げ，まさに葬儀の歌である讃美歌を歌い，強い飲み物に満たされ，ワインと愚かさの二重の酩酊に征服された。〔…〕[134]

ここに引用した事件の流れは，出エジプト記 32:1–6 に沿っていると言えるが，アロンは登場すらしていない。その代わりに民の中の「不安定な者たち（μὴ βέβαιοι）」の責任が明確に述べられている。また，『ミシュナ』のメギラー篇で翻訳が禁止されている箇所（32:21–25）についても言及がない。

---

[132] この点について，F. J. Murphy は「聖書古代誌は祭司階級の評判を落とすような態度を示していない」と述べ（*Pseudo-Philo. Rewriting the Bible* (New York: Oxford University Press, 1993), p. 265），Begg は民を犠牲にしてアロンの罪を罪から解放しようとする著者の意図を指摘している（Begg, *op.cit.*, p. 594）。

[133] その思想や生涯については，例えば E. R. グッドイナフ著，野町啓・兼利琢也・田子多津子訳『アレクサンドリアのフィロン入門』教文館，1994 年；ケネス・シェンク著，土岐健治・木村和良訳『アレクサンドリアのフィロン』教文館，2008 年を参照のこと。

[134] Colson, F. H., *Philo*, vol. 6 (Cambridge: Harvard University Press, 1950) でギリシア語原典とともに英訳を参照した。

フィロンも，少なくともこの点ではアロン擁護の立場を取っていると言えるだろう[135]。

　これら三者の解釈のみで第二神殿時代のユダヤ教の聖書解釈を代表させることはできないが，このようなアロンを擁護しているとみなされうる解釈が，こういった著名な文献[136]に残されていることは考慮に値する。この三者はモーセとアロンの指導力を理想化する傾向があると考えられているが[137]，そういった傾向が紀元一世紀頃に確実に存在していたことは明らかである。

　時代が下がってタナイーム期の伝承については，たびたび言及しているMandelbaum がすでに包括的な分析を行っているが，その確認の意味もこめて何点か取り上げる。まず，3 世紀末に編纂されたと考えられているレビ記のタナイームによるミドラッシュ[138]である『スィフラ』[139]から，以下に三

---

[135] ではなぜフィロンがこの事件自体へは言及しているかについて，Feldman は「偶像崇拝」を非難するためであると主張する。エジプトのユダヤ人共同体の指導者であったフィロンは，当時においてもエジプトの生活様式がユダヤ人にとって魅力的なことに気づいていた。そのため，エジプトで最も神聖視されていたアピス神を模した子牛像を崇拝したイスラエルの民が，神の怒りを買う出来事をあえて著したということである（Feldman, *op. cit.*, p. 247ff）。

[136] ヨセフスはローマ帝国内で活動し，その著作の読者の大多数には非ユダヤ人を想定していたと考えられる（むしろ，裏切り者のレッテルを貼られていたヨセフスの著作は，ユダヤ人には無視されていた可能性が高い。秦剛平『あまのじゃく聖書学講義』青土社，2006 年，p. 176）。また，フィロンも『モーセの生涯』をエジプトの非ユダヤ人に向けて，モーセというユダヤ教における偉人を正しく認識させる目的で著したと考えられている（Feldman, *op. cit.*, p. 257）。他方，ヘブライ語で著された『聖書古代誌』はユダヤ人の読者を想定しており，その中で語られるユダヤ人の歴史描写，つまり民の背信と神が先祖たちとの約束に従って民を保護するという対比の繰り返しは，この子牛像事件の内容とも合致している（Begg, *op. cit.*, p. 592）。それと同時に，ユダヤ人が神との契約を守らない場合に何が起こるかを示して警告するとともに，神は彼らを見捨てないということを保証している（Feldman, *op. cit.*, p. 248）。このように三者三様の読者に向けて三者三様の意図を持って書かれたこれらの作品が，こと子牛像事件についてはすべてアロン擁護の姿勢を示している点は興味深い。

[137] Watts, J. W., "Aaron and the Golden Calf in the Rhetoric of the Pentateuch," *Journal of Biblical Literature,* 130.3 (2011), pp. 417–430.

[138] ミドラッシュという用語は明確な定義が難しいが，ここでは簡潔に聖書解釈（書）とほぼ同義とする。

[139] 成立年代については，Lindqvist, *op. cit.*, p. 31，阿部，前掲書，p. 105 に従った。

第 3 章　アロン

つの解釈を引用する。

ツァブ・メヒルタ・デミルイーム 1（Weiss 版 40d）
　「そして主はモーセに言った。『アロンとその子供たちを取れ（連れて来い）』」（レビ 8:2）。これは何を言っているのか。聖書が「主は民を打った。アロンが作った子牛とともに彼らがしたことについて」（出 32:35）と言っていることによれば，これはアロンが〔神から〕遠ざけられたという意味である。聖書が「アロンとその子供たちをともに取れ」と言った時に，アロンは〔神に〕近づけられた。モーセはアロンが遠ざけられたと知ったとどこからわかるのか。「主はアロンに対して彼を滅ぼさんと激しく怒った。そして私はその時アロンのためにも祈った」（申 9:20）と言われている。そこでは「主はその時も私を聞いてくれた」（同 9:19）とは言われていない[140]。聖書が「アロンとその子供たちをともに取れ」と言った時に，モーセはアロンが近づけられたことを知った。自分が遠ざけられたとアロンが心で感じたとどこからわかるのか。この件の最後で「〔モーセがアロンに〕祭壇に近づけ〔と言った〕」（レビ 9:7）と言われている。モーセはすでに彼の前にすべての献げ物を整えていたのではないのか〔だからさらに敢えてアロンに祭壇に近づけと言う必要はなかったのではないか〕。だが，アロンの心が他のことに向かないように〔モーセはそう言った〕。聖書が「アロンとその子供たちをともに取れ」と言った時に，アロンは自分が近づけられたことを知った[141]。

　冒頭から順に内容を確認していく。まず，レビ記 8:2 で神はモーセに呼

---

[140] 申命記 9:19 で神が民に対して怒りを燃やした時には，モーセは祈り，「主はその時も私を聞いてくれた」と書かれているが，次の 20 節でアロンに対して怒りを燃やした時にはそのような表現は用いられていないということ。

[141] Weiss, I. H., *Sifra Debe Rab Hu Sefer Torat Kohanim* (Jerusalem: Jacob Schlossberg, 1862) を底本としたが，その他ベネチア版とバチカン写本（Biblioteca Apostolica ebr., 66），箇所によってはロンドン写本（British Library Add. 16406），オックスフォード写本（Bodleian Library MS Marshall Or. 24）も確認した。

びかけ，アロンとその子らを連れて来させて彼らに戒律を伝えようとしている。ここに引用した『スィフラ』の伝承は，その聖書の句からそれ以外にも様々なことを引き出している。まず出エジプト記 32:25 の記述を持ってきて，アロンは神から遠ざけられているのだという前提を示している。その上で，アロンはレビ記 8:2 で神に近づくよう命じられているわけであるから，この時点でアロンはすでに赦されているのだという解釈が導き出されている。モーセはアロンが神から遠ざけられていたことをすでに知っていたとされるが，それは申命記 9:20 でモーセがアロンのために祈った際に，その祈りが聞き入れられなかったからだと説明される。そしてレビ記 8:2 での神の発言があって，モーセはアロンが赦されたと知るのである。続いてアロンも自分が神から遠ざけられたと感じていたと，そしてアロンがそう感じていたことをモーセは知っていたと述べられており，それゆえモーセはレビ記 9:7 において，そのように言う必要がなかったにもかかわらずアロンに「祭壇に近づけ」と言ったのだということである。いずれにせよ，レビ記 8:2 の神の発言ゆえに，アロンも自分が神に赦されたことを知ったという解釈である。

　以上から煩雑な議論を省いて本章で重要な部分をまとめると，アロンは子牛像の罪ゆえに神から遠ざけられて（罰せられて）おり，彼自身もそのことに気付いていて，その上でレビ記 8:2 の時点でその罪は赦されたということである。

シェミニ・メヒルタ・デミルイーム 3（Weiss 版 43c）

　「〔モーセは〕アロンに言った。お前のために，罪の献げ物用の雄牛の子の子牛を一頭取れ」（レビ 9:2）。これは次のことを教えている。モーセがアロンに言った。我が兄アロンよ，主はお前の罪を贖うことに同意したが，お前はサタンの口の中に〔何かを〕与えなければならない。お前の前にある贈り物を送れ。お前が聖域に入る前に。お前が聖域に入る際にサタンがお前を憎まないように[142]。お前が，贖いを必要としてい

---

[142] バチカン写本（43.3）では，「告発する（יסטנך）」という「サタン（סטן）」と同

第 3 章 アロン

るのは他ならぬ私（アロン）であると言わないようにと。イスラエルも贖いを必要としているのではないか。「イスラエルの子らに，罪の献げ物用に雄ヤギを取れと言え[143]」（レビ 9:3）と言われているように。なぜアロンよりも多くのものを持って行くべきとイスラエルは思ったのか。そこでモーセは彼らに言った。お前たちの手には，最初と最後がある。お前たちの手にある最初とは，「彼らは雄ヤギを殺した[144]」（創 37:31）ということで，お前たちの手にある最後とは，「彼らは自分たちのために子牛の像を作った」（出 32:8）ということである。雄ヤギが来て雄ヤギの事件について罪を贖うだろう。子牛が来て子牛の事件について罪を贖うだろう。

ここでは，レビ記 9:2 で述べられている罪の献げ物についての規定を取り上げている。まずモーセがアロンに，神はアロンの罪を赦すことに同意している旨，そしてここで述べられている罪の献げ物とは子牛像事件の罪を贖うためのものである旨を伝え，それと同時にサタンにも対処するよう求めている[145]。なおサタンについては本書第 6 章で改めて詳しく論じるが，ここで登場するサタンは，弁護士に対する検察官や罪の告発者といった存在である。そしてこの解釈によれば，イスラエルの民はアロンよりも多くのものを犠牲として捧げる必要があり，それは子牛像事件の罪だけでなく創世記 37:31 で言われている雄ヤギに関する罪を贖うためであるとのことである。つまり，レビ記 9:2–3 で規定されている献げ物によって，アロンとイスラエルの民は（少なくとも神に対しては）赦されるとされている。そして，そのことをアロンと民に伝えているのはモーセである。

語根の動詞が使われている（サタンの表記において，一文字目のשとסは交換可能）。

[143] 「そして全焼の献げ物用に傷のない一歳の子牛と子羊を取れ」と続く。上記レビ記 9:2 より多くの動物が規定されていることに注意。

[144] ヤコブにヨセフが死んだと思わせるために，ヨセフの兄たちが雄ヤギを殺してその血をヨセフの服につけた話の一部。

[145] まだサタンに対しては対策を講じなければならない以上，Mandelbaum の言うようにアロンの罪は完全に赦された状態であるとは断言できない。

シェミニ・メヒルタ・デミルイーム 8（Weiss 版 43d）
「〔モーセはアロンに言った。〕祭壇に近づけ」（レビ 9:7）。例え話。このことは何に似ているか。人間の王にである。彼は妻をめとり，その妻は王の前にいると当惑してしまった。彼女の姉妹が彼女のもとへやってきて言った。王に仕えないのに，何ゆえにあなたはこの件に介入したのか。心を強く持ち，来て，王に仕えなさい。このように，モーセはアロンに言った。我が兄アロンよ，ほむべき聖なる方の前に仕えなければ，何ゆえにあなたは大祭司となるよう選ばれたのか。心を強く持ち，来て，あなたの祭儀を行いなさい。次のように言う者たちもいる。アロンは祭壇を雄牛の姿のように見ており，それを恐れていた。モーセは彼に言った。我が兄よ，あなたが恐れているものを恐れるな。心を強く持ち，それに近づけ。そのために，「祭壇に近づけ」と言われる。

ここではレビ記 9:7 の語句が取り上げられて，自分の子牛像の罪ゆえに自分の職務に不安を持つアロンに対して，恐れずに大祭司としての職務を全うするようモーセが励ましているという解釈がなされている（シェミニ・メヒルタ・デミルイーム 3 の内容を踏まえれば，この時点でモーセにはアロンの罪が赦されることがわかっていたと考えられる）。

『スィフラ』のこれらの解釈からは，子牛像事件におけるアロンの罪を認めた上でその罪はほぼ赦されたとする姿勢が見て取れる。つまり，最終的には赦されたにせよアロンが罪を犯したことは前提とされているのである。Mandelbaum の言うように（*op. cit.*, p. 218–219），この傾向はタナイーム伝承の特徴の一つと言うことができる。

3.3.2. アモライーム期

続いてアモライーム期の文献では，まずアモライームによるレビ記のミドラッシュである『レビ記ラッバー』[146]に，子牛像事件の内容をかなり膨ら

---

[146] 5 世紀にパレスチナで編纂されたとされる。Strack, H. L. & Stemberger, G., (tr.) Bockmuehl, M., *Introduction to Talmud and Midrash* (2nd edition) (Minneapolis: Fortress Press, 1996), p. 291; Heinemann, J., "Leviticus Rabbah," *EJ²ⁿᵈ*, vol. 12, pp. 740–742 を参照。

ませた形での解釈が見られる。以下では，イスラエルの民はアロンのもとへ向かう前にまずフルのもとへ向かう。フルとは，モーセがシナイ山に登る前にアロンとともに司法の責任者として任命しておいた者である（出 24:13-14）。

『レビ記ラッバー』10.3

「アロン〔と…〕を取れ」（レビ 8:2）という句について。〔「あなたは義人を愛し，悪人を憎んだ」（詩 45:8）という句を用いて解釈するという流れで〕ラビ・ベレキアがラビ・アバ・バル・カハナの名において，この詩篇の句をアロンについて解釈した[147]。イスラエルがあの行為（子牛像の作製と崇拝）を行った時，最初にイスラエルの子らはフルのもとへ歩いて行った。彼らは彼に言った。「立って，我々のために神々を作れ」（出 32:1）。フルは彼らの言うことを聞かなかったので，彼らはフルの上に立ち，彼を殺した。これが，「お前の衣服の裾にも，貧しい者の血がついている」（エレ 2:34）と書かれていることである。これはフルの血である。「お前は彼らが押し入るのを見たのではない。しかし，それにもかかわらず」（同）とも書かれている。これは彼らが「これがお前の神々だ」（出 32:2）ということをしなかったことについてである[148]。この後で，彼らはアロンのもとへ行って言った。「立って，我々のために神々を作れ」（同 32:1）。アロンはこれを聞き，恐れた。これは「アロンは見て，その前に祭壇を建てた」（同 32:5）と書かれていることである。この箇所は，「アロンは恐れ，彼の眼の前の殺人から理解した」と読むのである。アロンは言った。「私は何をしよう。彼らは預言者であったフルを殺した。今，もし彼らが祭司である私を殺したら，

---

[147] ラビの聖書解釈の手法の一つで，律法（創世記，出エジプト記，レビ記，民数記，申命記）の文章を他の書の文章を援用して解釈するもの。この場合はレビ 8:2 の句を詩編 45:8 を使って読み解いている。その過程で，ここに引用した全く関係がなさそうに見える物語を差し挟んでいる。この解釈手法は『レビ記ラッバー』以外でも幅広く用いられている。

[148] フルのもとでは子牛像を作らなかったということ。

「主の聖所で祭司と預言者が殺されると」（哀 2:20）と書かれている聖書の言葉が実現する。〔そうすればその罰として〕すぐに彼らは流刑となるだろう。他の伝承。「アロンは見た」（出 32:5）。彼は何を見たのか。もし彼らがそれ（祭壇）を建てるのなら、ある者は小石を運び、またある者は石を運んで、彼らの作業は瞬時にして終わるであろう。もし私がそれを建てるのなら、私はその仕事に精を出さず、〔その間に〕我らの師モーセが下りてくるだろう。偶像崇拝（עבודה זרה）のための祭儀にしても、もし私がそれを建てるのなら、私はそれをほむべき聖なる方（神）のために建てるだろう。〔それゆえ時間を稼ぐために〕「アロンは宣言して言った。『明日は主のための祭だ』」（同 32:5）。ここには「明日は子牛のための」ではなく、「明日は主のための」と書かれている。他の伝承。「アロンは見た」。彼は何を見たのか。彼は言った。もし彼らがそれを建てるのなら、その罪は彼らに科されるだろう。その罪は私に科される方がよいだろう。イスラエルにではなく。〔…〕[149]

これを詳しく分析すると、まずイスラエルの民はアロンの前にフルのもとへと向かう。しかしフルは民の「神を作れ」という要求に従わず、殺されてしまう。その後で民はアロンのもとへ言って同じ要求をする。アロンが恐れたのは、自分もフルのように殺されてしまうことである。この根拠として、ここでは「アロンは見て、その前に祭壇を建てた（וַיַּרְא אַהֲרֹן וַיִּבֶן מִזְבֵּחַ לְפָנָיו/vayyar aharon vayyiven mizbeach lefanav/）」（出 32:5）を「アロンは恐れ、彼の目の前の殺された者（＝フル）から理解した（וַיִּירָא אהרן וַיָּבֶן מִזָּבוּחַ לפניו/vayyira aharon vayyaven mizzavuach lefanav/）」と読み替えている[150]。アロンは民に囲まれて恐怖を感じたわけだが、それは単に自分の命を惜しんだ

---

[149] Margulies, M., *Midrash Wayyikra Rabbah*, 2 vols. (New York & Jerusalem: The Jewish Theological Seminary of America, 1993) を底本とした。

[150] ヘブライ語の文字は変えずに、母音記号、すなわち読み方を変えて意味を変化させるラビの聖書解釈の技法。BT サンヘドリン篇 7a にも、これと同じ読み替えを用いて、アロンは民がフルを殺したのを見て彼らが祭司殺しの罪をも犯さないためにあえて子牛像を作ったのだとする解釈が見られる。

第 3 章　アロン

のではなく，民が預言者であるフルに加えて祭司である自分をも殺してしまうと，それが極めて重い罪となるであろうことを心配したのである。つまり，アロンは単に恐怖を感じたというのではなく，フルを殺した民にさらに祭司殺しの罪を犯させないように配慮をしたという解釈である。先の『聖書古代誌』以上にアロン擁護の姿勢が鮮明と言える一方で，民はアロンに神を作れと要求したのに加えてフルの殺害という新たな罪をも犯している。この箇所の解釈はさらに続き，アロンは，民が協力して子牛像の前に祭壇を建てるのならすぐに完成するが，自分ひとりでならモーセが下山するまでの時間稼ぎができるだろうと考え，自分一人で祭壇を建てた。さらに，アロンが聖書に書かれているように「主のための祭」と宣言したのは，それが子牛像のための祭ではないからだという点が強調されている。最後に，アロンはもし民が祭壇を建てるならその罪は民に科されると考え，代わりに自分が罪をかぶるために祭壇を建てたのだとされている。いずれの伝承も，アロンの行為や思慮を称揚して擁護し，断罪されるべきなのは民だと解釈しているのである[151]。

　本書が対象とする年代からは外れる可能性が高いが，この『レビ記ラッバー』に見られる解釈と以下のタルグム[152]に見られる解釈（加筆）には，明白な並行関係が見られる。

---

[151] ユダヤ教文献の特徴の一つとして，同一文献内でも伝承の整合性がないということが挙げられる。そのため，『レビ記ラッバー』にはアロン擁護の伝承が残されている，もしくは『レビ記ラッバー』にはアロン擁護の傾向を見出せる，あたりまでは言えるが，『レビ記ラッバー』は全体としてアロンを擁護している，とは言い難い。本書にとって重要なのは，この文献にアロン擁護の伝承が確実に一定量残されているということである。

[152] アラム語訳聖書のこと。出エジプト記については実質四種類の翻訳が確認されており，逐語訳タイプのものから大幅な加筆がなされているタイプまでその特徴は様々である。まとまった形の文献としての成立年代はある程度判明しているが（『偽ヨナタン』は 7 世紀以降，『ネオフィティ』は 7〜9 世紀），その中で使用されている明らかに古い伝承の誕生年代の特定は困難である。しかしながら，『ミシュナ』の規定にあるようにシナゴーグで聖書を（アラム語に）翻訳する習慣は 200 年頃には確立していたわけであるから，これらのタルグムのもととなる伝承はその当時にすでに流通していた可能性は十分にある。タルグムの概説としては，Grossfeld, B., Sperling, S. D. et al., "Bible (translation: ancient version)," *EJ²ⁿᵈ*, vol. 3, pp. 588–595 を参照のこと。

ヘブライ語聖書出エジプト記 32:5
　アロンは見て，その前に祭壇を築き，宣言して言った。「明日は主のための祭だ」。

『タルグム・偽ヨナタン』同所
　アロンはフルが彼の前で殺されるのを見て恐れ，その前に祭壇を築き，悲痛な声で宣言して言った。「明日は主の前での祭だ。自分たちの主を否定し，その臨在をこの子牛に移したその敵たちを殺すための」[153]。

『タルグム・ネオフィティ』同所
　アロンは彼の前に預言者フル（が殺されるの）を見て恐れ，その前に祭壇を築き，宣言して言った。「明日は主の前での祭だ」[154]。

　『レビ記ラッバー』とこれらのタルグムの伝承の内，どちらがどちらに影響を及ぼしたのかという問いは興味深いものであり，またユダヤ教伝承内での両者の影響関係やこのタルグムが流通していた地で及ぼした影響なども重要な問題であるが，タルグムの成立年代決定が困難な以上，本書ではこれ以上立ち入ることはせず並行関係を指摘するにとどめておく。
　フルとは関係しない文脈でのアロン擁護と言える伝承としては，上に挙げた『レビ記ラッバー』の他の箇所にも見出せる。

『レビ記ラッバー』27.8
　「雄牛，または羊」（レビ 22:27）という句の解釈について。「彼らの悪意でもって，彼らは王を喜ばせるだろう」（ホセ 8:3）を用いて解釈する。なぜ雄牛をすべての犠牲の最初とするのか。ラビ・レビ曰く，

---

[153] Clarke, E. C., *Targum Pseudo-Jonathan of the Pentateuch: Text and Concordance* (Hoboken: Ktav Publishing House, 1984) を底本とした。英訳は McNamara, M. et al., *Targums Neofiti 1 and Pseudo-Jonathan: Exodus* (Collegeville: The Liturgical Press,1994) がある。

[154] The Comprehensive Aramaic Lexicon (http://cal1.cn.huc.edu/：2017 年 11 月 15 日最終閲覧) を底本とした。英訳は McNamara et. al., *op. cit.* がある。

第 3 章　アロン

「〔このことは〕王国の高官の一人と悪い噂が立っている女性〔に例えられる〕。王はそのことを調べ，そこに実体を見出さなかった。王は何をするか。王は宴会を開き，その男を出席者たちの先頭に座らせた。なぜこうであるのか。王はそのことを調べ，そこに実体を見出さなかったのである。同様に，世界の諸国はイスラエルを数え上げて彼らに言う。『お前たちは子牛を作ったではないか』と。ほむべき聖なる方はそのことを調べ，そこに実体を見出さなかった。そのため，雄牛はすべての犠牲の最初となったのである。〔それゆえ〕『雄牛，または羊，山羊』（レビ 22:27）なのである」。ラビ・フナとラビ・イディがラビ・シュムエル・ベン・ナフマンの名において〔曰く〕。「イスラエルはその行為（子牛像の作製）から救われていた。もしイスラエルの民が子牛を作っていたら，〔アロンは〕彼らに対して『これらが私たちの神だ，イスラエルよ』と言っていただろう。そうではなく，イスラエルとともにエジプトから上ってきた異邦人たち，『そして多くの雑多な群衆も彼らと上ってきた』（出 12:38），彼らが子牛を作ったのである。彼らが民を数え上げ，彼らに対して『これらがお前の神々だ，イスラエルよ』（同 32:4, 8）と言ったのだ」。〔…〕

　上に挙げた 10.3 と同様の手法で，レビ記 22:27 の句をホセア書 8:3 でもって解釈しようとしている。内容としてはまず，イスラエルの民に対して「世界の諸国／諸民族」は，彼らが子牛像を作ったと言って非難するが，それは実体のない非難であると言われている。そして，レビ記 22:27 の献げ物についての規定で，複数の動物を列挙する中でまず「雄牛（שׁוֹר/shor/）」[155]が挙げられていることがその証拠とされている。つまり，イスラエルの民にとって（雄）牛が問題であるのなら，レビ記の規定においてその冒頭に雄牛を挙げることはしないはずという解釈である。
　後半では，「彼らは言った。『これらが，イスラエルよ，お前をエジプトの

---

[155] これは子牛像事件で言われているところの「子牛（עגל/'egel/）」ではないが，この解釈を行った者にとってはどちらでも同じであったか，もしくはこの解釈に合わせるために半ば強引に雄牛を子牛に読み替えたのであろう。

国から導き上ったお前の神々だ』」（出 32:4）という箇所を取り上げ，ここで「イスラエルよ」と呼びかけている「彼ら」とは，出エジプト記 12:38 で言及されている「多くの雑多な群衆」[156]のことであるとしている。なぜなら，アロンを含むイスラエルの民が子牛像を作ったのなら，「お前の神々だ」ではなく「私たちの神々だ」と言っていたであろうから，というのがその理由である。つまり，子牛像を作った人間をアロンでもイスラエルの民でもない，異邦人だとみなしている。これは最も直接的にアロンを擁護している解釈の一つであると同時に，民の責任をも回避している。

他方で，子牛像事件の流れの中でのアロンの行動をとがめる伝承も存在する。

BT メギラー篇 25b

〔…〕第二の子牛の件は読まれるが翻訳されない。第二の子牛の件とはどの箇所か。「モーセは言った」（出 32:21）から「モーセは見た」（同 25 節）までである。バライタで言われている。ラビ・シムオン・ベン・エルアザル曰く。人は常にその返答に注意するべきである。アロンがモーセに返した答えの中に，騒ぎを起こす者たちは疑念を抱くからだ。「私がそれを火に投げると，この子牛が出てきました」（同 24 節）と言われているように。〔…〕

この伝承は，第 1 章からたびたび言及している子牛像事件の翻訳の禁止に言及している。出エジプト記 32:24 でアロンは，自分が金を火の中に投げると自動的に子牛像が出てきたと述べているが，これは同 4 節で述べられている過程とは明確に異なる。アロンがなぜこのような発言をしたのかは聖書本文からは定かではないが，この発言が「騒ぎを起こす者たち」にとっては疑念を抱かせる材料となるとここでは述べられている（それゆえ，この箇所は翻訳しないと規定されている）。それを踏まえ，返答には注意するべきという教えが語られる。これは子牛像の作製とは直接関係ないが，事件の中でそ

---

[156] イスラエルの民がエジプトを脱出する際に，その一団に加わった者たち。

第 3 章　アロン

の発言からアロンを非難している伝承だとみなすことができるだろう。

　以上，第二神殿時代からタナイーム期，アモライーム期とユダヤ教の伝承を概観してきた。第二神殿時代で取り上げたヨセフス，『聖書古代誌』，フィロンの三者は，みな問題となるようなアロンの行為に言及しないという意味でアロン擁護の姿勢を打ち出しているとみなすことができた。タナイーム期の伝承は，Mandelbaum の言うようにアロンは罪を犯したと明確に認める一方で，その罪はすでに赦されたものとみなす傾向にあると言えよう。そしてアモライーム期の伝承では，タナイーム期の伝承と同様にアロンの罪を指摘する伝承もあれば，具体的な説明をつけてアロンの行為を正当化する伝承も見られた。アモライーム期になると本書で引用した以外にも多くの伝承が記録されるようになり，そういった伝承すべての中に一定の特徴や傾向を見いだすのは困難である。また，Lindqvist の指摘するように，アモライーム期の伝承すべてに該当する全般的な傾向を求める手法はもはや限界を迎えたとも言える。そうした大雑把なまとめ方をするよりも，個々の文献や地域にはそういった何らかの傾向が見られるかもしれないという点に留意しつつ，時代が下がったことでユダヤ教における子牛像事件解釈の幅が広がったのだと考えるのが妥当であろう[157]。

3.4. ギリシア・ラテン教父の解釈

　続いては，ギリシア・ラテン教父の解釈のうち特徴的なものをいくつか見てゆく。子牛像事件におけるアロンの役割についてユダヤ教の解釈ほどの量はないため，時代分けはせずにまとめて概観する。

　まず，3 世紀初めにカルタゴで活躍したラテン教父のテルトゥリアヌス[158]

---

[157] アロン擁護と言える伝承の中でも，民をなだめようとしたアロンというモチーフについては，アロンが平和を愛する者であるとする伝承がその背景にあると考えられる。例えば，『ミシュナ』アボット篇 1.12：「ヒレルとシャンマイは彼ら〔モーセから続く系譜の一部〕から〔律法を〕受け取った。ヒレル曰く。アロンの弟子のようになれ。彼は平和を愛し，平和を追求し，創造物（人間）を愛し，彼らをトーラーに近づけた」。

[158] テルトゥリアヌスの生涯，思想については，例えば Dunn, G. D., *Tertullian*

と，4世紀後半のミラノの司教であった同じくラテン教父のアンブロシウス[159]は，子牛像事件についてアロンに同情的とも言えるような解釈を残している。テルトゥリアヌスは，アロンが民に耳輪を持ってくるよう命じたのは民に強く求められたからであり，それは民が耳輪を比喩として実際には真の装身具である神の言葉を失うことになっていたからだと述べている（『さそりの解毒剤』3）[160]。アンブロシウスは，そもそも民には法を犯す傾向があり，神の声がやんだために彼らが罪に走ったと述べ，テルトゥリアヌスと同様，アロンが耳輪を求めたのは強いられたためであったとしている（『書簡87』）[161]。両者ともに事件全体を非難する姿勢は示しながらも，アロンについては，自らの意志ではなく強いられて耳輪を集めることになったと述べている。これは子牛像の作製におけるアロンの責任を軽減する意図によるものと考えられるのではないか。

同じく，4世紀後半から5世紀初めにかけて活動したラテン教父のアウグスティヌスも，子牛像事件のアロンについてはたびたび好意的な評価を下している。アロンは偶像を求める民に対して我慢をしたであるとか（『書簡43』23）[162]，アロンが民に耳輪を求めたのは民を彼らの計画から遠ざけるためであった（『七書についての諸問題』141）[163]というものである。アウ

(London & New York: Routledge, 2004) を参照。

[159] アンブロシウスの生涯，思想については，例えば Ramsey, B., *Ambrose* (London & New York: Routledge, 1998) を参照。

[160] ラテン語原典（Reifferscheid, A. et al., *Tertulliani Opera II, Opera Montanistica* (Turnhout: Brepols, 1954)）と英訳（Schaff, P. & Menzies, A., *Ante-Nicene Fathers, vol. 3 Latin Christianity: its Founder, Tertullian* (Grand Rapids: Christian Classics Ethereal Library, 1885. rep. 1995)）の両方を参照した。

[161] ラテン語原典（Migne, J. P., *Patrologia Latina*, vol. 16 (Paris: Migne, 1880)）と英訳（Beyenka, M. M., *Saint Ambrose: Letters* (Washington, D.C.: The Catholic University of America Press, 1954. rep. 2001)）の両方を参照した。

[162] ラテン語原典（Migne, J. P., *Patrologia Latina*, vol. 33 (Paris: Migne, 1861)）と英訳（Teske, R., *The Works of Saint Augustine: A Translation for the 21st Century II/1, Letters 1–99* (New York; New City Press, 2001)）の両方を参照した。

[163] ラテン語原典を，Fraipont, I., *Sancti Aurelii Augustini, Quaestionum in Heptateuchum Libri VII, Locutionum in Heptateuchum Libri VII, De Octo Quaestionibus, Ex Veteri Testamento* (Turnhout: Brepols, 1958) で確認した。

第 3 章　アロン

グスティヌスは，前者ではアロンと民を明確に区別して相対的にアロンを評価しており，後者ではアロンは実は子牛像の作成を止めようと努力したと考えている。

このように，子牛像事件の渦中にあるアロンを好意的に描く解釈が残されている一方で，第 2 章でも取り上げたニュッサのグレゴリオスは，イスラエルの民を「偶像崇拝」に導いたのはアロンだと明言し，その悪の面を認めている。

『モーセの生涯』2.210, 212
> 210.〔…〕なぜなら，アロンはイスラエルの人々が偶像崇拝に陥った時その先導者となったのであるが，そのような人物との出会いが何故より善きものと捉えられようか。〔…〕 212.〔…〕偽りの兄弟はモーセに服従せず，耳につけられた飾りを取り外し，それによって偶像を造る，ということなのである〔…〕

グレゴリオスが子牛像事件の罪を「偶像崇拝の罪」だと見ているのは第 2 章で論じたとおりだが，ここでは，その際に民を導いたのがアロンだと述べられている。またグレゴリオスは，「モーセの生に，人間的本性の完成したかたち」を見て「モーセが人間的生の範型」[164]と考えており，そのようなモーセと対比するためにか，あるいはそのようなモーセに欠点を見いださないためにか，アロンを「偽りの兄弟」と呼んでモーセから切り離している。これらの点から，グレゴリオスにはモーセを称揚する一方でアロンを非難する傾向があると言えるだろう。グレゴリオスに加えて 5 世紀前半に活動したキュロスのテオドレトスもアロンの罪について述べているが[165]，ギリシア・ラテン教父全体から見るとこの二人が例外であり，ほとんどの教父はアロンの努力や事情を考慮して，その責任の軽減を試みているように見える解釈を残している。ニュッサとキュロスは地理的に東方に属するというように，

---

[164] 谷・熊田，前掲書，p. 357。
[165] 『異端史略』28。著されたのが 5 世紀後半であるため詳しくは触れない。

彼らの中での地域的な差異なども今後考慮するべき問題ではあるが[166]，その点についてはそれ以上踏み込まず，ひとまずここでは，ギリシア・ラテン教父には多くのアロン擁護と，若干のアロン批判の解釈が見られるとまとめておく。

3.5. シリア教父の解釈

以上を踏まえて，アフラハトとエフライムの解釈を見てゆく。

第2章でも取り上げた箇所を再度引用するが，アフラハトは，アロンは子牛像事件の際に民に罪を犯させたが，その自らの罪を主に告白して赦されたと述べる。

アフラハト『論証』7.15
悔い改めを求める者よ，祭司の長であるアロンのようになれ。彼は子牛によって民に罪を犯させた時，自らの罪を告白してその主が彼を赦した。〔…〕

ユダヤ教のタナイーム伝承では，子牛像事件は罪であるがその罪はすでに赦されたとみなす傾向にあるということをすでに見た。このアフラハトの解釈は，そのタナイーム伝承と共通する見解である。民と同様アロンも罪を犯したが，その罪はすでに赦されたとしている。

他方でエフライムは，ユダヤ教の『レビ記ラッバー』の解釈に見られるよ

---

[166] まず検討すべきなのが，アレクサンドリア学派とアンティオキア学派という伝統的な聖書解釈の二大潮流である。オリゲネスに代表されるアレクサンドリア学派は，聖書の背後には隠された意味があると考え，比喩（アレゴリー）的解釈と呼ばれる手法を用いた。他方でアンティオキア学派は文献学的研究を重視し，字義的解釈と呼ばれる手法を取った。最近ではこれらの学派自体の再検討も行われており，またこの両学派とユダヤ教的聖書解釈の影響関係も今後別の機会に論じるべき大きな問題であるが，本書ではこれ以上立ち入らない。両学派については，例えば出村彰・宮谷宣史編『聖書解釈の歴史：新約聖書から宗教改革まで』日本キリスト教団出版局，1986 年の pp. 53–203 が詳しい。

うな，民がフルと同じく自分をも殺すことで祭司殺しの罪を犯してしまうのではないかというアロンの恐怖や，モーセの下山までの時間稼ぎといったエピソードを，自らの『出エジプト記註解』の中で随所に用いている。

エフライム『出エジプト記註解』32.2

アロンは彼ら（イスラエルの民）と言い争ってから，彼らがフルのように自分をも石を投げて殺そうとしているのを見た。フルについて。モーセは〔シナイ〕山に登った時，長老たちに，彼らの裁判をフルのもとへ持って行くようにと命じていた。モーセが下りてきてから，フルの話は語られていない。このために，アロンが子牛を鋳像した際にアロンに対してイスラエルの民が起こした騒動の中で，神を交換しないように（子牛と入れ替えないように）[167]とフルが民を非難したために，民がフルを殺したのだという人もいる。このためにアロンまでもが死に，民がアロンを殺すという復讐の罪を犯し，彼らが自分たちのために一つではなく多くの子牛を作り，エジプトには入らないまでもその子牛たちに立ち戻ってしまうということのないように，アロンは一計を案じて彼らがその妻たちの耳輪を持ってくるようにと使いを出した。ひょっとしたら，彼女らが耳輪を惜しんだり，もしくは彼女らの神への愛ゆえに，彼女らの夫たちを〔多くの〕子牛の鋳造から止めたりはしないかと〔アロンは思った〕[168]。

前半でエフライムはまずフルについて述べ，フルが民の中で責任者に任命されていたという点や，聖書にはモーセの下山後にフルについての記述がないという点を解説する。これらの説明はユダヤ教の伝承に見られるものよりも詳しい。その上で，イスラエルの民がフルを殺したのを見たアロンが，自

---

[167] このモチーフは，出エジプト記32章よりも詩編109篇を参考にしたものであると考える方が自然である。

[168] Tonneau, R. M., *Sancti Ephraem Syri in Genesim et in Exodum Commentarii* (Louvain: Peeters, 1955) を底本とした。英訳は Salvesen, A., *The Exodus Commentary of St Ephrem* (Piscataway: Gorgias Press, 2011) がある。

分も殺されるのではないかと，そしてそれゆえに民が大きな罪を負うことになるのではないかと恐れたと続く。また後半では，アロンが「あなたたちの妻，息子，娘らの耳にある金の耳輪をはずし，わたしのところに持って来い」（出 32:5）と言ったことを受けて，これはアロンが，妻たちが耳輪を手放すのを惜しむのを期待して言ったのだと述べられている[169]。つまり，アロンは子牛像を作らずに済むよう努力をしたという解釈である。どちらの解釈からも，事件におけるアロンの責任を軽減しようという意図が見て取れる。

同 32.4

職人たちは金を取り，それを型で形作り，それを子牛の鋳像にした。〔…〕

エフライムも，ここでは子牛像を作ったのはアロンではないという立場を取っており，民の手から金を取って「職人たち」が作ったと解釈している。

同 32.5

アロンは，モーセが下山するまで彼ら（民）を遅らせようとした。アロンは彼らに言った。明日，主の祭だ。彼らは朝早く起き，子牛に犠牲を捧げ，マナを食べ，モーセが流れ出させた水から〔互いに〕飲ませ〔あっ〕た。彼らを覆う雲の下で，彼らは朝早く起きて子牛の前で戯れ馬鹿騒ぎをした。

アロンがモーセの下山までの時間稼ぎを試みたのは『レビ記ラッバー』にも書かれていた通りだが，彼が「明日は主の祭りだ」（同 32:5）と言ったのも，あえて「その日」ではなく「明日」と言ったのだとエフライムは解釈している。このように，エフライムの解釈に見られるアロン擁護の傾向はギリシア・ラテン教父に見られるものと同じと言うことができるが，その際に用

---

[169] この解釈は，本書では扱わない時代のユダヤ教の伝承にも見いだせる（例えば，『タンフーマ』キ・ティッサ 19）。

いる説明には，ユダヤ伝承と共通する点が多い。また，グレゴリオスとテオドレトスに見られるようなアロンの罪の指摘がアフラハトの解釈にも見られるが，罪を指摘した上でその罪は赦されたとするアフラハトの解釈は，ユダヤの伝承と類似していると考えて問題ない。なお，一見するとアフラハトとエフライムがユダヤの伝承を「受け継いでいる」というようにも見えるが，どちらがどちらに影響を与えた，もしくは影響関係なしに両者が似たような解釈を生み出したのかをこの事例だけで判断することはできないために，あえて「類似」と表現しておく。

3.6. 小括

ここまで，子牛像事件におけるアロンについて，ユダヤ教，ギリシア・ラテン教父，シリア教父の解釈を見てきた。ユダヤ教の解釈では，タナイーム期にはアロンの罪を認めた上でその罪は赦されたとするものが見られ，アモライーム期にはそれに加えて，聖書の読み替えや背景説明を行ってアロンを擁護，ないしはその罪を無効化するような解釈も見られた。ギリシア・ラテン教父の中では，4世紀まででではグレゴリオスがアロンの罪を指摘する解釈を残しているのみで，その他の教父たちは総じてアロン擁護と言えるような解釈を行っている。グレゴリオスはモーセ一人を称揚するためにその兄であったアロンを断罪する必要があったとも考えられるが，早急に結論は出さずにこの点は保留としておく。そうすると，ギリシア・ラテン教父ではほとんどの者が（少なくとも子牛像事件解釈においては）アロンに対して好意的であると言えよう。そしてシリア教父の解釈においては，ユダヤ教のタナイーム期の伝承と相通ずる，アロンは罪を犯したがその罪はすでに赦されたとする解釈や，特にアモライーム期のユダヤ教の解釈と同じく聖書の記述に着目したり，その背景を説明したりすることでアロンの責任を軽減しようとする解釈が見出せる。

ユダヤ教においては，Mandelbaum の言うように子牛像事件を罪と赦しの物語として伝えていくためにあえてアロン（や民）の罪を否定せず，いかにして罪を克服してゆくかを示すという狙いともに，アロンの罪をいかにして

軽くするかという狙い[170]が見受けられる。前者は Lindqvist の言う「ユダヤ教内部での教理問答の必要性」で説明がつくが，後者の理由はそれだけと言えるだろうか。恐らくは，キリスト教をはじめとしたユダヤ教の外部からの攻撃に対して，自分たちを擁護する必要があったのだと考えられる。特に，キリスト教の力が強まるにつれてその攻撃が無視できなくなったために，アモライーム期頃からは具体的に子牛像事件についての弁明が必要になったのであろう。その際に，聖書を一読すれば明らかなように，事件の中で責任の大きく，なおかつ神から大祭司に任命されたアロンを擁護するという手段を選んだのである。つまり，アロンを擁護することで，多くのイスラエルの民についてはともかく，少なくともユダヤ教／ユダヤ人の指導者[171]やその正統性を守ることを目指したのではないかと考えられる。

では，この事件を使ってユダヤ教を攻撃できるはずのキリスト教も，なぜあえてアロンを擁護するような解釈を数多く残しているのだろうか。もちろん，ここまでに見てきた伝承でもそれ以外でも，地域を問わず教父の解釈では子牛像事件を非難しているものがほとんどである。つまり，子牛像事件は非難しつつも，アロンを擁護するための特別の理由があったと考えるのが自然である。そこで考えられるのが，アロンにはユダヤ教ではないキリスト教の属性やキリスト教との共通点が見られるということ，つまり，アロンが神に任命された祭司であると同時にキリスト教のイエスも祭司であったという点である[172]。その根拠としては，まず新約聖書のヘブライ人への手紙（5–6章）が挙げられる。ここでは，大祭司の特徴や職務についての説明の後に，イエスもアロンと同じように神から大祭司としての身分を与えられたと述べられている。ここから明らかなように，キリスト教の中でアロンもイエスも

---

[170] そのために，相対的に民を悪く描き非難する必要があったという側面も見逃せない。この点は第5章で詳しく論じる。

[171] 後の祭司階級が祭司であるアロンを擁護するのは当然に思えるが，祭司階級以外のユダヤ人にとっても，アロンは一定の重要性を持っていたと考えられるだろう。

[172] この点自体は，Smolar & Aberbach, *op. cit.*, p. 97, および Lindqvist, *op. cit.*, p. 101 でも指摘されている。本書の貢献はアロン擁護の事実とその背景の指摘ではなく，そのアロン擁護の姿勢が三者に共通でありながらも，その具体的なエピソードにおいてユダヤ教とシリア教父の解釈に類似性が見られるという点にある。

第 3 章　アロン

祭司であると考えられていたのは確実だが,「あなた(イエス)は永遠に,メルキゼデクと同じような祭司である」(ヘブ 5:6),「〔イエスは〕神によってメルキゼデクと同じような大祭司と呼ばれた」(同 5:10),「イエスはそこに我々のために先駆けて入り,永遠にメルキゼデクと同じような大祭司となった」(同 6:20)というように,イエスはメルキゼデク系祭司と位置付けられている[173]。これをアロン系祭司とは別種とするならば,キリスト教内でイエスを,エフライムのようにアロン系と同定しようとする勢力と,ヘブライ人への手紙のようにメルキゼデク系祭司と同定しようとする勢力が併存していた可能性も考えられるが,以下ではアロンもイエスも同じ「祭司」として論を進める[174]。以上のように,キリスト教はアロンの背後に同じ祭司であるイエスを据えていたと考えることができる。ユダヤ教を非難しつつキリスト教を称揚するためには,愚かな行為に走ったイスラエルの民(=ユダヤ教)を非難しながらも,それに巻き込まれたキリスト教の「先祖」の奮闘と正当性を述べることが必要だったのである。

　以上をまとめると,まずユダヤ教には,自分たちの先祖の愚行を分析し,対内的には事件の解説と弁護をし,対外的には特にキリスト教から自分たちを守る必要があった。そのために特にアロンを擁護することで,そのアロン

---

[173] メルキゼデクについては,Katsumata, E., *Priests and Priesthood in the Aramaic Targums to the Pentateuch* (Berlin: Lambert Academic Publishing, 2011), pp. 144–151; Gieschen, C. A., "The Different Functions of a Similar Melchizedek Tradition in 2Enoch and the Epistle to the Hebrews," *Early Christian Interpretation of the Scripture of Israel* (Sheffield: Sheffield Academic Press, 1997), pp. 364–379; Reiss, M., "The Melchizedek Traditions," *Scandinavian Journal of the Old Testament*, 26.2 (2012), pp. 259–265 を参照。メルキゼデクは,アロンよりもレビよりも古い時代に「祭司」として描かれているために,ユダヤ教内部でも問題を孕んだ存在となっている (Reiss, p. 261)。

[174] ユダヤ教内の権力争いという面から考えると,いわゆるラビ文献の中でアロンが祭司として好意的に描かれていると断言することは困難である。その点を掘り下げるには,本書とは異なる側面からラビと祭司の関係性について分析する必要がある。本書ではこれ以上は立ち入らないが,それは今後論ずるべき重要な問題である(第二神殿崩壊前後のラビと祭司の対立の歴史的状況については,例えば Katsumata, *op. cit.*, pp. 109–110 を参照)。いずれにせよ本書では,アロンにどのような属性が帰せられていたかはともかく,子牛像事件におけるアロンがユダヤ教文献の中でほぼ一貫して擁護されてきたという点に焦点を当てている。

を選んだ神の無謬性を再確認すると同時に，一部の民は断罪するにせよ，事件当時の指導者であったアロンに代表されるユダヤ教自体の正当性を主張したのであろう。また，本書第2章や第6章で論じているように，事件そのものや（少なくとも一部の）民を非難する伝承も数多く残されており，自分たちの先祖を擁護する一辺倒ではないことも見てとれる。敢えて図式的に見るならばアロンについての両論併記とも言えるが，その視点も含めた多様な解釈の共存と見るのが実態に近いだろう。

　それに対して特にギリシア・ラテン教父は，子牛像事件を利用してユダヤ教を攻撃する一方で，一部の解釈を除き，イエスと同じく祭司という属性を持つアロンを取り上げ，少なくとも彼だけは愚行に走らずむしろ困難な状況下で最善の手を尽くそうと努力したと評価した。彼らにとっては，イスラエルの民全体を擁護する必要は全くなく，ただ唯一，キリスト教に連なるアロンを擁護しさえすればそれでよかったのである。

　他方でシリア教父は，他の章で取り上げた解釈にも見られるように，ユダヤ教を攻撃するという意図，そしてその中でもアロンを擁護しようという姿勢はギリシア・ラテン教父と共通している。しかしながらその内実を詳しく見ていくと，タナイーム伝承と相通ずる罪と赦しのモチーフが見出せたり，ユダヤ教の伝承と非常に似通った解釈でアロンを擁護したりしている。ここからも，シリア教父の解釈は，基本姿勢としてはギリシア・ラテン教父と通底しつつ，具体的にはユダヤ教と共通する伝承が多く用いられていることが見て取れる。

　三者ともにアロン擁護という姿勢は同じだが，ユダヤ教はユダヤ教を，キリスト教はキリスト教をその背景に見ており，表面上は同一でも，その内奥にある目的は正反対であると言えよう。そしてそこに使われている素材は，ユダヤ教とキリスト教とで簡単に色分けできるものではなく，地域性や個々の教父の著作によって揺れ動いているのである。その中でもシリア教父には，一定のユダヤ伝承との類似性が見て取れることがわかる。

第 4 章 モーセ

4.1. 序言

　本章では，子牛像事件におけるモーセについての解釈を分析する。出エジプト記 32 章の記述に従えば，事件が起こったのはモーセがシナイ山上で神と交信している最中である（1–6 節）。神から事の顛末を知らされると同時に，激怒して民を滅ぼすと宣言する神を目の当たりにしたモーセは，神に先祖たちとの約束を思い返して怒りを抑えるよう懇願し，その結果神は「心を静める」ことになる（7–14 節）。それからモーセは二枚の石板を手に山を下り（15 節），従者のヨシュアが宿営地から聞こえる声を「戦いの声」（17 節）と言ったのを，これは「歌う声」だと言い返す（18 節）。宿営地にて子牛と民を見たモーセは，手に持っていた石板を破壊し（19 節），子牛像も破壊してすり潰し，その粉を混ぜた水を民に飲ませる（20 節）。それからモーセはアロンを叱責し，それに対して『ミシュナ』で翻訳が禁止されているアロンの返答が続く（21–25 節）。続いてモーセはレビ人を招集し，民の内の 3000 人を殺害させる（26–29 節）。その翌日にモーセは再度シナイ山に上り，神に向かって民の罪の赦しを請う（30–32 節）。以下で見るように，ここでのモーセの「あなたは彼らの罪をお赦しくださるでしょうか。もし赦されないのなら，あなたが書かれたあなたの書から私を消してください」（32 節）という発言は，ユダヤ教とキリスト教の両者の解釈で活用されている。

　以上の概要からも明らかなように，子牛像事件におけるこの一連のモーセの行為には非難の対象となるような要素は見出せないというのが，本章で扱う様々な解釈にほぼ共通している見解である。敢えて言うならば，神から与えられた石板の破壊は褒められる行為ではないかもしれないが，それすらも以下で見るように一部のユダヤ教の伝承では好意的に解釈されている。従って本章で論じる各伝承の差異は，それがどのような背景においてどのような意図を持ってなされた解釈か，という点にある。そういった差異をユダヤ教，

ギリシア・ラテン教父，シリア教父の各解釈の中で論じる前に，まずはその前提としてヘブライ語聖書全体におけるモーセ像を確認しておく。

4.2. ヘブライ語聖書におけるモーセ

　ヘブライ語聖書全体でその名前が 770 回言及されているように，モーセがヘブライ語聖書，ないしはユダヤ教において最重要人物の一人であるのは間違いない[175]。そもそも，創世記，出エジプト記，レビ記，民数記，申命記はヘブライ語聖書を「律法」，「預言者」，「諸書」の三部分に分割した時の「律法」に該当するが，この「律法」は一般的にモーセ五書とも呼ばれ，伝承レベルではその執筆者がモーセであると考えられている。

　以下，モーセの生涯に限って聖書中の記述を追ってみると，まず聖書冒頭の創世記にはモーセは登場しない。続く出エジプト記では，1 章でエジプトに移住したヤコブ一家とその系図の説明から彼らの子孫の苦境が描かれ，2 章からはモーセの誕生が語られる。当時のエジプトの王であるファラオは，新しく生まれてくるイスラエルの民の男児を殺害するよう命じていた（1:15–16, 22）。そのような時にレビ族の出のある男のもとにモーセが生まれるが，その家族が隠して育てることが難しくなったために，モーセはナイル川の岸辺に置き去りにされる（2:1–3）。モーセはそこへ水浴びに来たファラオの娘に拾われて，その養子として育てられることになる（2:5ff）。その後，成長したモーセは，エジプト人がイスラエルの民を酷使している現場に遭遇し，そのエジプト人を殺してしまう（2:11–12）。この件が発覚してファラオによって殺されるのを恐れたモーセはミディアンの地へ逃走し，そこに数年滞在して妻と子を得る（2:13–25）。ある時，モーセは燃える柴から聞こえてくる神の声に（何度も拒否した後で最終的に）従い，エジプトに戻ってイスラエルの民をエジプトから導き出すことを決意する（3:1–4:17）。その後，本書第 3 章で述べたようにアロンと合流してから，モーセは民の解放を

---

[175] 参考までに，同じくユダヤ教における最重要人物の一人と目されるアブラハムは 175 回，アブラハムの元の名であるアブラムは 61 回言及されており，その両者を合わせてもその三倍以上の頻度でモーセは聖書中に名前が現れるということになる。

求めにファラオの宮廷へ向かう（4:18-31）。しかし何度も交渉を重ねながらもファラオには民の解放を断られ，最終的に十の災いをエジプトにもたらした後に，モーセは民とともにエジプトを脱出する（5-12 章）。その途中の葦の海にて，干上がった海の底をイスラエルの民が歩いて渡った後，民の一団を追いかけてきたファラオとエジプトの軍隊は，海の水が戻ったために溺れ死ぬ（14-15 章）。その後，モーセが荒野で民の不平不満を聞きながらもシナイ山に上って神から律法を受け取っている間に，子牛像事件が起こる（32 章）。子牛像事件の後も細かい事件や問題がいくつか起こるが，モーセはそれをなんとかやり過ごし，民に向かって様々な律法の解説をした後（出エジプト記，民数記，申命記），申命記でその死が語られる（34 章）。彼はモアブの地で死んだとされているが，「今日まで，誰も彼が埋葬された場所を知らない」（34:6）とされている。

以上が聖書におけるモーセの生涯だが，申命記に続くヨシュア記以降では，モーセの名前は「主の僕モーセ」や「モーセの律法」，「モーセが命じた～」というような形で，折に触れてたびたび言及されている。むしろ，ヘブライ語聖書の世界観に従えば，モーセに言及することなしにイスラエルの民の歴史は語れないと言っても過言ではない[176]。以上のようなヘブライ語聖書におけるモーセ像を踏まえ，続いては子牛像事件におけるモーセの解釈をユダヤ教，ギリシア・ラテン教父，シリア教父の順に考察してゆく。

4.3. ユダヤ教の解釈

結論を先取りする形になるが，ユダヤ教の解釈でもいずれの地域のキリスト教父の解釈でも，子牛像事件におけるモーセの行動に否定的な解釈を加え

---

[176] 聖書に限らない様々な観点からモーセ像に迫った研究の代表として，Halamish, M. et al., *Moses the Man - Master of the Prophets* (Hebrew) (Ramat-Gan: Bar-Ilan University Press, 2010) が挙げられる。また大まかな概説として，Rosen, D., "Moses in the Jewish Tradition," *Moses in the Three Monotheistic Faiths* (Jerusalem: Palestinian Academic Society for the Study of International Affairs, 2003), pp. 3-12 は，キリスト教とイスラームとの比較の中で，ユダヤ教伝承におけるモーセ像を論じている。

るものは見られなかった。以下ではタナイーム期までとアモライーム期に時代を区切って，それぞれの時代にどのような解釈がなされたかを概観してゆく。

4.3.1. タナイーム期まで

第3章でアロンについての解釈として取り上げた『スィフラ』の内容を，今度はモーセに着目して分析する。

> **シェミニ・メヒルタ・デミルイーム 3**（Weiss 版 43c）
> 「〔モーセは〕アロンに言った。お前のために，罪の献げ物用の雄牛の子の子牛を一頭取れ」（レビ 9:2）。これは次のことを教えている。モーセがアロンに言った。我が兄アロンよ，主はお前の罪を贖うことに同意したが，お前はサタンの口の中に〔何かを〕与えなければならない。お前の前にある贈り物を送れ。お前が聖域に入る前に。お前が聖域に入る際にサタンがお前を憎まないように。お前が，贖いを必要としているのは他ならぬ私（アロン）であると言わないようにと。〔…〕〔モーセはイスラエルの民に言った。〕雄ヤギが来て雄ヤギの事件について罪を贖うだろう。子牛が来て子牛の事件について罪を贖うだろう。
>
> **同 8**（Weiss 版 43d）
> 「〔モーセはアロンに言った。〕祭壇に近づけ」（レビ 9:7）。〔…〕モーセはアロンに言った。我が兄アロンよ，ほむべき聖なる方の前に仕えなければ，何ゆえにあなたは大祭司となるよう選ばれたのか。心を強く持ち，来て，あなたの祭儀を行いなさい。〔…〕モーセはアロンに言った。我が兄よ，あなたが恐れているものを恐れるな。心を強く持ち，それに近づけ。〔…〕

どちらの解釈においても，モーセは神の代わりにアロンとイスラエルの民に罪の赦しを告げたり職務の遂行を促したりと，彼らに対して上位に立って指示を出していると言えるだろう。そのようなモーセを，列王記で子牛像を作った人物として述べられているヤロブアムと比較して評価する伝承も残さ

れている。

『ミシュナ』アボット篇 5.18

大勢を義とする者はみな，その者の手によって罪が生じることはない。大勢に罪を犯させる者はみな，その手で悔い改めをすることはできない。モーセは義を為し，また大勢を義とした。その大勢の義は彼にかかっている。「主の義とその裁きを，イスラエルとともに行った」（申 33:21）と言われているように。ヤロブアムは罪を犯し，大勢に罪を犯させた。その大勢の罪は彼にかかっている。「〔ネバトの子〕ヤロブアムの罪によって，彼が罪を犯し，彼はイスラエルに罪を犯させた」（王上 15:30）と言われているように。

ここでは，大勢（＝イスラエルの民）を正しく導く存在としてのモーセが，子牛像を作って民に罪を犯させたヤロブアムと対比されている。民に罪を犯させた存在としては聖書中の他の人物も挙げられる状況で，ここでは敢えてヤロブアムが挙げられている。その背景としては，同じ金の子牛像が関係する出来事という文脈において，ヤロブアムは自ら子牛像を作って罪を犯し民にも罪を犯させる一方で，モーセは子牛像を作らず（彼自身としては）民に罪を犯させもしなかったという点を強調するためだと考えられる。民の罪やモーセによる民への罰を論じる伝承が多々存在する中で，モーセが本当に民に罪を犯させなかったと言えるのかどうかという点はさておき，民の指導者としてのモーセ像を称揚している伝承であるとは言えるであろう。

子牛像事件におけるモーセ像に関係するタナイーム期の伝承は他にもいくつか残されているが，いずれにおいてもモーセの存在の大きさ，正しさ，重要性などについては疑問の余地はない。

4.3.2. アモライーム期

アモライーム期に入るとタルムードの伝承が加わるため，他のテーマのものも含めて伝承の総量が飛躍的に増加する。その中から典型的なものをいくつか引用する。

『レビ記ラッバー』1.3

　　〔…〕〔モーセが様々な名前で呼ばれるという解釈の流れの中で〕ラビ・シモン曰く。子牛像事件において，イスラエルの子らが神に対して鈍くなった時〔のこと〕。「ザノアハ（זָנוֹחַ）の父」（代上 4:18）〔と呼ばれる〕モーセがやって来てその違反から彼らを遠ざけた（הזניחן /hiznichan/）[177]。これは「水の上に撒き…」（出 32:20）と書かれていることによる。〔…〕。「エブヤタル（אֶבְיָתָר）の子」（代上 24:6）〔とモーセが呼ばれるのはなぜか〕。それはモーセが，その手によってほむべき聖なる方が子牛像事件を赦した（ויתר /vitar/）者であるからだ。〔…〕[178]

　このミドラッシュは，歴代誌の文章を持ってきて，そこに書かれている様々な言葉が実はモーセの名前であることを延々と解説する。その解釈自体は本論の議論とは関係ないが，その際に利用されるのが，モーセが民を子牛像事件という違反／罪から遠ざけた，神が子牛像事件を赦したのはモーセのゆえである，という見解である。

　まず一つ目の見解について，この解釈はモーセが子牛像を破壊しその粉を混ぜた水を民に飲ませたという聖書の記述を援用して，それによりモーセが民を違反／罪から遠ざけたと述べている。この聖書の箇所は逆に民の罪に対する裁きのような役割として解釈されることもあり[179]，ここではその解釈の是非は問わないが，この『レビ記ラッバー』ではこのモーセの行為が民を違反／罪から遠ざけたと解釈されている。

　二つ目の見解からは，タナイームについて Mandelbaum が言うところの，神はすでに子牛像事件の罪を赦したという解釈と，その罪を赦す理由となる

---

[177] 「ザノアハ」という人名を構成する子音と「遠ざける」「清める」という動詞の語根が同じ Z（ז）-N（נ）-Ch（ח）であることによる言葉遊び。BT メギラー篇 13a に並行伝承。

[178] こちらも言葉遊びであるが，そのような「こじつけ」めいたやり方をもってでもモーセを持ち上げる解釈を行っている。

[179] BT ヨーマ篇 66b。ちなみに，ユダヤ教の膨大な聖書解釈の中では，互いに対立したり矛盾したりする解釈が併存していることが少なくない。

第 4 章　モーセ

ほどのモーセの存在の大きさが見て取れる。
　存在の大きさと言えば，麓でモーセを待っていた民のもとにサタン[180]が現れるという解釈がある。

BT シャバット篇89a

　〔…〕ラビ・イェホシュア・ベン・レビ曰く。「民はモーセが山から下りてくるのが遅れているのを見た（וַיַּרְא הָעָם כִּי בֹשֵׁשׁ מֹשֶׁה）」（出 32:1）と書かれていることの意味は何か。「遅れている（בֹשֵׁשׁ/voshesh/）」ではなく，「六〔の刻〕が来た（בָּאוּ שֵׁשׁ/va'u shesh/）」と読め。モーセは高い所に上った時，イスラエルに向かって言った。「四十日の終わり，六〔の刻〕の初めに私は来る」。四十日の終わりにサタンが来て，世界を混乱させた。サタンはイスラエルに言った。「お前たちの師であるモーセはどこか」。彼らは言った。「高い所に上った」。サタンは彼らに言った。「六〔の刻〕は過ぎた」。しかし彼らはサタンに注意を払わなかった。〔サタンは言った〕「彼は死んだ」。しかし彼らは注意を払わなかった。サタンは彼らにモーセの寝台の幻を見せた。したがって彼らはアロンに言った。「〔エジプトの国から我々を導き上った〕人モーセについて〔彼に何があったのかを我々は知らないのだから〕」（同）〔…〕

　この唐突なサタンの出現についてはまた改めて第 6 章で論じるが，そのサタンがモーセは死んだと民に伝え，それを信じた民が恐怖を抱いて子牛像事件を起こしたという解釈である。ここでは，子牛像事件の原因はモーセを失ったと信じた民の恐怖によるものとされており[181]，裏を返せばそれだけモーセの存在が民の中で大きかったという証でもある[182]。

---

[180] このサタンは，先述の『スィフラ』のサタンよりも個別具体的な存在として描かれている。
[181] これまでに何度か言及してきたフラウィウス・ヨセフスも，シナイ山の麓でモーセを待つ民の不安を描いている（『ユダヤ古代誌』III, 5.7, 95–98）。ヨセフスは子牛像事件そのものについては言及していないわけだが，モーセを心配する民というモチーフについてはこれまでに取り上げてきた解釈と共通していると言えよう。
[182] またこの解釈からは，Mandelbaum がアモライームの解釈の特徴の一つと考えた，

モーセが偉大とされるのは民との関係のみにおいてではない。イスラエルの民がエジプトを脱出する際に，神が多くの金を与えたために民がその金から子牛像を作ることになったと言って，モーセが神を責めるという伝承が残されている。そしてその根拠は，申命記の冒頭で言及されている「ディ・ザハブ」という地名を使っての言葉遊びのような解釈から導き出されている。

BT ベラホット篇 32a

　〔…〕ラビ・ヤンナイ派の者たち曰く。〔ここまでの議論は〕ここから引き出せる。「ディ・ザハブ（וְדִי זָהָב）」（申 1:1）。「ディ・ザハブ」とはどういうことか。ラビ・ヤンナイ派の者たち曰く。モーセはほむべき聖なるお方の前でこう言った。世界の主よ，彼らが「もう十分（דַי/dai/）」と言うまであなたが彼らに，イスラエルに与えた銀と金（זָהָב/zahav/）のために，彼らが子牛を作るということを引き起こした。〔…〕[183]

　ここでは，「ディ・ザハブ」が「金はもう十分」という意味にも取れることから，神が民に「もう十分」と言うほどの金を与えたことが子牛像事件につながったのだと解釈されている。そしてモーセがそれを神に直接告げている。またこの箇所の少し後では，民の行為に怒った神の前でモーセが神をなだめることを決意する心理描写の後で，以下のようなモーセの振る舞いが述べられる。

　　モーセはほむべき聖なる方をつかんだ。友人の服をつかむ人のように。そして主の前で言った。世界の主よ，あなたが彼らを赦すまで，私はあなたを放しません。〔…〕シュムエル曰く。〔「モーセは主の顔をなだめた」（出 32:11）について〕これは以下のように教える。モーセは自分の身を，彼ら〔民〕のために死に差し出した。「もしそうでないのなら

事件における民の責任を軽減するという意図も読み取れる。
　[183] BT サンヘドリン篇 102a とヨーマ篇 86b に並行伝承が残されている。

第 4 章　モーセ

〔民を赦さないのなら〕、私をあなたの書から消してください」（同 32:32）と言われているように。〔…〕

　この解釈の前半には、神に対して実力行使とでも呼べるような懇願を行うモーセが描かれている。ここまでの描写からは、子牛像事件における神の責任を指摘し、罪の赦しを懇願する際には友人に対するかのように振舞うモーセが見て取れる[184]。民にとって偉大なモーセは、神との関係においても友人のような振舞いのできる存在であると言えよう。そしてその後半の解釈では、事件を起こした民に激怒し彼らを滅ぼそうとする神に対し、自らの身を差し出してでも彼らを救おうという自己犠牲の精神を発揮するモーセ像が強調されている。このモーセの自己犠牲の精神については、イザヤ書 53:12 を用いた以下の伝承で詳しく述べられている。

BT ソーター篇 14a

　〔…〕ラビ・シムライが釈義した。何故、我らが師モーセはイスラエルの地に入ることを切望したのか。その地の果実を食べる必要があるのか。それともその地の良き物に満足する必要があるのか。そうではなく、モーセはこう言った。イスラエルは多くの戒律を命じられた。そしてイスラエルの地でなければそれらは成就されない。私はその地に入ろう。私の手でそのすべてが成就されるために。ほむべき聖なる方がモーセに言った。お前は報酬を受け取ることのみを望むか。私は、お前がそれらの戒律をすでに成就したものとみなす。「それゆえ、私は彼に多くの者の中で分け前を与えよう。彼は力強き者たちとともに戦利品を分け合うだろう。これは彼が自らの魂を死へと注ぎ、罪人たちともに数えられたためである。そして彼は多くの者の罪を負い、罪人たちのために執り成しをした」（イザ 53:12）と言われているように。「それゆえ、私は彼に多くの者の中で分け前を与えよう」とは、〔モーセが分け前にあずか

---

[184]　この解釈は「主はモーセと顔と顔を合わせて語った。人がその友人と話すように。〔…〕」（出 33:11）を拡大解釈したものと考えられる。

る〕最後の者のようではなく，最初の者のようになれる〔ということである〕。聖書に曰く，「彼は力強き者たちとともに戦利品を分け合うだろう」。アブラハム，イサク，ヤコブのように。彼らはトーラーと戒律の中で力強き者たちである。「彼が自らの魂を死へと注ぎ」，つまりモーセはその身を死に差し出した。「もしそうでないのなら（民を赦さないのなら），私を消してください…」（出 32:32）と言われているように。「罪人たちとともに数えられた」とは，荒野で死んだ者たちとともに数えられたということである。「そして彼は多くの者の罪を負い」，つまりモーセは子牛像の件を贖った。「罪人たちのために執り成しをした」，つまり彼はイスラエルの中の罪人たちが悔い改めをするよう慈悲を求めた。「執り成し」とはまさに祈りのことである。「〔エレミヤよ〕お前はこの民のために祈ってはならない。彼らのために嘆き，祈りの声をあげてはならない。私に執り成しをしてはならない」（エレ 7:16）と言われているように[185]。〔…〕

この解釈は，イザヤ書 53:12 の記述がモーセについて述べているとみなし，その内容を子牛像事件に照らし合わせながら説明している。すなわち，モーセは自ら死へとその身を差し出し，荒野で死んだ者たちと命運をともにし，子牛像事件の罪を贖い，罪を犯したイスラエルの民のために神に対して慈悲を求めたのである。本書にとって重要なのは，モーセが民のために自らの命を投げ出そうとした聖書の記述が強調され，モーセが子牛像事件の罪を贖ったとされている点である。すなわち民のために自己犠牲の精神を発揮するモーセを描き，そのモーセゆえに子牛像事件の罪は赦されたとする解釈である。このようなモーセ像は，以下の節で見るように，教父たちがモーセの姿にイエス・キリストを見いだす解釈を行う際にも用いられている。

以上のような聖書の記述に合わせてモーセを好意的に描く伝承に加え，肯定的には評価しづらいモーセの行為すら好意的に描き出す解釈も見られる。

---

[185] 「祈り」と「執り成し」が並行して論じられていることから，両者を同じこととみなしている。

第4章 モーセ

以下に引用するのは，出エジプト記32:20に描かれているモーセの石板の破壊すら，神の意に沿ったものだと評価する解釈である。

BT イェバモット篇62a

〔…〕〔ヒレル学派が〕答えて言うだろう。モーセは自らの考えによって行動する。バライタで次のように言われている。三つのことを，モーセは自分の考えから行った。そしてその考えは主の考えと一致していた。彼は妻から離れた。石板を破壊した。一日を追加した。〔…〕モーセは石板を破壊した〔のは，モーセが自分の考えから行ったことでありその考えは主の考えと一致していたとする解釈について〕。どこからそう釈義したのか。〔モーセ〕曰く。613の戒律の一つであるペサハ〔に関する戒律〕について，律法[186]が「異邦人は誰もそこ（ペサハの犠牲）から食べてはならない」（出 12:43）と言っている以上，律法全体と，道から逸れたイスラエルについてならなおのことそうである。そして，このようなモーセの考えは主の考えと一致していた。「〔神曰く…〕お前が破壊した〔石板〕」（出 34:1）と書かれているように。レイシュ・ラキシュ曰く。ほむべき聖なる方はモーセに言った。〔石板を〕破壊したお前の力は，正道であれ。〔…〕

この解釈は，出エジプト記12:43に記されている，異邦人はペサハ（過越祭）の際に捧げられる犠牲を食べてはならないという規定を引用し，それを敷衍している。ある一つの戒律ですら異邦人に対する禁止事項を規定しているのだから，その一つの戒律を含む律法全体が，異邦人と同等もしくはそれ以上に否定的に扱われる「道から逸れたイスラエルの民」に対する禁止事項を（暗黙のうちに）規定しているのは当然だという理論が展開されている

---

[186] 本書では「トーラー（תורה/torah/）」という語をできる限り「律法」と訳すようにしているが，これは「法」，「教え」，「ユダヤ教の（全体の／個々の）律法」，「ヘブライ語聖書の律法部分（創世記，出エジプト記，レビ記，民数記，申命記）」などの様々な意味を持つ多義語である。この引用箇所では主に，「聖書の律法部分」と「ユダヤ教の律法」の二つの意味で用いられている。

[187]。その論理に従って，モーセは自ら石板を破壊しても構わないと判断して石板を破壊し，その考えは神の考えと一致していたと述べられる。子牛像の作成と崇拝にはモーセは直接関与していないために非難の対象にはならないという以上に，下山後の行動，しかも神から授けられた石板を破壊したことまで好意的に評価されているのは興味深い点である。

以上で取り上げてきた伝承に共通して言えるのは，ユダヤ教における指導者としてのモーセの存在の大きさ，時に神をも責め立てるその強大さ，そして民のためには自らを犠牲にすることすら厭わない，その英雄的な姿であろう。もちろん，子牛像事件に関係のないところでもモーセについての様々な伝承が残されているわけだが，少なくとも本章で取り上げた伝承では，先祖たちが大きな罪を犯した際にも神に代わってその赦しを告げたり，その責任は神にあると言って責めたりと，神にも物申すことができる存在というモーセ像が見て取れる。そしてそれとともに，その不在の深刻さも浮かび上がってくる。そうしたユダヤ教におけるモーセ像を踏まえて，続いては各キリスト教の解釈を見ていく。

4.4. ギリシア・ラテン教父の解釈

ギリシア・ラテン教父の解釈においても，ユダヤ教と同様にモーセの存在の大きさや，その英雄的な姿を強調するものが目立つ。ここでは，特に自己犠牲の精神を発揮するモーセ本人に着目した解釈と，イスラエルの民との対比を行う解釈の二種類に焦点を当てる。

まず第 3 章でも取り上げたラテン教父のテルトゥリアヌスは，『マルキオン駁論』[188]の中で出エジプト記 32:10（「私を放っておけ。私の怒りは彼ら

---

[187] 架空の例で考えると，ある一つの律法に「この律法のことを異邦人に教えてはいけない」と書いてあることを指摘し，その律法を包含する律法全体はなおさら異邦人に教えてはいけないという結論を導き出すようなものである。そして異邦人にすら教えてはいけないのだから，「道から逸れたイスラエルの民」にはなおのこと教えてはいけないと考えるわけである。

[188] テルトゥリアヌスの最も浩瀚な作品とされる（全五巻）。マルキオン主義についての最も重要な資料とも考えられている。主な内容としては，マルキオンの主張を取

に対して熱く燃え上がり，私は彼らを消滅させる」）に言及し，それに対して意義を唱えるモーセを描いている（II.26）[189]。そこではイスラエルの民の代わりにその身を捧げようとするモーセが，父なる神に異を唱えて人々の救済のために自らの命を捧げたとされるイエス・キリストの予型だと述べられている。テルトゥリアヌスがユダヤ教の伝承，例えばBTソーター篇14aに残されているような伝承を知っていたのかどうかはわからず，反対にそのBTの解釈を行った人間が，このテルトゥリアヌスの解釈に代表されるモーセにイエスの予型を見る解釈を知っていたかどうかも定かではない。そのため両者の解釈間の影響関係は不明であり，ユダヤ教ではモーセの自己犠牲の精神を称揚する伝承が，キリスト教ではそのようなモーセをイエスの予型とする解釈が見出せるという以上のことは現時点では言うことができない。

ニュッサのグレゴリオスはテルトゥリアヌスのようにモーセの中にイエスの予型を見ることはしないが，このモーセの行為について以下のように述べている。

ニュッサのグレゴリオス『モーセの生涯』2.319

〔…〕さらに，誤りに陥った者たちのためにモーセの善き意志によって神が宥められないのならば，モーセは他の人々が存続することの代償としてむしろ自分が滅びることを択び，かくしてイスラエルの民に対する神の怒りを押し止めたという。そして神は，自らの友を傷つけることのないように，固有の裁きを逸らしたのであった。こうしたことすべては，モーセの生が完全性の最高の頂きにまで達するものであったことの明瞭な証拠であり証明である。

グレゴリオスはそもそもモーセを「モーセが人間的生の範型」と考え，その表明のためにこの『モーセの生涯』を著したのであるが，イスラエルの民

り上げてそれに反論を加えるというものである（H. クラフト著，水垣渉・泉治典監修『キリスト教教父事典』教文館，2002年，pp. 250–251）。

[189] ラテン語原典（Evans, E., *Tertullian: Adversus Marcionem* (Oxford: Clarendon Press, 1972)）と英訳（Schaff, P. & Menzies, A., *op. cit.*）の両方を確認した。

のために自己犠牲の精神を発揮するモーセの姿や行動はその目的に合致しており、彼にとってはむしろ好都合な出来事であったと考えられる。

　イスラエルの民が神に滅ぼされずにすんだのはモーセのおかげであるという前提は、それなりに広く流布していたと考えられる。『ニコデモ福音書』[190]という新約外典[191]の著者は、イエスの処刑時にユダヤ地方の総督であったピラトに、イエスの処刑を求めるユダヤ人たちに向かって彼らの落ち度とモーセによる執り成しについて語らせている（9.2）[192]。曰く、イスラエルの民は子牛像を鋳造しそれを神の代わりとして神に怒られるも、モーセが執り成しをしてくれたから死なずに済んだとのことである。子牛像事件の際にはモーセのおかげで助かったのに、今回は「王なる者」であるイエスの処刑を願うユダヤ人をピラトが批判している[193]。子牛像事件は直接の文脈とは関係のない過去の出来事で、ここでは比較のために言及されているだけであり、この箇所がユダヤ人に対して特に攻撃的な内容というわけでもない。それだけに、この『ニコデモ福音書』が著されたと想定される4世紀半ばには、このようなモーセのおかげでユダヤ人は助かったというシンプルな子牛像事件理解、ないしは子牛像事件におけるモーセの存在の大きさという前提が広まっていた証左の一つと言えるだろう。

---

[190] それぞれ執筆年代が異なる三つの部分が合わさって現存する形になったと考えられており、引用部分である第一部は 326〜375 年の間に書かれたとされる。この第一部ではユダヤ人に対する攻撃は激しいとは言い難く、キリスト教を排撃しようとした「異教徒」に対抗して、護教的な側面から執筆されたと考えられている。原典はギリシア語で記されたとされるが、各国語に翻訳されていて現存する写本も多く、それぞれの異読が大きい。第一部はギリシア語写本に基づいているため、後世の加筆などの少ない「核」の部分に該当すると考えられている。以上の情報およびテキストの日本語訳については、田川建三訳「ニコデモ福音書（ピラト行伝）」『聖書外典偽典6 新約外典 I』教文館、1976 年、pp. 161–228 を参照のこと。

[191] 「正典」と対になる言葉で、正典（この場合は新約聖書）編纂時にその中に加えられなかった書物を指す。その性質上教義における重要度は正典に劣るが、初期キリスト教の姿を探求するためには非常に有用である。

[192] Ehrman, B. D. & Plese Z., *The Apocryphal Gospels: Texts and Translations* (New York: Oxford University Press, 2011) でギリシア語原典と英訳を確認した。

[193] 上記『マルキオン駁論』と同様、この箇所でもモーセとイエスが対比されていると言えよう。

第4章 モーセ

　以上のように，子牛像事件におけるモーセの存在は時にイエスの予型とみなされるほどに大きく，またモーセを評価する者にとっては，子牛像事件はモーセを称賛するためにむしろ好都合な出来事であったという背景が見て取れる。それらのモーセを称賛する解釈では，モーセが持ち上げられているのに対しイスラエルの民は特に批判的に描かれる傾向にある。この両者については，例えばエフライムと同時代にアンティオキアなどで活動したヨアンネス・クリュソストモス[194]が，シナイ山の上で律法を受け取る前に四十日間の断食を行っていたモーセと，事件の際に麓で飲み食いにふけった民（「民は座って食べて飲み，立っては戯れた」（出 32:6））を対比した解釈を残している（『創世記講話』1.6）[195]。民は暴飲によって問題を起こし，モーセは断食によって石板を手に入れることができたとされており，その後のモーセによる石板の破壊も，感情の発露などではなく論理的な分析の上で為されたものとされている[196]。モーセと民の関係性についてはまた改めて第 5 章で論じるが，こういった民を遠景とした上でモーセを称揚している解釈からは，モーセは事件を起こした民とは一線を画しているという意図的な区別が見て取れる。

　以上で取り上げてきた教父たちの解釈は，モーセをイスラエルの民，ひいては教父たちと同時代のユダヤ人から引き離す努力の一環と考えることができるのではないだろうか。その上で，モーセの自己犠牲的な行為をイエスに

---

[194] 東方の四大教父の一人に数えられ，シリアのギリシア教父を代表する人物（349 頃～407 年）。アンティオキア主教会の輔祭（381 年），司祭（386 年），コンスタンティノポリスの主教（398 年）を歴任。ギリシア教父の中でも最も多くの著作を残し，真筆とされるものだけでも約 200 点を数える。それに比して偽書の数も膨大で，彼の作品の多くは複数の言語に翻訳された（武藤慎一『聖書解釈としての詩歌と修辞』教文館，2004 年，pp. 123–126）。

[195] ギリシア語原典（Migne, J. P., *Patrologia Graeca*, vol. 53 (Paris: Migne, 1862)）と英訳（Hill, R. C., *Saint John Chrysostom: Homilies on Genesis 1–17* (Washington, D.C.: The Catholic University of America Press, 1986)）を参照した。

[196] 下山したモーセは事件を起こした民を見て，そのような罪深い民に神の手による法はふさわしくないと判断して石板を破壊したとされる。石板の破壊が正当だったとする点はユダヤ教の解釈（BT イェバモット篇 62a）と類似していると言えるが，その理由は若干異なっている。

結び付けるなど，全体的に，モーセをユダヤ教ではなくキリスト教の枠の中に組み込みたいという意図が見て取れると言えよう。

4.5. シリア教父の解釈

続いてはシリア教父の解釈として，アフラハトとエフライムの解釈をそれぞれ見てゆく。

4.5.1. アフラハト

アフラハトが『論証』の中で，子牛像事件に関連してモーセに言及しているのは以下の箇所である。前の章で取り上げた箇所もあるが，再度引用する。

> **『論証』4.7**
> ではモーセの祈りの強さについて，我々は何を言おうか。それには限界がない。というのも，その祈りはファラオの手から彼を救いだし，彼にその神の臨在を示した。そして自らの祈りによって彼はファラオの上に十の災いをもたらした。また，彼の祈りは海を割り，苦い水を甘くし，マナを降らせ，ウズラを昇らせ，岩を割って水を流れさせ，アマレクを征服し，ヨシュアを力強くし，戦闘においてオグとシホンを混乱させ，邪悪なる者たちをシェオルに落とし，神の〔怒りの〕熱を彼の民から逸らし，罪の子牛を粉々にし，山から石板を降ろし，彼の顔を輝かせた。〔…〕

ここはモーセの祈りの強さについて述べている箇所である。モーセが祈りによって成し遂げたことが列挙される中で，子牛像事件による民に対する神の怒りを逸らしたことが挙げられている[197]。これ自体は聖書の記述に基づ

---

[197] 「神の〔怒りの〕熱を彼の民から逸らし（ܐܗܦܟ ܚܡܬܐ ܕܐܠܗܐ ܡܢ ܥܡܗ）」と「〔神の〕怒りの熱（ܚܡܬܐ ܪܘܓܙܟ）」（ペシッタ出エジプト記 32:12：The Peshitta Institute, *The Old Testament in Syriac: According to the Peshitta Version*, Part 1, Fascicle 1 (Leiden: Brill, 1977)）の類似により，この箇所も子牛像事件のことを述べて

第 4 章　モーセ

くものでアフラハト独自の解釈ではないが，子牛像事件に言及しながらモーセの強大さ，偉大さを述べているものと言える。

同 10.2
　〔…〕彼（モーセ）の主が，彼らが子牛を崇拝したというその罪ゆえに，彼らを滅ぼすことを欲した時，モーセは祈り，神に懇願してこう言った。「ああ，この民の罪をお赦し下さい。さもなければ，私をあなたが書かれたあなたの本から消し去ってください」（出 32:32）[198]。これが，自分の群れのために我が身を引き渡す有能な羊飼いである。これが，自分の群れのために我が身を差し出す優れた指導者である。これが，自分の息子たちを守り育てる憐れみ深い父親である。〔…〕

　この箇所も，聖書の記述に基づくモーセの評価である。上記 BT ベラホト篇 32a の伝承やギリシア・ラテン教父たちの解釈と同じく，民のために我が身を犠牲に捧げるモーセが描かれている。モーセが民を率いる羊飼いという説明が事前になされており，それに加えて「優れた指導者」，「憐れみ深い父親」という評価が与えられている。『論証』10 章は「羊飼いたち」についての章であり，モーセとともに列挙されている「羊飼いたち」の功績が述べられた後に，同じ羊飼いとしてのイエスが登場するという構成になっている。このイエスの系譜に連なる一人としてモーセに言及するのは，キリスト教ならでは視点と言えよう。

『論証』8.9
　〔…〕モーセの墓をイスラエルの子らに知らせなかったことで，彼の主は二つの美しいことをモーセに対して行った。一つ目は，彼の敵が〔墓の場所を〕知って墓から彼の骨を投げるということにならなかった

いると考えられる。
　[198] 例えばこの聖書引用と考えられる箇所はマソラ本文ともペシッタとも異なるが，文意はほぼ変わらない。こういった相違については Weitzman, *op. cit.*, p. 130 を参照のこと。

ことについてである。二つ目は，彼の民の子らが〔墓の場所を〕知ることはなく，彼の墓を崇拝の場とすることもないということである。彼の民の子らの目に，彼は神のようにみなされていたからである。これを次のことから理解しなさい，私の愛する人よ。モーセが民を残して山に登った時，彼らは，「この，我々をエジプトの国から連れて上ったモーセ，彼に何が起こったのかを我々は知らない」（出 32:1）と言い，自分たちのために子牛を作り，それを崇拝した。彼らは，モーセを通じて，力強き手と高き腕で自分たちをエジプトの地から連れて上った神のことを覚えていなかった。このために神はモーセに目をかけて，彼の墓を〔民に〕知らせなかった。だが〔神が彼らに〕その墓を知らせる時には，彼の民の子らは道を外れ，自分たちのために像を作り，それを崇拝して犠牲を捧げ，彼らの罪によって義なる者の骨を悩ませることだろう。

　この箇所でアフラハトはまず，モーセの墓の場所が誰にも知らされていない点に着目し，その利点と理由を述べている。ここで重要なのは，モーセが民の目に神のようにみなされていたという点である。そしてそのモーセが彼らのもとを離れてシナイ山に登った時に，民が子牛像事件を起こしたのである。この解釈は上記 BT シャバット篇 89a に見られる解釈と同様，モーセの存在の大きさを子牛像事件に関連付けた解釈と言うことができよう。
　以上のアフラハトの著作からは，ユダヤ教の解釈に見られるのと同様に，モーセの偉大さを述べその存在の大きさと子牛像事件の背景を結び付ける解釈が見出せる。そして，そのようなモーセをキリスト教のイエスに結び付けるという視点が付加されていると言えよう。イスラエルの民，ひいてはユダヤ人全般については批判的に描くこともあるアフラハトだが[199]，そもそも彼にとってモーセはユダヤ人ではなく，自分たちと同じキリスト教徒の系譜に属するとみなしている。

---

[199] アフラハトのユダヤ人批判については，J. Neusner によるまとめを参照（*Aphrahat and Judaism* (Leiden: Brill, 1971), pp. 143–144）。ただし，程度の差はあれど他の教父たちもユダヤ人批判は行っており，アフラハトがとりわけユダヤ人に批判的だったというわけではない（武藤，前掲書，p. 52）。

4.5.2. エフライム

エフライムが子牛像事件のモーセについて述べた箇所は，すべて散文で残されている。

> **『出エジプト記註解』32.6**
>
> 「主は〔モーセに〕言った」（出 32:7）。これはすなわち，真の神が民の神（モーセ）に向かって言った，ということである。お前の民が道を逸れ，子牛を作ったと。「そして彼らは，これが，お前をエジプトから連れて上ったお前の神だと言った」（同 32:4）。他方で，ここでこれを明らかにすることで，神はモーセに嘆願への準備をさせたのである。〔神が〕「私を放っておけ，私はその民を滅ぼす」（同 32:10）と彼に言ったのは，「私をつかんでおけ，〔そうすれば〕私はその民を滅ぼさない」と彼に言うためである。もし〔神が〕民に害を為したいのなら，民の分裂を修復する者（モーセ）に〔そのことを〕明かしはしなかっただろう。〔神が〕モーセに明かしたというこの点から，〔神は〕民に害を為す準備すらしていなかったことが見て取れる。というのも，〔神は〕自分自身が〔民への〕赦しの準備をする前に，モーセが懇願するように導いたのだ。このために大きな罪が理由もなく赦されていたら，そのことは彼らにとって大いなる損失となったであろう。〔神が〕モーセに，彼らを滅ぼすことを明らかにしたのは，モーセが骨折りをして彼らが赦される時に，彼らの目に赦しが大きくなり，彼らの頭の中で調停者（モーセ）が愛されるためであった[200]。

この解釈の中で本書にとって重要な点は三つある。一つ目はモーセが「民の神」とされていることで，この見解はアフラハトと共通している。二つ目は，神がモーセに自分を引きとめてほしかったから民を滅ぼすことを宣言し

---

[200] Tonneau, R. M., *Sancti Ephraem Syri in Genesim et in Exodum Commentarii* (Louvain: Peeters, 1955) を底本とした。英訳は Alison, S., *The Exodus Commentary of St Ephrem* (Piscataway: Gorgias Press, 2011) がある。

たという解釈で、三つ目は、神がこのような策を弄したのは、モーセがより民に愛されるようにという目的があってのことだったという解釈である。後の二つは、他の教父の著作にもユダヤ教の子牛像事件解釈にも見られないエフライムに独自のものである。そもそも人間が神の意図を探ったり、その思惑を描きだしたりという解釈は、モーセに関係しないものも含めればユダヤ教の子牛像事件解釈ではよく見られるものの[201]、少なくとも子牛像事件の解釈に関する限りでは他の教父の著作には見られない。このような神の思惑や策略を想定している点に、エフライムの解釈におけるユダヤ教のそれとの類似性を指摘できよう。

『我らが主についての説教』17

〔…〕「この我々を導き上ったモーセ、彼に何が起こったのかを我々は知らない」(32:1)。彼[202]は、自分を取り囲んでいた栄光を見るのをやめた。彼はモーセが近くにいないのを見て、この手近な理由のためにエジプトの異教崇拝に近づこうとした。事実、モーセが彼らの前からしばし取り去られたのは、彼らの前に子牛が現れ、彼らがそれを、かつて心の中で密かに崇拝していたそれを公然と崇拝するためであった。

同 18

〔…〕モーセは彼らから取り去られ、彼らに恐怖を引き起こした。モーセの力が彼らの心の中に抑えていた偶像崇拝が、彼らの口の中で声を上げるように。確かに彼らは声を上げた。「我々に、我々の前を行く神々を作れ」(32:1)と。

同 43

〔…〕見よ、このイスラエルの子を。その邪さはイスラエルの邪さに似ている。というのも、異教崇拝がこの民の頭の中に隠れていた。この

---

[201] 例えば『トセフタ』キプリーム篇 4(5).14、BT ベラホット篇 32b。子牛像事件の解釈以外でもよく用いられる手法である。

[202] 以下、ルカによる福音書 7:40 以下で言及されているファリサイ人シモンと荒野でのイスラエルの民が重ね合わされて同一視されているため、主語の単数形と複数形が混同している。

ためにモーセは彼らのもとから取り去られた。彼らの中に悪が現れるように。だが，彼らが自らを恥じることなく，また偶像を求めていることを明らかにしないために，彼らはまずモーセを求め，それから偶像を求めた。〔…〕[203]

アフラハトと同じくエフライムもモーセの存在の大きさと子牛像事件の原因を結び付け，さらに具体的な考察を加えている。すなわち，もともとイスラエルの民は自分たちの中に「異教崇拝（ܚܢܦܘ）」ないし「偶像崇拝（ܦܬܟܪܐ）」[204]を隠し持っていたのであり，モーセがそれを押さえていた。しかしモーセがいなくなったためにそれが露見したのである。43 章の引用部分の最後では，さらにそれを隠すための民の悪巧みも説明されている。モーセの強大さを描く点はこれまでに扱ってきたすべての解釈と共通しているが，子牛像事件が本質的には民のせいであるとことさらに民を悪く描いているのは，エフライムのみならず教父の解釈の特徴の一つと言えるだろう。

4.6. 小括

以上，金の子牛像事件におけるモーセについてのユダヤ教，ギリシア・ラテン教父，シリア教父の解釈を分析してきた。細かな点はいくつも指摘できるがまずは全般に言えることとして，子牛像事件に関連してモーセを非難したりその責任を指摘したりするような解釈は三者のいずれにおいても見出せない。いずれの立場にとってもモーセの存在は大きく，時に民にとって恐怖の対象になることはあっても，どの解釈も彼を好意的に描いているのは間違いない。その中でも，ユダヤ教ではモーセの様々な行為を取り上げつつ，それらをみなモーセを称揚するための材料としており，民のために自らを犠牲に捧げる覚悟を示したことも評価されている。その一方で，アロンや民に向かって彼らが神によって赦されたことを伝えたり，神に対しては民に多くの

---

[203] Beck, E., *Des Heiligen Ephraem des Syrers Sermo de Domino Nostro* (Louvain: Peeters, 1966) を底本とした。
[204] これらの語については第 2 章を参照のこと。

金を与えた責任を指摘したりと，ある意味ではモーセが神の代わり，または神と対等に言い合える立場や地位にいるような印象を受ける。言い換えるなら，神とモーセの距離が非常に近いと言うこともできるだろう。

それに比べてギリシア・ラテン教父の解釈では，神とモーセの関係よりも，偉大な指導者モーセと問題を起こした民という構図を強調し，いかにしてモーセを他のイスラエルの民から引き離すのか，そして，モーセの中にイエスの予型を見るというように，いかにしてモーセをキリスト教の陣営に引き込むのかという工夫が見出せると言える。

他方でシリア教父の解釈では，前二者と同様モーセが称揚されてその行動が高く評価されるとともに，ギリシア・ラテン教父の解釈のように民の問題を指摘しているケースが見出せる[205]。その一方で，そのように民の心に秘めた悪や「偶像崇拝」を抑えていたほどのモーセ像からは，ギリシア・ラテン教父の描くモーセ像よりも，より強大で神に近い力を持っているかのような印象を受ける。事実，民にとってモーセは神のようであったという解釈も残されている。また，モーセが民により愛されるために神はモーセに民を滅ぼすことを敢えて宣言したという解釈のように，神に人間のような思考や思惑を見いだす点には，ユダヤ教の解釈との類似性を見てとることができると言えるだろう。

以上をまとめると，モーセを好意的に描くのは三者に共通しているが，その描き方や解釈の背景は三者三様だと言える。ユダヤ教の解釈からは，多様な解釈の中でもモーセの卓越さ，神との緊密性が読み取れる。ギリシア・ラテン教父の解釈がモーセを称揚するのは，特に民を悪く描くためでもあり，そこにはモーセを自分たちのキリスト教の系譜に組み込みたいという意図が見受けられる。そしてシリア教父の解釈には，ギリシア・ラテン教父の解釈に見られるような民とモーセの対比という構図が見られるとともに，モーセを神のように描きまた神の人間的な思考を描くといったユダヤ教的な解釈も

---

[205] ユダヤ教の伝承にも，民の責任や問題点を指摘する伝承は多く残されているが，本章ではモーセに着目しているためにそういった伝承は敢えてあまり取り上げていない（民については第 5 章で中心的に論じている）。その一方で教父たちの解釈では，モーセを高める引き合いとして民を低める傾向が特に目立っている。

見受けられる。ユダヤ教とギリシア・ラテン教父の解釈に共通する点があることを踏まえても，両者の一方のみに特有の点が，シリア教父の解釈の中には両方とも見られると言うことができるだろう。

第 5 章　イスラエルの民

5.1. 序言

　本章では子牛像事件におけるイスラエルの民について，さらには，子牛像事件から見えるユダヤ教，ギリシア・ラテン教父，シリア教父のユダヤ人観についても広く論じていきたい[206]。これまでに論じてきたアロンやモーセと違い，聖書の記述を素直に読めば，子牛像事件におけるイスラエルの民の立場は弁護のしようがないものであり，彼らの振舞いを好意的に論じるのは不可能にも思える。事実，子牛像事件における彼らの行動を直接的に完全に正当化するような解釈は，筆者の把握する限りでは皆無である。それでも，特にユダヤ教の解釈では，聖書のわずかな記述から民を部分的にでも擁護しようとするものが若干ながら存在する。また，単に民を非難するにしても，彼らの行動のどの点をどのように非難しているかは分析する価値のある問題である。まずはそういった解釈の機微を探る前に，出エジプト記 32 章の記述から事件における民の行動を確認しておく。

　民はモーセの下山が遅れているのを見てアロンのもとに集まり，モーセに何が起こったのかわからないから，彼らの「前を歩む神々を作れ」と要求する（1 節）。アロンに金の耳輪を持ってくるよう求められたため，彼らは自分たちの「耳にある金の耳輪を外し，アロンのところへ持って来た」（3 節）。その耳輪からアロンが作った子牛像について，彼らは「これらが，イスラエルよ，お前をエジプトの国から導き上ったお前の神々だ」（4 節）と言う[207]。

---

　[206] 本書ではこれまで「イスラエルの民」や「民」，「ユダヤ人」という言葉を特に断りなく使用してきたが，本章で厳密に定義すると，「イスラエルの民」及び「民」は聖書に描かれているユダヤ人，「ユダヤ人」は各解釈と同時代のユダヤ人とする。

　[207] 七十人訳ではこの発言がアロンによるものとされており，本章ではこの発言の主が民とアロンの両方の可能性を考慮して分析を進める。

第 5 章　イスラエルの民

そして翌朝，民は子牛像に犠牲を捧げ[208]，「座って食べて飲み，立っては戯れた」（6 節）。その後，神はモーセに民が「堕落」し，道を「逸れ」たと伝え（7 節），モーセによる神のなだめが続く。下山したモーセは石板を破壊するとともに子牛像を破壊し，それをすりつぶした粉をまぜた水を「イスラエルの民に飲ませた」（20 節）。その水を飲ませた結果については聖書中では語られていない。モーセはアロンを叱責した後，レビ人を招集して民を殺害させ，「その日民から約 3000 人が倒れた」（28 節）。民から見た子牛像事件の内容は以上である。続いては，事件における彼らについての解釈を見る前に，出エジプト記全体における民の振舞いについても確認しておく。

5.2. 出エジプト記全体におけるイスラエルの民

以下，出エジプト記内の民描写について簡単にまとめる。創世記の終盤でヨセフとともにエジプトに入ったイスラエル（ヤコブ）の子らは，その地で子を産んで数を増やした。ヨセフのことを知らないエジプト王の時代になると，彼らの数はエジプト人に危機感を持たれるほどにまで膨れ上がった。そのため彼らには重労働が課されるようになり，その生活は過酷なものとなっていった。それにもかかわらずイスラエルの民の人口が増えたため，エジプト王ファラオはイスラエルの民に対し，生まれてきた男児の殺害命令を出す（1 章）。ここからは第 4 章で述べた通り，話の中心がモーセに移る。次に民が表舞台に登場するのは，4 章の末部でモーセとアロンが指導者として民の前に姿を現す時である（29 節）。その後はアロンとモーセがファラオの宮廷に行き，ファラオとの交渉が始まる。最初の交渉が失敗し，ファラオが民の重労働をさらに厳しくすることを命じたため，民はモーセとアロンに抗議する（5:20–21）。モーセがこの件について神に相談し，神が民に将来にわたって土地を与えると約束をしても，民はそれを伝えるモーセの言葉を聞こうとしない（6:9）。アロンとモーセはそれからもファラオの宮廷に交渉に出向

---

[208] 4 節の発言の主語と同様，ここで犠牲を捧げた人物も七十人訳ではアロンとされている。これらを踏まえると，七十人訳では，ヘブライ語聖書よりも子牛像事件におけるイスラエルの民の存在感が低くされている可能性を指摘できる。

くも，ファラオは民の解放を拒み，その結果としてエジプトに十の災いが訪れる。それを受けて，ファラオはついにイスラエルの民にエジプトから出ていくように命じ，民はエジプト人から金銀の器や衣服を取り去ってエジプトの地を後にする（12:35–36）。エジプトを出発した民に「多くの雑多な群衆」（12:38）[209]が加わるなど，民の出立に関わる準備についての記述が続く。その後は過越祭の規定等が語られ，舞台はエジプト脱出後の葦の海に移る。海辺にてファラオとエジプトの軍隊が自分たちを追いかけてきたのを知った民は，自分たちをわざわざエジプトの外で殺すために連れだしたのかと言ってモーセに詰め寄る（14:11–12）。それから神の奇跡によって海が割れ，海底を歩いて渡った民は，自分たちを追いかけてきたファラオと軍隊が溺れるのを見て，神とモーセへの信頼を改めるとともに，神にささげる賛美の歌を歌う（14:31–15:18）。こうして荒野を進む民だが，まずマラという地で飲み水が苦かったためにモーセに不平を言う（15:24）。シンという地では，食料が少ないことに不満を訴え，自分たちをここで飢え死にさせようというのかと，モーセとアロンに不平を言う（16:2–3）。レフィディムという地では，飲み水がないことでモーセに不平を言う（17:1–4）。この時，民はモーセを殺そうとさえしたとモーセが神に訴えている（17:4）。19 章で一行はシナイに到着し，そこから 31 章までは十戒を含む様々な戒律・規定が語られる。そして 32 章で子牛像事件が起こり，33 章から出エジプト記最後の 40 章までは再度様々な戒律・規定が語られる。

　以上の，細かいエピソードは省いたおおまかな内容でも，特にエジプト脱出後の民の反抗的な態度が目につく。荒野での暮らしが厳しいものであったのは想像できるが，彼らは食べ物がない，飲み物がないといって何度もアロンとモーセに不満を述べ，そのたびに神の奇跡によって事なきを得ている。神がイスラエルの民を見捨てないという姿勢を示しているのは理解できるが，読者はそれ以上に，すぐに不平不満を述べる民という印象を持つのが自然であると思われる。このような状況では，民が子牛像事件を起こしたのもむしろ自然な流れと受け取られていた可能性もあるだろう。

---

[209] 第 3 章で取り上げた『レビ記ラッバー』27.8 などで言及されている一団である。

第 5 章　イスラエルの民

ではこうした出エジプト記の内容を踏まえ，以下ではユダヤ教，ギリシア・ラテン教父，シリア教父のイスラエルの民についての解釈を具体的に分析してゆく。

5.3. ユダヤ教の解釈

　以上のように，一見したところでは同情の余地がなさそうなこのイスラエルの民についても，ユダヤ教の解釈には同情的，好意的なものが見受けられる。とは言え，これまでの章で見てきたように単純に民の罪を認めている解釈も多く，全体的に民を擁護する傾向にあると言うことはできない。また，多くの解釈が必ずしもイスラエルの民を一枚岩の存在とみなしているわけでもない。以下ではこれまでと同様タナイーム期までとアモライーム期に分けてそれぞれの解釈を見てゆくが，民について好意的に語るにせよ否定的に語るにせよ，それらの解釈が民を一枚岩とみなしているのか否かを重視する。

5.3.1. タナイーム期まで

　Mandelbaum も指摘しているように，この時期の解釈には子牛像事件の罪は罪として認める傾向があるわけだが，その際には特に民の中に区別を設けることなく，単純に民全体が罪を犯したとみなすものが多い。

　　『メヒルタ・デラビ・イシュマエル』バホデシュ 9
　　　〔…〕「次のようであったらよいのに。彼らの心がこのようで…」（申 5:29）〔という句について〕。〔これは〕死の天使を去らせることができるなら，私はそうするのだが〔ということを言っている〕。しかし〔実際には〕，判決は下された。ラビ・ヨセ曰く。イスラエルの民がシナイ山に立っているという状態において，その状態においては死の天使が彼らを支配することはない。「私は言った。お前たちは神々。お前たちはみな，至高者の子ら」（詩 82:6）と言われているように。〔しかし〕お前たちは〔子牛像事件によって〕お前たちの行為をだめにした。〔それゆえ〕「だが，人間のようにお前たちは死に，大臣たちのうちの一人の

ようにお前たちは倒れる」（同 82:7）〔と言われている〕。〔…〕[210]

　この解釈は申命記 5:29 を引用し，その箇所が，人間に死をもたらす役目を持つ死の天使について言及しているとみなしている。つまり，イスラエルの民がシナイ山に立っている時の状態（子牛像事件を起こす以前）では死の天使は彼らに手出しができなかったが，彼らが子牛像事件を起こしたがために状況が変わり，彼らも普通の人間のように死ぬことになったという解釈である。その根拠となっているのが詩編 82:6–7 で，その前半ではイスラエルの民は「神々」や「至高者（神）の子ら」であると言われているのに，後半では彼らが人間のように死に，倒れると記されている。この前後半の辻褄を合わせるために，ここではラビ・ヨセが，子牛像事件のためにそのような事態になったのだという解釈を行っているのである[211]。本当に事件以前には彼らに死が訪れることはなかったのかという疑問はさておき，事件によって彼らの状態が劇的に変化した，つまりそれほど子牛像事件は重大なものであったことを述べている。そしてその事態を招いたのは，集団としての民自らの行為であったということである。

　以下の伝承はすでに第 3 章で引用したが，今度は民に着目して再度一部を引用する。

『スィフラ』シェミニ・メヒルタ・デミルイーム 3（Weiss 版 43c）
　「〔モーセは〕アロンに言った。お前のために，罪の献げ物用の雄牛の子の子牛を一頭取れ」（レビ 9:2）。これは次のことを教えている。〔…〕イスラエルも贖いを必要としているのではないか。「イスラエル

---

[210] 最終編纂が 3 世紀後半とされる，出エジプト記のミドラッシュ。この箇所は出エジプト記 20:19 についての解釈の一部だが，その文脈は影響していないために該当部分のみを引用する。底本は Horovitz, H. S. & Rabin, I. A., *Mechilta D'Rabbi Ishmael* (Jerusalem: Shalem Books, 1997) である。

[211] 当然だが，詩編のこの箇所がそのような理由に基づいて書かれた可能性は限りなく低い（極めてゼロに近い）。後世のラビたちがこの辻褄を合せるために，もしくは子牛像事件の罪の結果を描くのに適した聖書の箇所はないかと探した結果として，このような解釈がなされたと考えるのが自然である。

の子らに，罪の献げ物用に雄ヤギを取れと言え」（レビ 9:3）と言われているように。なぜアロンよりも多くのものを持って行くべきとイスラエルは思ったのか。そこでモーセは彼らに言った。お前たちの手には，最初と最後がある。お前たちの手にある最初とは，「彼らは雄ヤギを殺した」（創 37:31）ということで，お前たちの手にある最後とは，「彼らは自分たちのために子牛の像を作った」（出 32:8）ということである。雄ヤギが来て雄ヤギの事件について罪を贖うだろう。子牛が来て子牛の事件について罪を贖うだろう。

　この箇所の前半部がアロンの赦しについて述べていることはすでに述べたが，後半部ではイスラエルの民の罪の赦しについても言及されている。アロンには罪の献げ物として子牛一頭を捧げることが定められているが，民全体についてはレビ記 9:3 にて子牛と子羊に加えて雄ヤギを捧げるよう定められている。これは創世記でイスラエルの子ら（ここでは文字通り，イスラエル＝ヤコブの子ら）が自分たちの兄弟であるヨセフを奴隷として売ったのを隠すために，ヨセフの服に雄ヤギの血をつけて彼が獣に食い殺されたように見せかけたことに由来している。まずイスラエルの民はその雄ヤギにまつわる罪を贖った後に，子牛像にまつわる罪を贖う必要があるという解釈である。民は罪を犯したがその罪はこうした儀式によって赦されるという，タナイームの解釈の典型と言えるだろう。

　この箇所はさらに，以下のように続く。

同シェミニ・メヒルタ・デミルイーム 4（Weiss 版 43c–d）
　「そして和解の献げ物用に雄牛と雄羊を〔取れ〕」（レビ 9:4）。これは違反が二種類〔の動物〕に似ていることによる。「彼らは自分たちのために子牛の鋳像を作った」（出 32:8）と言われているように。そして以下で「彼らは彼らの栄光を，草を食む雄牛の姿に変えた」（詩 106:20）と言っている。雄牛が来て雄牛の事件について罪を贖うだろう。子牛が来て子牛の事件について罪を贖うだろう。主はお前たちの苦しみを贖いたいと思っているということを知れ。〔…〕

レビ記 9:4 の解釈がこの箇所の主題である。ここでは献げ物として雄牛と雄羊という二つの動物が規定されているが、その理由は出エジプト記 32:8 と詩編 106:20 の記述に基づくとされる。出エジプト記 32:8 では、子牛像事件について「子牛」という単語が用いられているが、同じく子牛像事件を述べているはずの詩編 106:20 では、「子牛」ではなく「雄牛」という単語が使われている[212]。そのため、子牛像事件の罪を贖うために、子牛と雄牛の二種類が必要とされるのである。さらに、神自らが民の苦しみを贖いたいと思っているというように、民の罪自体は認めるものの、民にとっては好意的な解釈と考えることも可能であろう。

　以上が、民全体が罪を犯したとみなす解釈である。タナイーム期のラビたちの解釈ではこのような解釈が多数派となっているが、Mandelbaum がタナイーム期の解釈としては例外と述べるような、民を全体として擁護する解釈も残されている[213]。

『トセフタ』キプリーム篇 4(5).14

　〔…〕どこでそれ（懺悔の言葉）を言うのか。祈りの後である。聖櫃の前を通る者は四つ目の祈りの際に。ラビ・メイール曰く。その者は七つの祈りを祈り、懺悔で終える。賢者たちが曰く。その者は七つの祈りを祈る。そしてもし懺悔で終わりたいのなら、終わればよい。そして罪の詳細を述べる必要がある。ラビ・イェフダ・ベン・プティラの言葉。「ああ、この民は大きな罪を犯しました。彼らは自分たちのために金の神々を作ったのです…」（出 32:31）と言われているように。ラビ・アキバ曰く。その必要はない。もしそうなら、なぜ「彼らは自分たちのために金の神々を作った」と言われているのか。だが主はこう言った。誰がお前たちに、お前たちが金の神々を作るようになることを引き起こし

---

[212] 第 2 章（p. 37）で詩編 106:19–23 の全文を引用しているが、19 節では「雄牛」ではなく「子牛」の語が使われている。しかし少なくともこのシェミニ・メヒルタ・デミリーム 4 の解釈では、その点についての言及はない。

[213] Mandelbaum, *op. cit.*, p. 222.

第5章 イスラエルの民

たのか。私だ。私がお前たちに金を多く与えた[214]。

　一連の祈りの中でどこに懺悔の言葉を入れるべきかという問題について論じている箇所だが，その文脈は本書にとって重要な箇所とはあまり関係がない。懺悔の言葉を述べる際には罪の詳細を述べる必要があるとされ，その例として子牛像事件におけるモーセの懺悔が続いている。しかしそれに続いて，神が自分の言葉で，民が金の子牛を作るに至ったのは自分が彼らに多くの金を与えたからだと述べている。つまり，子牛像事件の原因は自分にあると神が自ら認めているのである。従って，イスラエルの民を含め事件の当事者にその責任はないと暗に述べていると言える解釈である。

　タナイーム期以前の解釈では，民を区別して，罪を犯したのはその中の一部であるとする解釈も見られる。フィロンの『モーセの生涯』II.161–162 はすでに第3章で引用したが（p. 71），その引用部分に続いて，民のすべてが罪を犯したわけではなかったこと，そして一部の者はむしろそのような悪行を憎んでいたことにモーセが気付いたと述べられている。そして罪を犯した者たちを，そのような罪を憎む者たち，及び罪は犯したが悔い改めた者たちから分離するために，モーセはレビ人に呼びかけて民を処罰しようとしたと続く。つまりフィロンは，民の中には罪を犯した者，罪を犯したが悔い改めた者，そしてそもそも罪を犯さなかった者の三種類がいたということをモーセに代弁させているのである。民を一枚岩と見てその責任の有無を論じるのではなく，民の中には責任のある者とない者の両方が混在していたという解釈である。

　ヨセフスの『ユダヤ古代誌』でも，先に述べたように子牛像事件そのものの存在は消されているが，モーセの不在中に民の中に対立が起こったとは述べられている（II.5, 96）。子牛像事件が起きないために，結果として石板の破壊もレビ人による民の殺害も描かれない中で，敢えて民の間に対立が生じていたと述べるのは，ヨセフスの念頭に子牛像事件があって，そこから一部

---

[214] Lieberman, S., *The Tosefta, Mo'ed* (New York: The Jewish Theological Seminary of America, 1962) を底本とした。

の民には問題があったという意識がはたらいていたためであるという可能性は否定できない。

『聖書古代誌』12.7でも，モーセが子牛像を破壊し，その粉を水に入れてその水を民に飲ませたというのは聖書の記述に従っているが，その結果，自らの意志で子牛像を求めた者の舌は切り落とされ，恐怖心から子牛像の作製に同意した者の顔は輝いたとされている。出エジプト記32章では，子牛像の粉が入った水を飲んだ者がどうなったかについては書かれていないが，第2章で引用したBTヨーマ篇66bに残されている伝承によれば，「〔子牛像を〕心の中で喜んだ者は水腫で〔殺された〕」とのことである。このような形で水を飲ませるという行為からは，民数記5章の姦淫の疑いのある妻の判定法が連想されるわけだが，民数記では実際に姦淫を行った場合には水を飲んだ者の腹が膨らむとされている（5:27）。BTに見られる解釈はこの民数記の内容に沿っていると考えられるが，舌が切り落とされる，顔が輝くという解釈は，この『聖書古代誌』以前の解釈には見つからない[215]。しかし，以下で引用するシリア教父の解釈には類似の伝承が見られ，このような解釈が『聖書古代誌』の著者とされる偽フィロンと呼ばれるユダヤ人が自ら考えたものなのか，当時は流布していたが現在では失われてしまった（口伝）律法の一部なのか，現時点では判断がつけられない。

以上のように，タナイーム期までの解釈においては，民を一枚岩の存在とみなしてその罪を指摘する解釈が優勢であるものの，総体としての民の責任を否定する解釈や，民を区別するより古い時代の解釈など，多様な解釈が混在していたと言えよう。

5.3.2. アモライーム期

続いてアモライーム期の解釈では，民全体が罪を犯したとする伝承はそのままに，民全体を擁護していると考えられる伝承が加わってくる。

---

[215] ちなみに，編纂自体は『聖書古代誌』より後の時代だが，『聖書古代誌』が成立した頃には口伝律法として流布していたと考えられる『ミシュナ』の規定にも，そのような内容は見出せない（主にこの姦淫の疑いのある妻の判定法について論じている，『ミシュナ』ソーター篇参照）。

第5章 イスラエルの民

BT シャバット篇 88a

　ラビ・シマイが釈義した。イスラエルが「נַעֲשֶׂה（私たちは行います）」を「נִשְׁמָע（私たちは聞きます）」より先に置いた時[216]，60 万の大天使たちが一人一人〔の民〕のもとへやってきた。彼らは各自に二つの王冠を結び付けた。一つは「נַעֲשֶׂה」に対応し，一つは「נִשְׁמָע」に対応して。そしてイスラエルが罪を犯したために，120 万の破壊の天使たちが下りてきてそれらを外した。「イスラエルの子らは，ホレブ山以来，彼らの装身具を外した」（出 33:6）と言われているように。

　ここでは出エジプト記 24:7 が解釈されており，トーラーを受け取る際の神への従順さを評価されて与えられたはずの王冠が，子牛像の罪を犯したために取り去られてしまったと述べられている。その王冠とはどういったものかについてはここでは触れないが，上に引用した『メヒルタ・デラビ・イシュマエル』に見られる解釈のように，子牛像事件によって民の特権の一つが失われてしまったと述べる解釈である。このように，集合体としての民が罪を犯したことは前提として，民の中での罪の軽重については区別しない解釈がアモライーム期にいくつも見られることは，これまでの各章で引用してきた伝承からも明らかである。

　アロンについてはすで第 3 章で述べたが，次の解釈からはアロンと同時に民の責任も否定したいという意図が見て取れる。

『レビ記ラッバー』27.8

　〔…〕ラビ・フナとラビ・イディがラビ・シュムエル・ベン・ナフマンの名において〔曰く〕。「イスラエルはその行為（子牛像の作製）から救われていた。もしイスラエルの民が子牛を作っていたら，〔アロン

---

[216] 「〔神は〕契約の書を取って民の耳に呼びかけた。彼らは言った。主の語ったことをすべて，我々は行いますし，聞きます（וַיִּקַּח סֵפֶר הַבְּרִית וַיִּקְרָא בְּאָזְנֵי הָעָם וַיֹּאמְרוּ כֹּל אֲשֶׁר דִּבֶּר יְהוָה נַעֲשֶׂה וְנִשְׁמָע）」（出 24:7）において，神の言うことを「我々は聞く」の前に「我々は行う」と民が宣言したという点を評価してのこと。

は〕彼らに対して「これらが私たちの神だ，イスラエルよ」と言っていただろう。そうではなく，イスラエルとともにエジプトから上ってきた異邦人たち，「そして多くの雑多な群衆も彼らと上ってきた」（出 12:38）〔にて述べられている雑多な群衆〕，彼らが子牛を作ったのである。彼らが彼らを数え上げ，彼らに対して「これらがお前の神々だ，イスラエルよ」（同 32:4, 8）と言ったのだ。〔…〕

まず「イスラエルはその行為から救われていた」と結論を述べてから，「これがお前の神だ，イスラエルよ」（出 32:4, 8）という発言の主を根拠に挙げて説明を加えている。結局のところ，子牛像を作ったのは出エジプト記 12:38 でイスラエルの一団に加わったとされる「多くの雑多な群衆」とされており，民の責任は間接的に否定されている[217]。

このように具体的な聖書の記述などに基づいて民の責任を否定する解釈もあれば，第 4 章でも引用した次の伝承のように，民以外に罪の責任を帰することで民の責任を否定する解釈も存在する。

BT ベラホット篇 32a

〔…〕ラビ・ヤンナイ派の者たち曰く。〔ここまでの議論は〕ここから引き出せる。「ディ・ザハブ」（申 1:1）。「ディ・ザハブ」とはどういうことか。ラビ・ヤンナイ派の者たち曰く。モーセはほむべき聖なるお方の前でこう言った。世界の主よ，彼らが「もういい」と言うまであな

---

[217] 厳密に考えると，「これがお前の神々だ，イスラエルよ」という発言の主である三人称複数が「多くの雑多な群衆」を指すのだとしても，アロンではなく彼らが子牛像を作ったという証明にはならない。そして，子牛像に献げ物を捧げたり飲み食い戯れたりした民の責任がなくなることはないはずである。出エジプト記 32:4 では明確にアロンが子牛像を作ったと述べられており，少なくともこちらの問題を解決しなければ子牛像を作った主体については何も言えないはずではある。『レビ記ラッバー』27.8 では出エジプト記 32:4, 8 の記述のみに基づいた解釈が行われており，そこから引用していない箇所にまで話を敷衍させている。これは一般的にユダヤ教の聖書解釈によく見られる手法であり，本書ではそういった解釈自体が有効かどうかは問題にしていない。どのような目的に向かって解釈を行っているか，そしてその背景にはどのような意図があるのかという点が重要なのである。

第 5 章　イスラエルの民

たが彼らに，イスラエルに与えた銀と金のために，彼らが子牛を作るということを引き起こした。

　解釈の論理はすでに解説したのでここでは省くが，モーセが子牛像事件の責任が神にあると言って直接神を非難している。だからといってアロンやイスラエルの民に責任がないと断言しているわけではないが，その両者の責任よりも神の責任に焦点が当てられている解釈である。
　次の解釈もモーセについての解釈を論じる中ですでに引用したものであるが，ここでは民の側に焦点を当てて分析を行う。

BT シャバット篇 89a
　〔…〕ラビ・イェホシュア・ベン・レビ曰く。「民はモーセが山から下りてくるのが遅れているのを見た」（出 32:1）と書かれていることの意味は何か。「遅れている」ではなく，「六〔の刻〕が来た」と読め。モーセは高い所に上った時，彼は彼らイスラエルに言った。「四十日の終わり，「六〔の刻〕の初めに私は来る」。四十日の終わりにサタンが来て，世界を混乱させた。サタンはイスラエルに言った。「お前たちの師であるモーセはどこか」。彼らは言った。「高い所に上った」。サタンは彼らに言った。「六〔の刻〕は過ぎた」。しかし彼らはサタンに注意を払わなかった。〔サタンは言った〕「彼は死んだ」。しかし彼らは注意を払わなかった。サタンは彼らにモーセの寝台の幻を見せた。したがって彼らはアロンに言った。「〔エジプトの国から我々を導き上った〕人モーセについて〔彼に何があったのかを我々は知らないのだから〕」（同）〔…〕

　出エジプト記 32:1 では，「民はモーセが山から下りてくるのが遅れているのを見た」ためにそのままアロンのもとに集まったわけであるが，この伝承はその聖書の冒頭の文言に解釈を加えている。つまり，モーセはただ単純に遅れていたというわけではなく，モーセが自分で定めた期日を過ぎたのに下りて来なかった，という解釈を導き出している。それに加えて，サタンが現れて「世界を混乱させ」，民にモーセが死んだと思わせたということである。

そういった背景説明をした上で，民はアロンのもとに集まって「モーセに何があったのかを我々は知らない」と言ったと，聖書本文につなげている。民がモーセの遅れを不安に思ったのは，モーセが自ら設定した期日が過ぎたからであり，なおかつサタンが彼らをだましたからという，民の側の事情を斟酌した解釈がなされている。だからと言って彼らが子牛像を求めたことを正当化しているわけではなさそうだが，結果として民を擁護する解釈となっていると言えよう。

『雅歌ラッバー』4.9[218]

〔…〕『〔…〕あなたの首飾りの一部でもって〔あなたは私の心を奪い去る〕』（雅 4:9）〔という聖書の句について〕。これは諸部族の中で最も地位の高いモーセのことを言っているのである。次のように言う者たちもいる。荒野の世代の女性たちは高潔であった。人々が例の事件（子牛像事件）に及んだ時に，女性たちは毅然としてよく考え，子牛像の件のために自分たちの耳輪は一つも差し出さなかった。そして，自分たちが男性たちに対して禁じられていると〔いう戒律を〕耳にした（男女の交わりに関する諸規定を知った）時，彼女らはすぐに自分たちの扉を閉めたのだ（男性との交わりを絶った）。〔…〕[219]

同 6.4

〔…〕『私の愛しい人よ，あなたはティルツァ[220]のように美しい。』（同 6:4）〔という聖書の句について〕。これはティルアン[221]の女性たち

---

[218] ヘブライ語聖書の雅歌のミドラッシュで，BT と同年代の 6 世紀半ばにパレスチナの地で成立したと考えられている。その特徴としては，雅歌を神とイスラエルの関係の比喩だと解釈していることが挙げられる。成立年代も含めてこの文献については，Herr, M. D., "Song of Songs Rabbah", *EJ²ⁿᵈ*, vol. 19, p. 20; Strack & Stemberger, *op. cit.*, p. 315; 阿部，前掲書，p. 8 を参照。

[219] Bar Ilan's Judaic Library ver. 20 を底本とし，バチカン写本（Bibliotheca Apostolica ebr., 76）も参照した。英訳は Simon, M., *Midrash Rabbah: Song of Songs* (London & New York: The Soncino Press, 1961) がある。

[220] オムリ王のサマリア遷都までの間のイスラエル王国の首都。

[221] 「ティルアン（תירען）」とは，地名だと考えられているものの詳細は不明であり，膨大な量のユダヤ教文献においてもこの引用箇所における二例以外の使用例が確

第 5 章　イスラエルの民

のことである。ラビ曰く。ティルアンの女性は高潔であった。彼女らは毅然として抵抗し，子牛像の件のために自分たちの耳輪は一つも差し出さなかった。〔…〕

　これらの二つの伝承では，文脈はさておき子牛像事件の際の女性たちを称賛している。彼女らは子牛像のために自分たちの耳輪は差し出さなかったとされているが，それは根拠のない解釈ではない。この『雅歌ラッバー』には直接書かれていないが，出エジプト記 32 章では，アロンが民に「あなたたちの妻，息子，娘らの耳にある金の耳輪をはずし，わたしのところに持って来い」（2 節）と言っているように，求められていたのはアロンのもとに集まった民の「妻，息子，娘ら」の耳輪なのである。それにもかかわらず，続く箇所では「すべての民は，彼らの耳にある金の耳輪を外し，アロンのところに持って来た」とあり，「妻，息子，娘ら」の耳輪とは書かれていない[222]。ここから，女性たちが耳輪を差し出すことを拒んだために，男性たちが自分たちの耳輪をアロンに差し出したのだという解釈が導き出される[223]。つまり，これまでに見てきたような民の中に区分を設けて善し悪しを判断する解釈に似て，民の中の男性は子牛像のために耳輪を差し出したが女性は拒んだ，

認されていない。イスラエル国ヘブライ語アカデミーが提供している歴史辞書のためのデータベース Ma'agarim（http://maagarim.hebrew-academy.org.il/Pages/PMain.aspx：2017 年 11 月 19 日最終閲覧）を参照。Simon はティルツァとの音の類似からこの語が選ばれたのではないかと考えている（Simon, *op. cit.*, p. 259）

[222] ヘブライ語では動詞，および名詞の所有者を示す接尾辞ともども，男性複数形と女性複数形の区別は存在するが，男女が混合した複数形ではいずれも男性複数形が用いられる。そのため，「民が〜した」や「彼ら／彼女らの〜」という表現からは，女性のみではない，男性のみか男女混在の複数人という情報しか得られない。そのため出エジプト記 32 章の内容についても，アロンのもとに集まった民や耳輪を外した「すべての民」の中には女性が含まれていたとみなして，この『雅歌ラッバー』の解釈を無効にすることも理論上は可能である。しかし，この解釈がアロンのもとに集まった「民」も耳輪を外した「すべての民」もみな男性のみであるとみなし，男性が耳輪を外すことになったのは女性が拒んだためであるという解釈を導き出している以上，本書ではそれを前提として分析を行う。

[223] この解釈の流れを明示している伝承としては，例えば先にも触れた『タンフーマ』キ・ティッサ 19 が挙げられる。

と考えているのである。同様の解釈として，第 2 章で引用した BT ヨーマ篇 66b では，レビの部族の者は誰も子牛像の作成や崇拝にはかかわらなかったとされている（p. 46–47）。

以上のようにアモライーム期の解釈を概観してきたが，タナイーム期までの解釈と同様，総体としての民が罪を犯したことを前提とする解釈も残されている一方で，同じく総体として民を擁護したり，その背景を説明したりする解釈が増えてきている。また，男女や部族の区分によって罪を犯さなかった者たちを確定する解釈も見られる。全体としてはタナイーム期までと同様様々な解釈が混在していると言えるが，総体としての民に対する肯定的な解釈が増えてきた点は指摘できるだろう。

5.4. ギリシア・ラテン教父

ギリシア・ラテン教父の解釈としては，イスラエルの民，ユダヤ人をとにかくこき下ろすものが目立っている。そのすべてを取り上げていてはきりがないため，4 世紀までの解釈のうちで代表的と言えるものをいくつか，聖書から順番に時代に沿って挙げていきたい。

コリントの信徒への手紙一 10:5–8

5. しかし神は，彼らのうちのより多くの者たちに満足しなかった。彼らは荒野で殺された。6. この者たちは私たちの〔悪い〕模範となった。彼らが追い求めたように，私たちが悪を追い求める者にならないための。7. また，彼らのうちのある者たちのように偶像崇拝者となるな。「民は座って飲み食いし，立ちあがって戯れた」と書かれているように。8. また，彼らのうちのある者たちのように姦淫することのないように。彼らは姦淫して一日で 23000 人が倒れた。

この解釈はすでに第 2 章で触れたが，ここでは「彼らの中の大多数」や「彼らの中のある者たち」といった表現に着目すると，荒野にいたイスラエルの民のすべてが問題であったわけではないという考えが見て取れる。とは

第5章　イスラエルの民

言え，一部の民には問題がなかったことを指摘しているというよりは，イスラエルの民の一部は確実に問題があったのであるからその例に従ってはならないという警告と受け取る方が自然であろう。なにより，同じ新約聖書の使徒言行録においては，「その人（モーセ）に対して我々の先祖たちは忠実であることを望まず，拒絶して彼らの心の中でエジプトの方を向き，アロンに言った…」（7:39-40）や「彼らはその時に子牛を作り」（7:41）というように，荒野にいたイスラエルの民がひとまとめにされてその行動が問題視されているのである。新約聖書も，ヘブライ語聖書ほどではないにせよその内容が書物全体として一貫しているとは言えないため，このように異なる見解が出てくるのは当然であるが，少なくとも一部のイスラエルの民については問題点を指摘しない態度を取っているのは興味深い。

　少し時代が下がり，イエスの弟子であった使徒たちの弟子の世代に入る。この時代の文献に見られるイスラエルの民と金の子牛像事件を結び付けた解釈としては，以下のものが有名である。

『バルナバの手紙』4.6-8

　6. それだから，あなたがたは理解しなければならない。しかしさらに，わたしは次のことを，あなたがたの一人として，また特にあなたがたすべてをわたしの生命以上に愛しているものとして，あなたがたにお願いする，今は自分自身に気をつけていなさい，そしてあなたがたの罪を倍加し，契約はわたしたちのものであると同様に，彼ら（ユダヤ人）のものでもあると言ったりして，ある種の人々と同じくならないようにしなさい。7. 契約はわたしたちのものなのである。ところが彼らは，モーセがすでに契約を受け取った後に，結局次のようにそれを失ったのである。すなわち聖書は言っている，「そしてモーセは山にいて，四十日四十夜断食をし，主より契約を受け取った，それは主の手の指で書かれた石の板であった」。8. ところが彼らは偶像に向ったのでそれを失った。すなわち主はこう言っておられる，「モーセよ，モーセよ，急いで下りなさい，あなたがエジプトの地から導き出したあなたの民が，悪いことをしている」。そしてモーセはそれを知って，彼の手にあった二枚

の板を投げうった。それで彼らの契約は，こなごなに砕かれた，それはわたしたちの心の中に，愛された人イエスの〔契約〕が，彼を信ずる信仰の希望にもとづいて封じ込まれんがためであった。

同 14:1-4

1. しかり。しかしわたしたちは，彼が父祖たちに対しこの民に与えると誓ったところの契約〔が存るかどうか〕，彼が本当に与えられたかどうか，を見てみよう，また調べてみよう。彼は本当にそれを与えられた。ところが彼らが，自分たちの罪のためそれを受け取るに相応しくなかったのである。2. すなわち予言者は言っている，「そしてモーセはシナイ山で，民のため主の契約を受け取ろうと，四十日四十夜断食していた。そしてモーセは主より，霊において主の手の指で書き記された，二枚の板を受け取った」。そこでそれを受け取ったモーセは，民にそれを与えるため運び下した。3. すると主がモーセに言われた，「『モーセよ，モーセよ，急いで下りなさい，あなたがエジプトの地から導き出したあなたの民が，悪いことをしたからだ』。そこでモーセは，彼らが再び自分たちのために鋳造したもの〔偶像〕を作ったことを，さとった。それで両手からあの板を投げ出した。すると主の契約の板は，こなごなに砕けた」。4. モーセはそれを受け取ったのに，彼らがそれにふさわしくなかったのである。〔…〕[224]

この『バルナバの手紙』は，130 年頃に恐らくエジプトのアレクサンドリア周辺で著されたと考えられており，古代世界においてはパウロの同行者で

---

[224] 本引用は，三小田敏雄「バルナバの手紙」（解説・訳）『東海大学紀要文学部』第 7 号 (1965)，pp. 51–71 による。この翻訳の底本である，Funk, F. X. & Bihlmeyer, K., *Die Apostolischen Väter, Erster Teil* (Tübingen: Mohr Siebeck, 1956) で原文を確認するとともに，原文・英訳併記の Ehrman, B. D., *The Apostolic Fathers* (London: Harvard University Press, 2003) も参照した。以下で述べるこの文献の成立年代や執筆場所については，三小田，前掲書以外にも，佐竹（70〜140 年），Treat（70〜190 年または 135 年以前）らの説も参考にした（佐竹明「バルナバの手紙」『使徒教父文書』荒井献編，講談社文芸文庫，1998 年，pp. 41–81, 457–460; Treat, J. C., "Barnabas," *The Anchor Bible Dictionary*, vol. 1 (New York: Doubleday, 1992), pp. 610–615）。

第 5 章　イスラエルの民

あったバルナバがその著者だとみなされていた。現在ではその説は否定され，真の著者はユダヤ人キリスト教徒かユダヤ教の伝承に詳しい異邦人だと考えられている[225]。この文献は強烈な反ユダヤ主義の論調に満たされており[226]，それはこの引用部からも明らかであろう。

　この『バルナバの手紙』4 章ではまず，神との契約はユダヤ人とのものではなく，自分たちキリスト教徒とのものであると述べられている。もともと神との契約はモーセを通してユダヤ人に与えられたのだが，モーセが神から契約を受け取った後になって彼らが偶像，つまり金の子牛像に傾倒したため，モーセがその契約の板を破壊して彼らは契約を失ったというのである。そして 14 章はその内容を繰り返している。モーセは神から契約を与えられたのだが，イスラエルの民が子牛像を作ったためにその契約の板は破壊されたとのことである。つまり，彼らは神との契約にふさわしくなかったとまとめられている。そしてこの『バルナバの手紙』における子牛像事件解釈において重要なのは，イスラエルの民との間で破棄された契約が，イエスによって「新しい民」(5.7) に与えられたという点である。つまり，イスラエルの民／ユダヤ人は子牛像事件によって神との契約を失い，その契約はイエスによってキリスト教徒に与えられたというのが，この文献の持つメッセージ（の一つ）なのである[227]。

　130 年頃に成立した『バルナバの手紙』は，シナイ・コーデックス（4 世紀）[228]に含まれていたことから，少なくとも当時のエジプト周辺のキリス

---

[225] 三小田，前掲書，佐竹，前掲書，浅野淳博「『使徒教父文書』に見るユダヤ教からの教会分離」『CISMOR ユダヤ学会議』5 (2011), pp. 40–53 らの一致した見解による。

[226] 柴田有『教父ユスティノス：キリスト教哲学の源流』勁草書房，2006 年，p. 99。

[227] アウグスティヌス以前では最も影響力のあった教父と目されているオリゲネス（185 頃～251 頃）も，子牛像事件には直接言及しないものの，子牛像事件でモーセが石板を破壊したことを引き合いに出し，この最初の契約よりも次にモーセがシナイ山に上った時に神から授かった二枚目の契約のほうがより堅固であるという解釈を残している（『創世記講話』9.1）。

[228] 聖書の成立当初，その文章は巻物の形態であったために聖書の個々の書物ごとに別々の巻物で保管されていた。しかし紀元 1 世紀に発明されたとされるこのコーデックス（冊子本）形態により，複数の書物を一つのコーデックスで保管することが可

ト教社会では，新約聖書の正典かそれに準じる地位にあったものと考えられている[229]。そのため影響力も大きく，具体的には特にユスティノス（100頃～165頃）への影響が指摘されている[230]。そのような影響力の大きな文献に，子牛像事件によりイスラエルの民が契約を失ったという解釈が残されていたことで，後世のキリスト教における子牛像事件解釈，そしてユダヤ人観に一定の方向性が確立したのだと考えられる。

では，そのユスティノスの解釈では，子牛像事件におけるイスラエルの民はどのように解釈されているのであろうか。ユスティノスは「2世紀で最大のキリスト教護教論者」[231]と評され，「哲学者にして殉教者」[232]という肩書を持つ，当時のキリスト教にとっては最重要人物の一人である[233]。彼は架空の存在である「ユダヤ人トリュフォン」との論争的対話の記録という体裁の『ユダヤ人トリュフォンとの対話』[234]を著し，その中でトリュフォンに向かって，子牛像事件のゆえに神がイスラエルの民を「愚か（ἀσύνετοι）」だと言ったと非難している（20.4）。ここでは，子牛像事件が民の愚かさに結び付けられている。

能になり，個々の書物ではなく総体としての聖書の持つ意味合いが高まったと考えられている（Sommer, B. D., *Jewish Concepts of Scripture* (New York: New York University Press, 2012), p. 7)。

[229] 佐竹，前掲書，Treat, *op. cit.*
[230] 柴田，前掲書，p. 99。
[231] Rokeah, D., *Justin Martyr and the Jews* (Leiden: Brill, 2002), p. ix.
[232] 柴田，前掲書，p. 5。
[233] パレスチナ地方の出身で，現在のトルコのエフェソス（エフェソ）で回心（132年以前），ローマで当時唯一のキリスト教学校を開いた。著作はギリシア語で著し，ヘブライ語の知識はさしたるものではなかったようである。聖書については七十人訳に依拠していた。多数の著作を著したようだが，現存するのは『第一弁明』，『第二弁明』，『ユダヤ人トリュフォンとの対話』の三作のみ。それらには『バルナバの手紙』との多くの類似点が認められる。柴田，前掲書参照。
[234] ギリシア語原典は Goodspeed, E. J., *Die ältesten Apologeten* (Göttingen: Vandenhoeck & Ruprecht, 1984) を確認し，英訳（Williams, A. L., *Justin Martyr the Dialogue with Trypho* (London: The Macmillan Co., 1930) とヘブライ語訳（Rokéaḥ, D., *Justin Martyr: Dialogue with Trypho the Jew* (Hebrew) (Jerusalem: The Hebrew University Magnes Press, 2004)) を参考にした。

第 5 章 イスラエルの民

　こういった解釈は他にも多数挙げることができるのだが、以上の『バルナバの手紙』と『ユダヤ人トリュフォンとの対話』はその中でも代表的なものと言えよう。すなわち、イスラエルの民は子牛像事件のために神との契約を失った愚かな存在という解釈である。そして、新約聖書の一部では民を問題のある者とない者に分けて考えることも可能であるが、それ以外の解釈ではみな民を一枚岩とみなして非難している。ローマ帝国におけるキリスト教公認（313 年）以前は特にキリスト教によるユダヤ教への攻撃が盛んであり、子牛像事件解釈においてもその傾向が見てとれると言えるだろう。

　また少し時代が下がって 4 世紀にも、アレクサンドリアの司教であったアタナシオス[235]が、子牛像事件を引き合いに出してユダヤ人の愚かさを説明している（『セラピオンへの手紙』16）[236]。彼はまずユダヤ人の愚かさを述べた後で、その理由として子牛像事件を挙げている。その他では、例えばすでに何度か引用しているニュッサのグレゴリオスも、モーセとの対比の中で民を非難している（『モーセの生涯』1.57–59）。彼は民全体を区別することなく、モーセの不在ゆえに民が「保護者の目から離れた子供のように」なり、「放埓」へ陥り、「不敬虔に酔いしれた」と述べている。グレゴリオスが人間の完成形とみなすモーセを引き立てるためとはいえ、民に対してはかなり辛辣な態度と言えよう。彼が活動していた小アジアはローマ帝国の領土内ではあったが、比較的パレスチナに近いこともあり、キリスト教の興隆が目覚ましい 4 世紀になっても、彼にとっては対ユダヤ人の問題が比較的大きな比重を占めていたのかもしれない。

　4 世紀後半にアンティオキアを中心に活動したヨアンネス・クリュソストモスも、ユダヤ人について論じる際には、子牛像事件に絡めて辛辣に攻撃している。例えば 386 年のアンティオキアの司祭就任以後に著したとされる『ユダヤ人反駁講話』では、民は出エジプトの際に奇跡を起こした神のこと

---

[235] 彼の生涯や思想については、Anatolios, K., *Athanasius* (London & New York: Routledge, 2004) を参照。

[236] ギリシア語原典（Migne, J. P., *Patrologia Graeca*, vol. 26 (Paris: Migne, 1857)）と英訳（Robertson, A., *Select Writings and Letters of Athanasius, Bishop of Alexandria* (Peabody; Hendrickson, 1994)）の両方を参照した。

を忘れて違う神にその奇跡を帰させたであるとか（5.4, 6.2）[237]，神は民が子牛像を崇拝した時に腹を立てた（6.4）などと述べている。彼の記述からは，神に多くの面で助けてもらいながらも裏切るという，ユダヤ人の忘恩という側面が強調されているように見受けられる。

　以上のように，ギリシア・ラテン教父たちは様々な属性を事件におけるイスラエルの民に当てはめて彼らを非難しており，彼らを擁護するようなものは見つけられていない。そしてコリントの信徒への手紙一を除き，みなイスラエルの民を一枚岩のようにみなしてそれを非難している。『バルナバの手紙』に見られるような批判が，（少なくともギリシア・ラテン教父の）キリスト教においては子牛像事件におけるイスラエルの民についてのある種の定型として理解されるようになった可能性が高い。多くの教父にとって，対ユダヤ人問題は徐々に喫緊の課題ではなくなり，それよりもいわゆるアレイオス派やグノーシス主義，マルキオン派やその他多くのキリスト教会内の抗争の方が大きな問題となっていたのであろう。それゆえ，彼らのユダヤ人観をわざわざ子牛像事件にまで遡って更新する必要はなくなったと考えられる。この時代の教父の著作において，子牛像事件に限らずユダヤ人についての定型表現が見られるのは，こうした理由によるところも大きいであろう。

5.5. シリア教父の解釈

　一般的に，アフラハトはユダヤ人に対して「比較的穏やかな態度」[238]を取っていると言われ，エフライムは，常にと言っていいほどその「反ユダヤ的」な言辞に言及される。では具体的に，子牛像事件におけるイスラエルの民についてこの両者はどのような解釈を行っているのだろうか。

---

[237] ギリシア語原典（Migne, J. P., *Patrologia Graeca*, vol. 48 (Paris: Migne, 1862)）と英訳（Harkins, P. W., *Saint John Chrysostom: Discourses against Judaizing Christians* (Washington, D. C.: The Catholic University of America Press, 1979)）の両方を参照した。

[238] Hayman, A. P., "The Image of the Jew in the Syriac Anti-Jewish Polemical Literature," *"To See Ourselves as Others See Us": Christians, Jews, "Others" in Late Antiquity* (Chico: Scholars Press, 1985), pp. 423–441 の p. 424.

5.5.1. アフラハト

　以下はすでに引用した解釈であるが，今度はイスラエルの民という面に着目して分析する。

『論証』8.9
　〔…〕彼の民の子らの目に，彼（モーセ）は神のようにみなされていたからである。これを次のことから理解しなさい，私の愛する人よ。モーセが民を残して山に登った時，彼らは，「この，私たちをエジプトの国から連れて上ったモーセ，彼に何が起こったのかを私たちは知らない」（出 32:1）と言い，自分たちのために子牛を作り，それを崇拝した。彼らは，モーセを通じて，力強き手と高き腕で自分たちをエジプトの地から連れて上った神のことを覚えていなかった。このために神はモーセに目をかけて，彼の墓を〔民に〕知らせなかった。だが〔神が彼らに〕その墓を知らせる時には，彼の民の子らは道を外れ，自分たちのために像を作り，それを崇拝して犠牲を捧げ，彼らの罪によって義なる者の骨を悩ませることだろう。

　すでに言及したように，アフラハトは民の目に神のようだったモーセがいなくなったため，民は神のことを忘れたと述べている。これはエフライムの解釈にあるように（『我らが主についての説教』18 章など），モーセがいなくなったために民の心の中にあった悪が露見したというような民への批判とも取れるが，考えようによっては，モーセの存在が余りに大きかったため，その不在により民が子牛像を求めたのは仕方がないことだったと読むこともできる。恐らくは民への批判であるが，多義性を残した解釈とも言えよう。モーセを持ち上げるための解釈であるとも考えられるが，例えばニュッサのグレゴリオスのように民をとことんこき下ろすというような姿勢は見受けられない。この解釈のみからでは，民の中に区分を設けているかどうかはわからないが，アフラハトは『論証』の中で全般的に民を一枚岩と見る傾向にある。特にイスラエルの民に着目した解釈としては『論証』中で他のものが見いだしにくいため，続いてはエフライムの解釈に移る。

5.5.2. エフライム

民に焦点を当てていると言える解釈は多いため，まずは単純に民をまとめて非難していると考えられる解釈から取り上げる。

『ディアテッサロン註解』7.13[239]

〔…〕エリヤは法に反対しているわけではない。法は法を設ける者の敵対者として存在しているのでもない。エリヤは何が法の弱みであるかを知っていた。それゆえに，彼は法に病的に引きずられはしなかった。法は，法を設ける者の良き意思がなんであるか知っている。それゆえ，その意思と同じように緩めたり引き締めたりするのである。エリヤは汚れたカラスから食べ物を受け取っていても，自分が受け取ったものが神の口からであることに気を配っていた。彼らの父祖たちは，荒野で清い岩の裂け目から飲み物を受け取っていても，自分たちが受け取ったものが神の口からであることに気を配ろうとはしなかった。エリヤは汚れたカラスから清い食物を与えられていても，霊的に清い神の力から養われていた。彼らの父祖たちは，自分たちの身体が天使たちの食料によって養われていても，子牛の崇拝によって彼らの精神を育てた[240]。

---

[239] タティアノス（2世紀）が著した，新約聖書の四福音書を一冊にまとめた書物である『ディアテッサロン』についての註解。タティアノスは「アッシリアの地」に生まれ，ローマで改宗してユスティノスの弟子になるも，172年に異端の宣告を受ける。『ディアテッサロン』は元の形態や原語は不明で（恐らくは原語はシリア語），2世紀頃からエデッサの教会で使われ始めた。5世紀に他のものに置き換えられるまで，シリア教会においては唯一の福音書として使われていた。タティアノスや『ディアテッサロン』については，Drijvers, H., "Syrian Christianity and Judaism," *The Jews among Pagans and Christians*, (London & New York: Routledge, 1992), pp. 124–146 や，McCarthy, C., *Saint Ephrem's Commentary on Tatian's Diatessaron* (Oxford: Oxford University Press, 1993. rep. 2000) を参照。

[240] Leloir, L., *Saint Éphrem Commentaire de l'Évangile Concordant Texte Syriaque (Manuscrit Chester Beatty 709) Folios Additionnels* (Leuven: Peeters Press, 1990) を底本とした。英訳は McCarthy, *op. cit.* がある。

第5章 イスラエルの民

この解釈はエリヤとユダヤ人の父祖，つまりイスラエルの民を対比し，前者を称揚して後者を非難している。ここでは子牛像事件が問題を孕んだ行為であることは前提とされており，民はそれによって自分たちの精神を育んだとされる。民の間には区別はなく，全員が一括して非難の対象となっている。

『我らが主についての説教』17

〔…〕祝福された奇跡が荒れ果てた砂漠で彼[241]を取り囲んだ。彼が従順になるために。彼には信仰がなく，些細な理由でそれらを否定した。「この我々を導き上ったモーセ，彼に何が起こったのかを我々は知らない」（出 32:1）。彼は，自分を取り囲んでいた栄光を見るのをやめた。彼はモーセが近くにいないのを見て，この手近な理由のためにエジプトの異教崇拝に近づこうとした。事実，モーセが彼らの前からしばし取り去られたのは，彼らの前に子牛が現れ，彼らがそれを，かつて心の中で密かに崇拝していたそれを公然と崇拝するためであった。

同 18

彼らの異教崇拝が，隠れていたところから現れ出たとき，モーセもまた隠れていたところから公けに出てきた。彼はこれらの者たちに罰を与えた。彼らの異教崇拝が呼び起こされたためである。〔…〕モーセは彼らから取り去られ，彼らに恐怖を引き起こした。モーセの力が彼らの心の中に抑えていた偶像崇拝が，彼らの口の中で声を上げるように。確かに彼らは声を上げた。「我々に，我々の前を行く神々を作れ」（出 32:1）と。

民はもともと心の中で子牛像を崇拝していたのだが，モーセが彼らの間から見えなくなったために，それが表に出てきたという解釈である。民はすべて，もともとそのような問題を抱えていたと読める内容となっている。

---

[241] すでに述べたが，これより前の箇所で言及されているファリサイ人シモンとイスラエルの民を混同したまま話が進められるので，主語が三人称単数と複数の間で揺れ動いている。

同 43

〔…〕見よ，このイスラエルの子を。その邪さはイスラエルの邪さに似ている。というのも，異教崇拝がこの民の頭の中に隠れていた。このためにモーセは彼らのもとから取り去られた。彼らの中に悪が現れるようにと。だが，彼らが自らを恥じることなく，また偶像を求めていることを明らかにしないために，彼らはまずモーセを求め，それから偶像を求めた。〔…〕

こちらは上の二つよりもさらに民を悪く描いている解釈と言えよう。彼らの中に悪が潜んでいたというのは前の箇所から一貫して続く前提だが，彼らはカモフラージュのために，まずいなくなったモーセを探してから偶像を探したと言われている。ここでは，民の邪悪さがよりはっきりと描かれていると言えよう。

それでは，エフライムは常にイスラエルの民全体を留保なく非難しているのかと言えば，そう単純な話でもない。

『出エジプト記註解』32.8

〔…〕すべての民が耳飾りを渡したのだとしても，その一部には恐怖から差し出した者もいただろう。恐怖を抱いて子牛のための祭壇を建てたアロンのように。〔…〕

ここに見られるのは，民のすべてが自ら進んで子牛像を望んだのではなく，一部の民は恐怖から金の耳輪を差し出したという解釈である。上に見てきた解釈とは異なり，民の中にも同情すべき者がいたという，ユダヤ教伝承によく見られる解釈をエフライムも行っている。また，以下の解釈も民を区別していると考えられる。

『我らが主についての説教』6

〔…〕モーセは子牛を破壊し，それを試しの水に入れて彼らに飲ませた。子牛を崇拝するために生きていた者はみな，子牛を飲んだことで死

第 5 章　イスラエルの民

ぬことになった。彼らのもとへレビの子らが襲いかかった。彼らはモーセのもとへと馳せ参じ，剣を帯びていた。レビの子らは誰を殺すのかをわかっていなかった。〔子牛を〕崇拝した者たちが，崇拝しなかった者たちと混ざっていたからである。簡単に分けることができる者（神）が，彼らを異端に走った者たちと異端に走らなかった者たちに分けた。無実な者たちは感謝した。彼らの徳が正義に背かなかったことを。有罪な者たちは認識した。彼らの罪が裁きから逃れられなかったことを。レビの子らは公然と復讐者になった。かくして，彼（モーセ）は罪人たちにしるしをつけた。復讐者たちが制圧するのが容易になるように。子牛の水は，確かに子牛への愛が潜んでいた者たちの中に入った。そして彼らに目に見えるしるしをつけた。抜き放たれた剣が彼らに襲いかかるように。〔…〕

　この解釈によれば，子牛像の粉が入った水を飲んだ者のうち，子牛を崇拝した者，異端に走った者，行使への愛が潜んでいた者には「しるし」があらわれたとのことである。上述の『聖書古代誌』12.7 でも子牛像の粉入りの水を飲んだことで民の間に区分が生じており，この水が罪を犯した民とそうでない民を区別するというモチーフが共通している。ただし，『聖書古代誌』の解釈が有罪の者と無罪の者のどちらにも言及しているのに対し，エフライムの解釈では有罪の者しか言及されていない。このように民の一部の者の問題を強調するという点では，コリントの信徒への手紙一 10 章の解釈との類似性も指摘できる。
　以上のように，エフライムは基本的には民の多くが非難されるべき存在であるという解釈を示していると言えるが，一部の民には逃げ道を用意していると言うこともできるだろう。特に説教ではイスラエルの民を非難する傾向が強いと言えるが，これはすでに述べたように，学問的な聖書註解においてはある意味で中立的な姿勢を示す一方で，一般民衆相手の説教では意図的にイスラエルの民／ユダヤ人の問題点を指摘して彼らを批判するというエフラ

イムの一般的傾向とも合致する[242]。いずれにせよ，ユダヤ人に対して「比較的穏やか」なアフラハトと，ユダヤ教に対して厳しい表現を多用するエフライムという構図は，子牛像事件におけるイスラエルの民についても適応できることが確認された。それでいて，エフライム自身の理解においては必ずしもイスラエルの民非難一辺倒ではなく，ユダヤ教伝承を利用したかどうかは定かではないものの，民にとって同情的ないしは中立的な解釈を見て取ることもできる。

5.6. 小括

本章では，金の子牛像事件におけるイスラエルの民についての解釈を，ユダヤ教，ギリシア・ラテン教父，シリア教父の三者において分析してきた。まずユダヤ教においては，聖書の記述通り民を非難する伝承，事件の背景を読み取ったり聖書の記述を読み換えたりして民を擁護する伝承，そして，民を非難するべき者と擁護するべき者に区別する伝承の三種類が見て取れた。このような多様性に富んだ聖書解釈は，ユダヤ教の特徴の一つをそのまま体現していると言えるが，民の罪を単純に認める解釈が中心のタナイーム期から，アモライーム期に入ってからは民を擁護する解釈が増えてくるという傾向も指摘できる。

イスラエルの民非難一色と言っても問題のない，初期キリスト教からギリシア・ラテン教父の解釈においては，『バルナバの手紙』に代表される初期キリスト教の時代に，子牛像事件を用いてイスラエルの民／ユダヤ人を非難するという一定の図式が確立され，後の教父は基本的にその図式を踏襲するという傾向が指摘できる。教父たちの内部事情としても，すでに非難のための図式が確立したユダヤ人の過去の歴史についてそれ以上論じるよりも，キリスト教会内での問題や論争に対処するほうが重要であったという可能性もあるだろう。

最後にシリア教父の解釈においても，民を批判するという基本姿勢はギリ

---

[242] 本書 p. 29–30（第1章）を参照。

第5章 イスラエルの民

シア・ラテン教父と変わらない。その中でも，特にエフライムの説教に見られるような，ことさらにイスラエルの民を非難する解釈は，一般民衆を相手にする際の修辞の一種という可能性が指摘できる[243]。それでいて，特にエフライムは，民の中にも区分を設ける解釈を残しているように，総体としての民に対しては必ずしも批判一辺倒ではなかったという点が指摘できるだろう。

---

[243] 当然，このような文献の種類に基づく解釈の性格の違いはギリシア・ラテン教父の解釈においても考慮すべき点ではあるが，本書ではシリア教父の解釈の分析に重きを置いていることもあってギリシア・ラテン教父の分析が不十分という指摘は免れ得ない。しかし，ギリシア・ラテン教父の解釈についてはあくまでも傾向を示すに留め，それを踏まえた上でシリア教父の解釈をユダヤ教のそれと比較することが本書の趣旨である。

第 6 章　サタン

6.1. 序言

　本章はこれまでと少し構成を変えて，サタン像[244]の変遷を追いながらサタンが関係する子牛像事件の解釈を考察することにする。サタン像の変遷とは言うものの，ユダヤ教とキリスト教以外の文脈で語られるサタンについてはほとんど触れず，あくまでユダヤ教とキリスト教の文脈でのサタン像に限定する。また，様々な文脈で登場するサタンについての伝承をすべて収集して分析するのは本書の射程から大きく外れるために，以下ではヘブライ語聖書に見られるサタン像がその後の文献ではどのように描かれ，その中で特に子牛像事件解釈ではサタンがどのような役割を果たしているか，または子牛像事件解釈においてサタンがどのように利用されているのかという点に集中して考察を進める。

　そもそも，出エジプト記 32 章に限らずとも，ヘブライ語聖書では子牛像事件に関連してのサタンへの言及は皆無である。それにもかかわらずなぜ本書の一章を割いて子牛像事件におけるサタンについて論じる必要があるかと言えば，その答えはこれまでにも引用した以下の解釈にある。

BT シャバット篇 89a
　　〔…〕ラビ・イェホシュア・ベン・レビ曰く。「民はモーセが山から下りてくるのが遅れているのを見た」（出 32:1）と書かれていることの

---

[244] 以下本章で見てゆくように，サタンとは一定不変の確固たる存在ではなく，その分析に際してはこの語が持つ現代的な意味や先入観を排する必要がある。そのため，以下では「サタン」という語は基本的に括弧をつけずに用いるが，これはヘブライ語・アラム語では「S-T-N（שׂ/ס-ט-נ）の音で表記される語」，ギリシア語など他の言語では「SATAN もしくはそれと類似の綴りで転写される語」以上の意味を持たないものとする。

意味は何か。「遅れている」ではなく、「六〔の刻〕が来た」と読め。モーセは高い所に上った時、イスラエルに向かって言った。「四十日の終わり、六〔の刻〕の初めに私は来る」。四十日の終わりにサタンが来て、世界を混乱させた。サタンはイスラエルに言った。「お前たちの師であるモーセはどこか」。彼らは言った。「高い所に上った」。サタンは彼らに言った。「六〔の刻〕は過ぎた」。しかし彼らはサタンに注意を払わなかった。〔サタンは言った〕「彼は死んだ」。しかし彼らは注意を払わなかった。サタンは彼らにモーセの寝台の幻を見せた。したがって彼らはアロンに言った。「〔エジプトの国から我々を導き上った〕人モーセについて〔彼に何があったのかを我々は知らないのだから〕」〔…〕

　これは、サタンが神のもとへ赴きトーラー（律法）はどこかと尋ねる場面に続く箇所ではあるが、その文脈がどれほど関連しているかは定かではない。なおサタンがトーラーの居所を尋ねる場面に続いては、シナイ山上でのモーセと神の対話について述べられ、サタンについては言及されなくなる。従って、BTの話の流れからサタンが登場するのはわかるとしても、それが子牛像事件に絡めて語られる必然性は見つからない。それに加えて、エフライムの著作にはこのBTの伝承のように子牛像事件とサタンを絡める解釈が見出せる。そのため本章では、このBTの伝承とエフライムの著作を軸としてサタンに着目した両者の背景を分析してゆく。

　そして、4世紀頃のサタン像を論じるためには、その前提となるユダヤ教とキリスト教のサタン像について論じる必要がある。そこで本章では、まず前半でBTまでのユダヤ教文献におけるサタン像をキリスト教文献との比較の中から明らかにし、しかる後に子牛像事件解釈におけるサタンについての分析を行うこととする。

6.2. ヘブライ語聖書におけるサタンの用例

　現代社会においては「悪魔」や「神の敵対者」、「人間に害を為す者」というイメージで安易に語られがちなサタンであるが、その起源がヘブライ語聖

書にあるということは，比較的よく知られているのではないだろうか。しかしながら，ヘブライ語聖書に描かれているサタンは，本当にそのような単純なイメージで語ることのできる存在なのであろうか。実のところ，現在一般的であると言える「サタン」＝「悪魔」のイメージは新約聖書に基づくキリスト教によって確立されたと言うことができる。まずはそのことを確認するために，以下でヘブライ語聖書におけるサタンの用例を具体的に見てゆく。辞書や先行研究に従うと，ヘブライ語聖書中のサタンは動詞と名詞（定冠詞有り／無し）の二つに分類される。なお，ここではヘブライ語聖書におけるサタンの新しい意味や訳語を見出すことを主な目的とはしていないため，基本的には先行研究[245]に従う立場を取る。

まず動詞としてサタンの語が現れるのは，詩編で5回とゼカリヤ書で1回の計 6 回である[246]。該当箇所の訳語を「サタンする」として，各箇所を引用する。

詩編 38:20–21

20. 私の敵は力強く，私を憎む者は偽りを重ねた。21. 善の代わりに悪で報い，善を追い求める代わりにわたしをサタンする（יִשְׂטְנוּנִי）。

同 71:13

わたしの魂をサタンする者（שֹׂטְנֵי）が，恥じ入り滅ぼされるように。わたしの不運を求める者が，嘲りと不名誉に包まれるように。

同 109:4

私は愛するのに，彼らは私をサタンする（יִשְׂטְנוּנִי）。私は祈りの人である。

---

[245] サタン像全般についての先行研究としては，主に Hamilton, V. P., "Satan," *The Anchor Bible Dictionary*, vol. 5, pp. 985–989; Rabinowitz, L. I., "Satan," *EJ²ⁿᵈ*, vol. 18, pp. 72–73; Brown, D. R., "The Devil in the Details: A Study of Research on Satan in Biblical Studies," *Currents in Biblical Research*, 9.2 (2011), pp. 200–227; De La Torre, M. A, & Hernandez, A., *The Quest for the Historical Satan* (Minneapolis: Fortress Press, 2011) を参照した。これら以外にも様々な側面からのサタン研究がなされているが，それらについてはその都度言及してゆく。

[246] 使用回数の最終確認は Even-Shoshan, *op. cit.* によって行った。

第6章　サタン

同 109:20

これが，私をサタンする者たち（שֹׂטְנַי）[247]への主からの報い。そして私の魂を脅かす者たちへの。

同 109:29

私をサタンする者たち（שׂוֹטְנַי）は不名誉を身につけ，恥を上着として身にまとう。

ゼカリヤ書 3:1–2

1. 主は，主の使いの前に立つ大祭司ヨシュアと，その右に立って彼をサタンしよう（לְשִׂטְנוֹ）としているサタンをわたしに見せた。2.主はサタンに言った。「主はお前を非難する。サタンよ。エルサレムを選ぶ主はお前を非難する。これは火の中から取り出されたまきではないのか」。

ゼカリヤ書では名詞としてのサタンも出てくるが，ひとまずここではそれは置いておくとして，各種翻訳や辞書では「サタンする」は「敵対する」や「敵意を抱く」，"act as adversary"，特にゼカリヤ書では「訴える」などと解釈されている。もとより動詞として現れる以上固有名詞ではないことは当然だが，「サタンする者」が神と人類の敵や悪魔という意味ではないことは明らかである。

定冠詞のつかない名詞として用いられるサタンは，ヘブライ語聖書中に10回現れる。

民数記 22:22

彼（バラム）が出発すると，神の怒りが燃え上がった。主の使いは彼にとってのサタン（לְשָׂטָן）となって，道に立ちふさがった。彼は自分の雌ろばに乗り，二人の従者とともにいた。

同 22:32

主の使いは彼に向って言った。「なぜお前はこの自分の雌ろばを三度

---

[247] 動詞の能動分詞は「〜する人」の意味となることが多い。以下同。

も打ったのか。見よ，私はサタン（לְשָׂטָן）となるために出てきた。この道が私に反して険しいからである。

異邦人の預言者であるバラムが，モアブの王バラクの求めに応じてイスラエルを呪うために出発する場面である。この二箇所のサタンは「妨げる者」などと訳されることが多く，「サタン」と訳しても意味は通らないように見える。なにより，この文脈で神の使いが神の敵となるのは無理がある。神の使いでもなれるような状態，ないしはできるような行動がサタンと描写されるということになる。

サムエル記上 29:4
　ペリシテの武将たちは彼（アキシュ）に腹を立てた。ペリシテの武将たちは彼に向かって言った。「この男（ダビデ）を戻し，彼が配置したところに戻るようにしろ。そして我々とともに戦いに下りて来ないようにしろ。戦いにおいて彼が我々にとってのサタン（לְשָׂטָן）とならないように。この男は何をすればその主人にとって喜ばしい者となるだろうか。これらの兵士たちの首ではだめだろうか」。

サムエル記下 19:23
　ダビデは言った。「私とお前たちにとって何だというのだ，ツェルヤの息子たちよ。お前たちは今日，私にとってサタン（לְשָׂטָן）となるのか。今日，イスラエルの人間が殺されるだろうか。今日，私がイスラエルの王であることを私が知らないということがあろうか」。

列王記上 5:18
　今，わたしの神，主は，あらゆる方位からわたしに安らぎを与えてくれた。サタン（שָׂטָן）も，悪い出来事もない。

同 11:14
　そして主は，ソロモンのサタン（שָׂטָן）にエドム人ハダドを立てた。彼はエドムの王の子孫の出であった。

同 11:23, 25
　23. そして神は，彼（ソロモン）のサタン（שָׂטָן）にエルヤダの子レ

ゾンを立てた。彼は，自分の主君であるツォバの王ハダドエゼルのもとから逃げ，〔…〕25. 彼（レゾン）は，ソロモンの存命中は常にイスラエルにとってのサタン（שָׂטָן）であり，ハダドがしたような悪をなし，イスラエルを憎んだ。そして彼はアラムを支配した。

詩編 109:6
　彼の上に悪人を置け。サタン（שָׂטָן）がその右に立つだろう。

　詩編 109:6 を除き，これらは戦いに関する文脈である。その中ではサタンは「敵対者」，「対抗者」などと解釈されることが多い。いずれにせよ，主にダビデも含めた戦時中の敵陣営の人物の比喩として用いられていることからも，悪魔という超人間的存在と考えるのは難しい。先に引用した民数記の神の使いの例とあわせて考えても，神の使いでも普通の人間でもサタンにはなれるのである。
　以下は同じく定冠詞なしの名詞だが，そのまま「サタン」と訳されるのが一般的である。

歴代誌上 21:1
　サタン（שָׂטָן）がイスラエルの上に立ち，ダビデにイスラエルを数えるよう唆した。

　七十人訳ではこのサタンは"διάβολος"と訳されており，この語は"Devil"，すなわち悪魔の語源となっている。このサタンは登場が唐突なこともあり，どういった存在なのかは研究者の間でも見解が一致しているとは言えない状況であるが，いずれにせよ判断材料は乏しく，本書では各種現代語訳のようにただなんらかの存在である「サタン」として保留しておく以上のことはできない。
　定冠詞付きのサタンの用例はヨブ記とゼカリヤ書に集中しており，これらのサタンはみなそのまま「サタン」と訳されるのが通例である。

ヨブ記 1:6–9, 12

6. ある日，神の子らがやって来て主の前に現われた。サタン（הַשָּׂטָן：以下すべて同様）もその中に一緒に来た。7. 主はサタンに言った。「お前はどこから来た」。サタンは主に答えて言った。「地上の巡回からです。地上を歩きまわっていました」。8. 主はサタンに言った。〔…〕9. サタンは主に答えて言った。〔…〕12. 主はサタンに言った。〔…〕サタンは主の御前から出て行った。

同 2:1–4, 6–7

1. またある日，神の子らがやって来て主の前に現われた。サタン（הַשָּׂטָן：以下すべて同様）もその中に一緒に来て主の前に現われた。2. 主はサタンに言った。「お前はどこから来た」。サタンは主に答えて言った。「地上の巡回からです。地上を歩きまわっていました」。3. 主はサタンに言った。〔…〕4. サタンは主に答えて言った。〔…〕6. 主はサタンに言った。〔…〕7. サタンは主の御前から出て行った。〔…〕

ゼカリヤ書 3:1–2

1. 主は，主の使いの前に立つ大祭司ヨシュアと，その右に立って彼をサタンしようとしているサタン（הַשָּׂטָן：以下すべて同様）をわたしに見せた。2. 主はサタンに言った。「主はお前を非難する。サタンよ。エルサレムを選ぶ主はお前を非難する。これは火の中から取り出されたまきではないのか」。

ヨブ記のサタンは神の使いの一人とされ，その意味で超人間的存在ではあるが，神と敵対するどころかその陣営の一員であることが聖書本文中で語られている。このサタンはヨブの家族を殺害したり，ヨブの財産を奪ったり病に罹らせたりと，事情を知らない人間にとってはまさに悪魔の所業と捉えられても仕方がないと思われるほどであるが，それらはみな神の了承のもとに行われたである。定冠詞が付いている以上このサタンを固有名詞と考えるのは難しいところであり，いずれにしても，神や人間に敵対する存在とみなすのは困難であろう。

以上がヘブライ語聖書に現れるサタンであるが，先行研究でも繰り返し述

べられているように，それはあくまでも「妨害者」や「敵対者」と解釈するのが妥当な箇所がほとんどであり[248]，サタンという名前そのもので呼ばれるのが通例となっている数少ない箇所でも，それらは決して悪魔や神の敵対者ではなく，むしろ神の使いであり神の許可を得た上で行動している。つまり，ヘブライ語聖書の中に現在流布している悪魔的な意味での「サタン」を見つけるのは困難であり，むしろそういったサタン像をヘブライ語聖書中に見出そうとする行為自体に否定的になるべきだと言えよう[249]。さらに，少なくともヨブ記を除けば，神にとっても人間にとってもサタンはさほど重要な存在ではないと考えても差支えないだろう。

6.3. 新約聖書成立まで

続いて，ヘブライ語聖書に続く第二神殿時代からキリスト教の誕生に至るまでの文献の中から，特にヘブライ語聖書偽典と新約聖書におけるサタン像を概観してゆく。なお，特に聖書偽典においては，サタンと同一視されるマステマやサマエル，ベリアルといった存在が数多く描かれているが，本書では基本的にサタンという名称の存在のみに言及を留める[250]。また，各文書

---

[248] Hamilton は，文脈に応じて"adversary"や"slanderer"の意味を加えた"accuser"という解釈を提案している（op. cit., p. 986）。

[249] Brown は「ヘブライ語聖書のどの個所も『直接的に』後世のキリスト教神学のサタンには言及していない」と述べている（op. cit., p. 203）。また当然のことながら，聖書のそれぞれの書物の成立した年代も背景も異なる以上，聖書内でのサタン像の変遷も考慮に入れるべきであるが，その議論は本書では不要なほどに細かくなりすぎるために割愛する。

[250] むしろ，各種辞書や先行研究がこれらの存在を（一見無批判に）サタンと同一視して論を進めるという態度に疑問を呈したい。もちろん，各一次文献の記述に従えばそれらの役割はほぼ近いものと言えるのだろうが，例えばサタンとサマエルが近い箇所に別々に登場するような例もある以上（ヨベル書 10 章など），まずはそれらを別々の意味ないしは存在と考えるべきであろう。もちろん，それらの用語を同義で用いている文献もあるであろうし，それらについては個々の文献ごとにそれらの用語の性質を分析するべきである。本書は，サタンとその他の類似の存在との関係などについてはともかく，いわゆる「悪魔」全般ではなくあくまでサタンという語で表象される存在に照準を絞っている。なお，文献によっては翻訳の過程で例えばサタンがサマ

について現在までにある程度受け入れられている説に従って成立年代などに言及してゆくが，雑多な文書群を聖書偽典の名のもとに一つの文書群として扱っていることはあらかじめ断っておく。

6.3.1. ヘブライ語聖書偽典

「偽典」とは，本来はその著者ではない偽りの著者の名前を冠している文書のことを指す。ただし文書成立当時からその書名で呼ばれていたというよりは，様々な写本や言語で伝承されていく過程で，通称として名付けられたもののほうが多いようである。それらの文書を想定されている成立年代に従って取り上げていく。

まず，その原資料は紀元前 200～141 年にまとめられたと考えられている『十二族長の遺訓』[251]の中で，ヤコブの十二人の息子らがその子らに語ったとされる言葉の中にサタンが現れる（ダン 3.6; 5.6; 6.1，ガド 4.7）[252]。ここではサタンが「霊」とともに進んで行ったり，悪の主人がサタンであったり，サタンが人間を殺すことに協力したりといった内容が語られている。これらのサタンは，少なくとも人間に害を為す具体的な存在だと考えられるだろう[253]。また「霊」という言葉と並行して用いられていることから，超自然的存在という様相も呈している。ただしヨブ記のように，ここで言及され

エルに変化したというような場合も考えられるが，ここではその証明にまでは立ち入らない。

[251] 創世記 49 章にある「ヤコブの遺訓」にならい，ヤコブの十二人の息子たちが死に際して自分たちの子らに語った遺言という形を取っている。発見当時は実際にヤコブの十二人の息子たちの言葉と考えられていたが，現在ではその説は退けられている。成立年代については土岐健治『旧約聖書外典偽典概説』教文館，2010 年，p. 120 に従った。原文はヘブライ語かギリシア語かで研究者の間でも意見が割れている（土岐はヘブライ語支持，Flusser, D., "Patriarchs, Testaments of the Twelve," *EJ²ⁿᵈ*, vol. 15, pp. 691–693 はギリシア語支持）。なお和訳は，ギリシア語写本を底本とした，笈川博一・土岐健治訳「十二族長の遺訓」『聖書外典偽典 5 旧約偽典 III』教文館，1976 年，pp. 221–354 がある。

[252] ギリシア語原典（De Jonge, M., *The Testaments of the Twelve Patriarchs* (Leiden: Brill, 1978)）と上記笈川・土岐訳で確認した。

[253] Flusser, *op. cit.* は「十二族長の遺訓」に登場するベリアルを "demonic leader of the evil spirits" と考えているが，サタンについては特に言及がない。

第6章　サタン

ているサタンが神の使いであるという可能性もこれだけの資料からでは否定できない。

続いて紀元前 2 世紀に成立したと考えられている『ヨベル書』[254]には，「〔悪霊どもの〕頭領マステマ」（17.16 他）とは別の存在としてサタンがたびたび登場する。

『ヨベル書』10.8, 17

　8. 霊どもの使者マステマがやって来て言った。『主よ，創造者よ，彼らのうちの何人かはわたしに残してください。わたしの言うことを聞かせ，わたしが彼らに命ずることをすべて行わせたいのです。〔…〕』〔…〕17. われわれは彼の言われたとおりにして，手にあまる悪党どもをかたっぱしからさばきの場所につなぎ，十分の一は地上でサタンに仕えるように残しておいた。

同 23.29

　一生を平安と喜びのうちに終え，これ〔人生〕をだいなしにしてしまうサタンも悪しき者もおらず，生涯を通じて平安と喜びと祝福があるであろう。

上述の「十二族長の遺訓」にも言えることだが，仕える対象としてのサタンが描かれている。これらの引用箇所からは，サタンは地上で悪事をはたらく存在だと考えることもできるだろう。また，「悪しき者」と並置されている以上，サタンもその「悪しき者」に類する存在と考えるのが自然であろう。

次に，今のところエチオピア語の写本のみでその全文が保存されており，

---

[254] 出エジプト記でモーセがシナイ山で神から契約の石板を受け取った時，神が傍に控えていた天使に創世記から出エジプト記 12 章までの内容を敷衍して語らせたとされる内容が記されている。成立年代などは村岡崇光訳「ヨベル書」『聖書外典偽典 4 旧約偽典 II』教文館，1975 年，pp. 15–158 と，レオンハルト・ロスト『旧約外典偽典概説』教文館，1972 年，土岐『概説』を参照した。引用は，村岡「ヨベル書」による。『ヨベル書』の原文はヘブライ語で著されたと考えられているが，完全な形で現存する写本はエチオピア語訳のみであり，同書もそのエチオピア語訳を底本とした翻訳である。

その成立は新約聖書以前の紀元前1世紀後半から紀元1世紀前半にかけてだと考えられている『第一エノク書』[255]には，以下のようにサタンが登場する。

『第一エノク書』54.4–6

4. わたしは同行の平和のみ使いに尋ねて言った。「この鎖の責め道具はだれのためにこしらえているのですか」。5. 彼はわたしに言った。「これはアザゼルの軍勢のために，彼らを捕えて地獄の深みに投げ込み，霊魂の主が命ぜられたとおりに，彼らのあごにごつごつした石をいっぱいくっつけてやるために用意しているのである」。6. ミカエルとガブリエルとラファエルとペヌエルがその大いなる日に彼らをつかんで，燃えさかる火の炉にその日投げ込むであろう。これは，サタンの手下となって乾いた大地に住まう者をまどわした彼らの不法に霊魂の主が報いられるためである

ミカエルらは神の使いであるが，サタンの位置付けについてはこの内容からは判然としない。「アザゼルの軍勢」が「サタンの手下」であるというように読めるが，いずれにせよサタンが神や人間に害を為す者だという前提は見てとれる。

続いて，成立年代が紀元1世紀頃と考えられる『ヨブの遺訓』[256]を取り上

---

[255] 創世記 5:24 に描かれているエノクの死についての記述に刺激を受けた聖書解釈者たちによって生み出された，様々なエノク伝承の一つ。エチオピア語以外では，ギリシア語とアラム語の写本断片が発見されている。キリスト教の影響も指摘されるが，その起源はユダヤ教と考えられている。成立年代や最近の研究状況などについては土岐『概説』，pp. 215–219 を参照。引用は村岡崇光訳「エチオピア語エノク書」『聖書外典偽典 4 旧約偽典 II』教文館，1975 年，pp. 161–292 による。

[256] ヨブ記で義人ヨブに訪れた諸々の災厄について，そのきっかけから結果までをより詳しく語る作品で，ヨブ記のミドラッシュともみなされる。成立年代や詳細については，土岐健治訳「ヨブの遺訓」『聖書外典偽典別巻補遺 I』教文館，1979 年，pp. 363–420，Wacholder, B. Z., "Job, Testament of", *EJ²ⁿᵈ*, vol. 11, pp. 359–360，土岐『概説』，pp. 198–206 を参照。『ヨブの遺訓』自体の構成や研究史，いくつかの特定のテーマに基づいた研究については，Knibb, M. A. & Van der Horst, P. W., *Studies on the Testament*

げる。ヨブ記の背景説明という性質上，この文献には頻繁にサタンが登場している[257]。

『ヨブの遺訓』3.3–6

3.「人々が燔祭と灌祭とを献げているこのものは，神ではない。これは悪魔の（τοῦ διαβόλου）力であり，人間の本性はその者に惑わされ続けるであろう」。4. わたしはこれを聞くと寝床の上に倒れ伏し，拝んで，言った。5. わが生命を救うためにおいてくださったわが主よ。6. お願いです。もしもこれが悪魔（τοῦ Σατανᾶ）――その者に人々は惑わされ続けるであろう，とのことですが――の場所であるならば，どうかわたしに，行ってその場所を清める権能をお与えください。

同 4.4–5

4. もしもお前が悪魔の（τοῦ Σατανᾶ）場所を清めようとするならば，彼は怒ってお前と戦いを始めるだろう。彼はお前を殺すことだけはできないが数多くの災難をお前にもたらし，5. お前の財産を奪い取り，お前の子供たちを殺すだろう。

同 6.4

さてわたしが家の中にいると，悪魔（ὁ Σατανᾶς）が乞食に姿を変えて，門をたたいた。

同 7.1, 6, 12

1. 悪魔（ὁ Σατανᾶς）はこれを聞くと〔いったんは〕立ち去り，肩に袋をかついで〔ふたたび〕やって来ると，門番の女にこう言った。〔…〕6. というのは彼女は彼が悪魔（τὸν Σατανᾶν）だとは知らなかったからである。そこで彼女は自分のパンの中から一つの上等なパンをと

---

of Job (Cambridge: Cambridge University Press, 1989) が詳しい。なお以下に引用する訳文は土岐「ヨブの遺訓」に基づいて若干の変更を加えているが，以下で述べるように必要な箇所については Brock, S. P., *Tetamentum Iobi* (Leiden: Brill, 1967) のギリシア語原文を参照した。

[257] 以下の引用では，まず土岐訳に従って「悪魔」と訳されている箇所を抽出し，Brock のギリシア語原典で原語と比較した。

って，彼に与えた。〔…〕12. 悪魔（ὁ Σατανᾶς）はこれを聞くとその女中をわたしの許に送ってよこして，こう言わせた。「このパンは真黒こげだが，お前の身体もこれと同じようにしてやろう。一時間のうちに，わたしは立ち去って，お前を丸裸にしてやろう」。

同 16.1–2

1. わたしは天使の示しがあって後，七年の間このようにしていた。2. ところがその後悪魔（サタン）（τὸν Σατανᾶν）があの権能を手にいれて後，憐みの気持ちなどみじんも持ちあわせずに〔天から〕下って来て，〔…〕

同 17.1

そのとき悪魔（ὁ διάβολος）はわたしの心〔の堅固なこと〕を知って，わたしに対してはかりごとをめぐらした。

同 20.1

わたしの所有物がすべて滅びた時，悪魔（サタン）（ὁ Σατανᾶς）はなにものもわたしを〔神に対して〕反抗させることができない，ということを知った。

同 23.1, 3, 11

1. 悪魔（サタン）（ὁ Σατανᾶς）はこれを知ると，パン売りに化けた。〔…〕3. すると悪魔（ὁ Σατανᾶς）は彼女に言った。「代金を払って好きなものを取りなさい」。〔…〕11. 彼女は受け取るとわたしのもとへ運んで来た。悪魔（ὁ Σατανᾶς）は彼女の後から隠れてついて来て，彼女の心を惑わしつづけた。

同 26.6

いったいお前の目には，お前のうしろに悪魔（τὸν διάβολον）が立っていて，わたしを欺くために，お前の心を乱しているのが見えないのか。彼は，自分の夫の純真な心を惑わす思慮なき女たちのひとりとしてお前を示そうとしているのだ。

同 27.1, 6

1. それからわたしは，妻のうしろにいた悪魔（サタン）（τὸν Σατανᾶν）のほうを向いて言った。〔…〕6. こう言うと悪魔（サタン）（ὁ Σατανᾶς）は恥ずかしさのあまりわたしのもとを離れて三年の間近づかなかった。

第 6 章　サタン

同 41.5
　〔…〕その時エリフは悪魔に（τῷ Σατανᾷ）吹き込まれてわたしに生意気なことばを語った。

　一読してまず目につくのは，訳語の原語との不一致である。文脈上「悪魔」も「悪魔」も大差ないのであるが，訳語表記の一貫性がないことは指摘せざるを得ない。それを踏まえると見えてくるさらに重要な点は，「ὁ Σατανᾶς（主格）」と「ὁ διάβολος（主格）」がほぼ同義で使われているということである[258]。前者はサタン，後者は悪魔と訳すのが適切だと考えられるが，この『ヨブの遺訓』では，「サタン＝悪魔」という図式がほぼ前提とされていると考えて問題ないであろう。内容から考えてみても，神によって言及はされるものの聖書のヨブ記のように神の使いという側面は明示されず，人間に化けたり人間をだましたりする個別具体的な存在だと考えられる[259]。

　以上，網羅したとは言えない状況ではあるが，ヘブライ語聖書偽典におけるサタン像を概観した。サタンに限らず（あまり触れなかったが）マステマやベリアルといった悪魔的な存在が多く描かれる中で，サタンも固有かつ具体的な存在として登場しており，神やその使いと敵対関係にあり，人間に害を為す存在という前提は備えていると言えよう。ヘブライ語聖書のそれとは若干異なるサタン像を確認したところで，続いては新約聖書のサタン像に移る。

---

[258] 興味深いことに，この『ヨブの遺訓』が依拠していると考えられている七十人訳聖書のヨブ記では，ヘブライ語聖書のヨブ記ではサタンの語が使われている箇所が，すべて「ὁ διάβολος」と訳されている（Rahlfs, A. & Hanhart, R., *Septuaginta (Editio altera)* (Stuttgart: Deutsche Bibelgesellschaft, 2006) を参照）。ここから言えることは，『ヨブの遺訓』は七十人訳では「ὁ διάβολος」と訳されている箇所にも敢えてサタンの語を用いた，もしくは『ヨブの遺訓』が現在我々の手に伝わっている七十人訳のテキストとは異なる版を参照していたということである。しかしながら，この問題は本書の手に余る上に本書の主題とも関連性が低いため，これ以上は立ち入らない。

[259] もちろん，明示されていないからと言って，神の使いではないと断言できるわけではないことは付言しておく。

6.3.2. 新約聖書

新約聖書では，サタンはヘブライ語聖書以上に頻繁に登場する。そしてこれまでの研究は，主に新約聖書全体というよりは個々の文書におけるサタンに注目してきた[260]。本項では逆に，個々のサタン像への言及は最低限にとどめ，新約聖書全体のサタン像を概観する[261]。なお，以下で言及する使徒言行録 26:18 の口語訳以外では，サタンの語は新共同訳と口語訳ですべて「サタン」と訳語をあてられている。まずは福音書から代表的な箇所を引用する。

マタイによる福音書 4:10

すると，イエスは言われた。「退け，サタン。『あなたの神である主を拝み，ただ主に仕えよ』／と書いてある」。

同 12:22, 24–26

22. そのとき，悪霊に取りつかれて目が見えず口の利けない人が，イエスのところに連れられて来て，イエスがいやされると〔…〕24. しかし，ファリサイ派の人々はこれを聞き，「悪霊の頭ベルゼブルの力によらなければ，この者は悪霊を追い出せはしない」と言った。25. イエスは，彼らの考えを見抜いて言われた。〔…〕26. サタンがサタンを追い出せば，それは内輪もめだ。そんなふうでは，どうしてその国が成り立って行くだろうか。（マコ 3:22–26, ルカ 11:18 に類似の伝承）

マルコによる福音書 1:13[262]

---

[260] Brown, *op. cit.*, p. 214.

[261] 新約聖書全体でサタンは 36 回登場するが，その最終確認は Kohlenberger III, J. R. et al., *The Exhaustive Concordance to the Greek New Testament* (Grand Rapids: Zondervan Publishing House, 1995) によって行った。本項での引用は口語訳を参考にしつつ新共同訳に従ったが，以下で言及する二箇所については原文に沿うよう修正した。

[262] マルコによる福音書は，末尾部（16:9–20）が写本によって大きく異なっている。ワシントン写本と呼ばれる写本には，14 節と 15 節の間に長い付加が記されており，それが独立して『フリア・ロギオン』と呼ばれている。これはもともとのマルコによる福音書の一部ではなく 2～3 世紀の加筆だと考えられているが，参考までにここに引用する。なお，以上の内容と以下の引用は，蛭沼寿雄訳「フリア・ロギオン」『聖書外典偽典別巻補遺 II』教文館，1982 年，pp. 33–37 に基づく。『フリア・ロギオ

イエスは四十日間そこにとどまり，サタンから誘惑を受けられた。その間，野獣と一緒におられたが，天使たちが仕えていた。

ルカによる福音書 13:16

この女はアブラハムの娘なのに，十八年もの間サタンに縛られていたのだ。安息日であっても，その束縛から解いてやるべきではなかったのか」

同 22:3

しかし，十二人の中の一人で，イスカリオテと呼ばれるユダの中に，サタンが入った。（ヨハ 13:27 に類似の伝承）

それぞれの文脈は様々だが，福音書でもサタンの存在は前提とされており，その立場はイエスに対抗する者，人間に害を為す者と言えよう。また，「ユダの中に入った」という記述からも，その超人間性は明らかである。

福音書では文書の性質上サタンはイエスの言葉の中に出てくる場合がほとんどであったが，その他の文書においてはサタンに言及する者もサタンの言及のされ方にも多様性が増している。

使徒言行録 26:18

それは，彼らの目を開いて，闇から光に，サタン[263]の支配から神に立ち帰らせ，こうして彼らがわたしへの信仰によって，罪の赦しを得，聖なる者とされた人々と共に恵みの分け前にあずかるようになるためである。

ン』：そして彼らは弁解して言った。「この不法と不信の世はサタンの下にあり，彼は汚れた霊の下にあるものが神の真理と力を理解することを許さない。それゆえ，あなたの義を今現してください」と彼らはキリストに言った。すると，キリストは彼らに答えた，「サタンの権威の時期は終わった，しかし，他の恐ろしいことが近づいている。さて，罪を犯した者たちのためにわたしは死に渡されたが，それは彼らが真理にかえり再び罪を犯さないためであり，天にある霊の朽ちない義の栄光を嗣ぐためである」。

[263] 口語訳はこのサタンを「悪魔」と訳している。その理由は不明だが，サタンを敢えて「悪魔」と訳しているのは新共同訳も含めてここしかない。

コリントの信徒への手紙二 2:11

わたしたちがそうするのは、サタンにつけ込まれないためです。彼のやり口[264]は心得ているからです。

同 11:14

だが、驚くには当たりません。サタンでさえ光の天使を装うのです。

ヨハネの黙示録 12:9

この巨大な竜、年を経た蛇、悪魔（Διάβολος）とかサタンとか呼ばれるもの、全人類を惑わす者は、投げ落とされた。地上に投げ落とされたのである。その使いたちも、もろともに投げ落とされた。

同 20:1–2

1. わたしはまた、一人の天使が、底なしの淵の鍵と大きな鎖とを手にして、天から降って来るのを見た。2. この天使は、悪魔（Διάβολος）でもサタンでもある、年を経たあの蛇、つまり竜を取り押さえ、千年の間縛っておき、

ペトロやパウロ、ヨハネら（とされる者たち）がサタンについて述べている。基本的には福音書のサタン像と似ているが、神やイエス、人類に敵対する存在という点はより具体的で明確になっていると言えよう。そして、サタンが堕落や邪悪の象徴として言及されているのも間違いない。特に興味深いのはヨハネの黙示録 12:9 と 20:2 で、悪魔とサタンが並置されている。どちらかがどちらかの上位概念という可能性はあるが、「悪魔であるがサタンでない者」ないし「サタンであるが悪魔でない者」の存在が想定されているとも考えられる。ここからも、サタンが悪魔には近いが別の具体的な存在だと考えられていることが見て取れるだろう。

ここまでに概観してきた新約聖書に見られるキリスト教のサタン像を簡単にまとめておくと、これこそが現在一般に流布しているサタンのイメージ、「悪魔」や「神の敵対者」、「人間に害をなす者」である超人間的存在だと言

---

[264] 新共同訳は「サタンのやり口」だが、原文にサタンの語はないためこのように訳す。口語訳は「彼の策略」。

第 6 章　サタン

えるだろう[265]。年代順に考えて，ヘブライ語聖書では確立していなかったそのようなイメージが，聖書偽典が編纂される頃までには形を成し，新約聖書の時代には確立するとともに，新約聖書が正典として権威づけられたことも相まって拡散していったという可能性が指摘できる。さらに踏み込んでみると，ユダヤ教から分離したい原始キリスト教（派）が，その目的を果たすために一例としてサタン理解において差異化をはかろうとしたという可能性も提起できるが，ここではその可能性に言及するところまでとしておく。

6.4. タナイーム・アモライーム期のユダヤ教文献

　新約聖書時代に少なくともキリスト教内では確立したと考えられるサタン像は，その同時代，さらにはその後の時代のユダヤ教の文献には見られるのであろうか。そして，仮に見られるのであればその両者の間にはなんらかの関係があるのであろうか。その問いに対する答えを，タナイーム・アモライーム期の文献，特にそれらの中心かつ一つの終着点としての BT の分析を通じて探ってゆく。

　まず，BT 以前のタナイーム・アモライーム期の文献では，サタンへの言及はあまり多くない。『ミシュナ』には一度も登場せず，それを補完するとされる『トセフタ』でも，ほぼ同一の並行箇所を含む計三箇所でしか言及されていない[266]。

『トセフタ』シャバット篇 17.3

　もしあなたが出かけようとしている悪人を目にして，あなたも同じ道を行こうとしているのなら，その人よりも三日早めるか三日遅らせるかしなさい。その人と同道しないために。何故にか。サタンの使いの者た

---

[265] Rabinowitz, *op. cit.* は新約聖書のサタンを "spirit of evil" の化身であり，「独立した人格」，「アンチキリスト」と解釈している。また，民間伝承に入っていったのはこうした新約聖書のサタン概念だと述べている。

[266] 以下，本章で扱う文献におけるサタンの登場回数および登場箇所は，データベースの Ma'agarim と Bar Ilan's Judaic Library ver. 20 によって調査した。

ちがその人とともにいるからだ。「彼の上に悪人を置け。〔サタンがその右に立つだろう〕」（詩 109:6）と言われているように[267]。

同ソーター篇 12.2
　36 年の間，アラム人の王たちがイスラエルにとってサタンとなるよう天命が下されていた。

シャバット篇のサタンは普通の人間にとって害を及ぼす存在のような描かれ方をしているが，サタンが悪人と一緒にいるという構図からは，「神の敵対者」という大きな存在よりも悪霊や使い魔といった比較的低級な存在の印象を受ける。さらに，「使い」という語と連結していることからも，ヨブ記のサタンのような，神の命に従って人間に災いをもたらす存在という見方もできる。ソーター篇のサタンは，サムエル記や列王記のサタンと同様，戦争中の「敵対者」という認識が相応しいと考えられる。いずれの場合も，新約聖書に見られるサタン像とは異なっていると言えよう。

『レビ記ラッバー』21.4
　サタンの名前の文字価を数えると 364 になる[268]。これはすなわち，サタンは一年の全ての日に告発を行うが，大贖罪日にはサタンは告発を行わないということである。

同 21.10
　ラビ・シモンがラビ・ヨシュアの名において曰く，どういう理由で大祭司は金の衣服を着て祭儀を行わないのか。告発者は弁護を行わない。サタンに「昨日彼らは自分たちのために金の神を作り，今日は金の衣服を着てその前で祭儀を行おうとしている」と言って告発するための口を開かせないためである。

---

[267] 同アボダー・ザラー篇 1:18 に並行伝承。
[268] ヘブライ文字には一つ一つに数字が割り振られており，サタン（השטן）という単語を構成する文字「ה（5）」「ש（300）」「ט（9）」「ן（50）」に割り振られている数字を合計すると 364 になるということ。

第6章 サタン

この二箇所のサタンは、ゼカリヤ書のサタンのような裁判における告発者という役割を担っていると考えられる。上述の『トセフタ』のように、人間にとっては損害を与える存在かもしれないが、少なくとも神と敵対する「悪魔」という構図を見出すのは難しい。以上のように、BT以前のユダヤ教文献では、新約聖書に見られるようなサタン像よりも、むしろヘブライ語聖書をそのまま引き継いでいるようなサタン像が見受けられることが確認できた。サタンについての言及は多岐にわたるため、未発見の資料等も含めここまでに言及したサタン伝承に正面から対立するような伝承群が残されている可能性は否定できないが、一定の傾向は示せたと言えよう。それらを踏まえ、続いてはBTに残された伝承を見てゆく。

BT ババ・バトラ篇 16a

〔…〕〔ヨブ記のサタンについて〕タナイームがバライタにおいて曰く。彼は地上に降りて人々を罪へと誘う。それから天に昇り神の怒りを誘発する。彼は権限を得て魂を取り去る。〔…〕ラビ・イツハク曰く。サタンの苦しみはヨブのそれよりも激しかった。例えると、樽を壊してその中のワインは守れと主人から言われた奴隷のようだった。レイシュ・ラキシュ曰く。彼は〔ヨブを告発したことからわかるように〕サタンである。悪の衝動である。死の天使である。〔…〕

同ベラホット篇 51a

〔…〕〔死の天使に警告された状況に遭遇してしまった場合の対処法の一つとして〕顔をそむけて、「主はサタンに言った。『主はお前を責められる。〔…〕』」(ゼカ 3:2) と唱えよ。〔…〕

ババ・バトラ篇 16a において、サタンは「告発者」という意味でのサタンであり、「悪の衝動」であり、「死の天使」であると述べられている。悪の衝動とは人間を悪事へと誘う要因となり、死の天使は死を司る神の使いである。いずれも人間にとっては「害を為す」と言えなくもないが、その行為も神の使いとしての職権であるとする理解が見て取れる。ベラホット篇 51a でのサタンは、ババ・バトラ篇 51a で言われるところの死の天使だという前提で話

が進んでいる。

BT ヨーマ篇 20a

〔…〕エリヤ曰く。サタンは大贖罪日には訴訟を起こす権限を有さない。それはどこから言えるのか。ラミ・バル・ハマ曰く。サタンはゲマトリアにおいて文字価が 364 である[269]。364 日間は彼は訴訟を起こす権限を有すが，大贖罪日にはその権限を有さない。〔…〕

同ベラホット篇 19a

〔…〕アバイェ曰く，そのように（神がある男を彼が本来受けるべきよりも軽く罰したと）言うべきではない。ラビ・シムオン・ベン・ラキシュが言ったように，そしてラビ・ヨセイの名でバライタが教えているように，決してサタンに向けて口を開いてはならないからだ。〔…〕

同サンヘドリン篇 89b

〔…〕「これらのことの後に神はアブラハムを試した」（創 22:1）について。ラビ・ヨハナンがラビ・ヨセイ・ベン・ジムラの名において曰く。これは「サタンの言葉の後に」ということである。〔…〕サタンは神の前で言った。（以下，神がアブラハムにイサクを犠牲に捧げよと命じるよう，サタンが神を説得する場面が続く）〔…〕

ヨーマ篇 19b は，上述の『レビ記ラッバー』21.4 の伝承を引き継ぎ，サタンは普段は「訴訟を起こす／告発する」権限を有する存在だとみなしている。ベラホット篇 19a はつまり，サタンに向けてこのような発言をするとより重い罰が下るという内容であり，やはり告発者としてのサタンを前提にしている。サンヘドリン篇 89b では，創世記 22 章のアブラハムによるイサク献納は，サタンが神にそれを求めたためと説明される。このサタンも，ヨブ記のサタンのように特定の人間を「告発」し，その人間にとって災いとなることが起こるよう神をそそのかしている。これら三例はいずれもサタンを告発者として描いていると言えよう。

---

[269] 注 268 を参照。

第 6 章　サタン

BT ベラホット篇 33a

　〔…〕シュムエル曰く、〔雄牛を丁寧に扱わなければならないのは〕ニサンの月の黒い牛についての話である。なぜならその角の間でサタンが踊っているからだ。〔…〕

　ベラホット篇 33a は、ラシの注釈に従うと、春が訪れるニサンの月には黒い牛は気性が荒くなり、それをサタンがその牛の角の間で踊っているためと説明している。それと同様に、本章冒頭でも言及したシャバット篇 89a は、シナイ山での金の子牛像事件の原因（の一端）をサタンに帰していると言えよう。民はモーセが山から下りて来なかったためにアロンに詰め寄って子牛像を作るよう求めたのであるが、それはサタンが彼らにモーセはすでに死んだと思わせたからという解釈である。これらの伝承のサタンは死の天使でも告発者でもなさそうだが、ババ・バトラ篇 16a で述べられているような、人間（動物）を悪の道へと踏み出させる悪の衝動という側面が現れていると考えることもできる。

　その他にも、ダビデが狩りに出た時にサタンが鹿の姿で現れ、それを追いかけているうちにペリシテ人の領地に入ってしまったという伝承（サンヘドリン篇 95a）や、同じくダビデがバトシェバの沐浴を目撃することになったのはサタンが原因だとする伝承（サンヘドリン篇 107a）、サタンが現れる聖句の単純な引用など、本書ですべてを引用はしなかったが BT 中でサタンが登場する伝承は多い。それらの引用していない箇所も視野に入れつつ BT におけるサタン像をまとめると、ババ・バトラ篇 16a でまとめられているように、告発者、死の天使、そして悪の衝動という性質を有する存在だと言えるだろう。すなわち、神に対して人間を告発してその人間にとっての害を生じさせ、人間の死を司る権限を神より与えられており、そして人間を悪へと誘う存在である。『トセフタ』や『レビ記ラッバー』のサタン像同様、新約聖書やヘブライ語聖書偽典とは異なったサタン像が保存されていると言えよう。

6.5. シリア・キリスト教のサタン

ここまで，ヘブライ語聖書から聖書偽典と初期キリスト教を経て，BT までのユダヤ教におけるサタン像を確認してきた。ここからは本論の子牛像事件解釈に戻りたい。冒頭で述べたように，BT シャバット篇 89a に見られる子牛像事件にサタンが出てくる解釈は，今のところ他のユダヤ教伝承にもギリシア・ラテン教父の解釈にも見出せない。しかしながらシリア教父，その中でもエフライムの解釈の中には，子牛像事件とサタンを絡めるものが見出せるのである。だがそのエフライムの解釈を分析する前に，これまで本書ではほとんど言及していない，アフラハトとエフライム以前のシリア・キリスト教に見られる伝承を一つ取り上げる。

3 世紀半ばまでにエデッサなどのシリア語地域で著されたと考えられている『トマス行伝』[270]に，恐らくサタンと考えられる存在が子牛像事件において人々を誤りへと導いたとの記述が残されている。

『トマス行伝』32 章

> 蛇が彼に言った，「〔…〕わたしは，王座に坐って天の下を支配している者の子である。〔…〕わたしは，柵を通ってパラダイスに入り，イブと，わたしの父が彼女と語るように命じたことを語った者である。わたしは，カインをたきつけ燃えたたせて，自分の兄弟を殺すようにさせた者である。〔…〕わたしは，ファラオの心をかたくなにし，イスラエルの子らを殺害させ，彼らを残酷なくびきの下に隷属させた者である。わたしは多くの人々を，彼らが〔金の〕子牛を作ったとき，荒野で迷わせた者である。〔…〕[271]

---

[270] 原本はシリア語だと考えられているが現存せず，ギリシア語訳とより後世のシリア語訳の写本が残されている。後者には多くの加筆修正が施されているとみなされているが，以下で引用する 32 章については言語間で大きな違いはない。

[271] シリア語原典（Wright, W., *Apocryphal Acts of the Apostles* (Piscataway: Gorgias Press, rep. 2005)）およびその英訳（Klijn, A. F. J., *The Acts of Thomas* (Leiden: Brill, 1962, 2003²)）を確認した上で，ここではギリシア語原典（Bonnet, M., *Acta Apostolorum Apocrypha* (Hildesheim & New York: Georg Olms Verlag, 1972)）を底本とする荒井献・柴

第 6 章　サタン

　この蛇がサタンであるとは明示されていないが，楽園でイブをそそのかして知恵の木の実を食べさせるといった，次に取り上げるエフライムの解釈ではサタンの所業とされる行為が，ここではこの蛇に帰されている。楽園の蛇とサタンを同一視することに対しては慎重にならなければならないが，仮にこの蛇がサタンとは全く関係がないとしても，エフライムがこの伝承を参照して自らのサタン理解に利用した可能性は十分に考えられる。このような背景を踏まえて，続いてはエフライムのサタン理解からサタンが関わる子牛像事件解釈を見てゆくことにする。

6.5.1. エフライムのサタン理解

　エフライムの著作に見られる，サタンが関わる子牛像事件解釈を考察するためにも，まずはエフライムの著作全般に見られるサタン理解を見ておくことが重要であろう[272]。彼はサタン（ܣܛܢܐ/sāṭānā/）やそれとほぼ同義の「邪悪なる者（ܒܝܫܐ）」[273]を自身の著作の中によく登場させているが，その中でも，楽園でイブに知恵の木の実を食べるようそそのかした蛇がサタンだとする解釈は，先の『トマス行伝』に見られる伝承と重なるところが大きい。

> 『創世記註解』2.32
> 　サタンも，深淵と同じくこの〔創造の〕六日間の間に創造された。彼は六日目まではよい者であった。アダムとイブが，戒律に違反する時まではよい者であったのと同じように。すなわち，サタンはこの日に密か

田善家訳「トマス行伝」『聖書外典偽典 7 新約外典 II』教文館，1976 年，pp. 217–375 を引用し，ギリシア語原典とそれを底本とする英訳（James, M. R., *The Apocryphal New Testament* (Oxford: Clarendon Press, 1924)）を参照して若干の変更を加えた。

[272] アフラハトの著作にもサタン自体はたびたび登場するが（『論証』6.6, 17, 7.3, 11, 9.12, 11.12, 12.8, 14.37, 40, 21.10, 14, 18），子牛像事件とのかかわりの中で言及されることはないため，その使用例は割愛する。

[273] この二つがほぼ同義で使われているのは，エフライムの多くの用例や，次節で引用する『ニシビス賛歌』からも明らかである（サタンと死が言い合っている場面で，死が相手のことを「邪悪なる者」と呼ぶのである）。

にサタンとなった。またその同じ日に，彼は密かに判決を下されて有罪となった。本当に，彼は自分の判決を，彼らの前で知らしめたくなかった。彼らは彼の誘惑に気付いていなかった。というのも，「私をだました」（出 3:13）と女（イブ）が言ったのは，蛇だった。サタンではなく[274]。〔…〕

『誕生賛歌』26.8

五日目は，創造された方を賛美しよう。
五日目に，這いまわるものたちと蛇たちを〔創造された方を〕。
その種族から出たものがイブを，我々の母をだまして堕落させた。
まだ独り立ちしていない小娘を。

楽園にいた蛇がイブをだましたというのは，創世記3章に書かれている通りである。エフライムはそこからさらに踏み込み，『創世記注解』ではその蛇が「サタンとなった」とみなしている。すなわち彼は，アダムとイブの二人が楽園を追放されることになったのはサタンのせいだと解釈しているのである。その他のエフライムのサタン理解については，例えば以下のものがある。

『種なしパン賛歌』3.16–18

16. ファラオの中には二つの型が生じている。それは死とサタンの実例だった。
17. 過越の子羊によってエジプトは打ち破られた。ヘブライ人たちの前に道が伸びた。
18. その真実の子羊によって，道を塞いでいたサタンが真実の道を返した[275]。

---

[274] Tonneau, *op. cit.*を底本した。英訳は Mathews et al., *op. cit.*がある。

[275] Beck, E., *Des Heiligen Ephraem des Syrers Paschahymnen (De Azymis, De Crucifixione, De Resurrectione)* (Louvain: Peeters, 1964) を底本とした。独訳は Beck, *op.cit.*，英訳は Walters, E. J., *Ephrem the Syrian's Hymns on the Unleavened Bread* (Piscataway: Gorgias

第6章　サタン

　ここでは，出エジプト記に描かれているエジプト王ファラオが，死とサタンの両方の性質を持つとみなされている。過越祭でささげられる子羊と，真の子羊であるイエスを対比する中で，過ぎ越しの子羊によってヘブライ人（＝イスラエルの民）はエジプトから脱出でき，イエスによってサタンは屈服させられると述べられている。またその他の著作では，エフライムはイエスのサタンに対する勝利の予型を，士師記に出てくるサムソンと，サムエル記以降で重要な役割を果たすサムエルの中に見出してもいる[276]。エフライムの著作に見られるこうしたサタン像からは，神の使いという側面は消え，神や人間に敵対し害を及ぼす存在という印象を強く受ける。その意味ではエフライムの理解するサタン像とは，ヘブライ語聖書やその後のユダヤ教におけるサタン像とは異なり，新約聖書のそれに近いと言うことができるだろう。

6.5.2. エフライムの解釈におけるサタンと子牛像事件

　以上のようなエフライムによるサタン理解を確認したところで，続いては子牛像事件とサタンを結び付ける解釈を見てゆく。これまでのところでは『ニシビス賛歌』[277]の一部のみでしかその結び付きは指摘できないが，その内容を分析するだけでも見えてくるものは多い。以下に引用する箇所では，どちらが人間に対してより大きな力を持っているかを死とサタンが言い合っており，結論は出ずに両者が互いに罵り合って終わる[278]。その中で，サタ

Press, 2012) がある。

[276] 『誕生賛歌』13.4–5。

[277] その名の通りペルシアに割譲されるまでエフライムが暮らしたニシビスについての賛歌と，それとは全く関係のない内容が収録されている。以下に引用する死とサタンの対話についての詳細な研究としては，例えば Rodrigues Pereira, A. S., *Studies in Aramaic poetry: (c. 100 B.C.E.–c. 600 C.E.); Selected Jewish, Christian, and Samaritan Poems*, (Leiden: Brill, 1997) が挙げられる。

[278] このような死（冥府）とサタンの対話については，p. 106 で言及した『ニコデモ福音書』にも類例が見られる。そこで取り上げた9章は4世紀半ばに書かれたとされるが，死とサタンの対話が描かれる20–23章はそれと同時代以降に別個に成立して流布したものと考えられている。そこでは両者が人間に及ぼす力について言い合っているのではなく，イエスの処遇について協力するよう求めるサタンに対し，死がそれ

ンが子牛像事件について言及している。

『ニシビス賛歌』53.1–3, 10–13

1. 来て，ともに聞こう。彼らが勝利を求めて闘っている争う間に——これまでに勝利したことのない罪深き者たち，これからも勝利することはないであろう。

2. 死：死が邪悪なる者に言う。勝利は最後には私のものだ。死は征服者として，最後の終わりを支配する。

3. サタン（以下サ）：死よ，それは正しいかもしれない。万一お前が誰かを，生きたまま，欲望によって死に至らしめられるのなら。

〔…〕

10. 死：サタンよ，お前に打ち勝ったヨセフに私は打ち勝ったのだ。彼は内側の部屋でお前を打ち破ったが，私は彼を墓に投げ入れた時に打ち破ったのだ。

11. サ：モーセを見よ。死よ，彼は血を撒くことでお前に打ち勝った。彼はエジプトでお前に打ち勝った[279]。だが，岩場で彼に打ち勝ったのは誰であったかな[280]。

12. 死：エリヤを見てみよ。サタンよ，彼はお前のことを全く恐れていない。彼はイゼベルの面前から逃げた[281]。私に対する恐怖からな。

13. サ：アロンを見てみよ。死よ，彼は良い香りの香料でお前を退けた[282]。私は彼に金の耳輪を与え，彼は子牛像を鋳造した。〔…〕[283]

を断りながらサタンを嘲っている。

[279] エジプトでの神の過越の際に，鴨居と側柱に血を塗ったことで死を免れた件（出 12:22–23）について言及していると考えられる。

[280] メリバの水（民 20 章）についての言及と考えられる。

[281] 列王記上 19 章参照。

[282] 民数記 17 章の，モーセとアロンに逆らった民への罰としての疫病を，アロンが香を持って行くことで終息させた話についての言及と考えられる。なお，ヘブライ語聖書と七十人訳，各日本語訳では 17 章だが，ラテン語訳のウルガータ，English Standard Version や New International Version などの英訳では，この話までが 16 章ということになっている。

[283] Beck, E., *Des Heiligen Ephraem des Syrers Carmina Nisibena* (Louvain: Peeters, 1963)

死は，人間は最後には死ぬのだから自分が勝利するのだと言い，サタンは，肉体的な死ではなく人間に罪を犯させることのほうが重要だと言う。その上で，互いに自分が影響を及ぼしたとする聖書中の人物を列挙する中で，サタンは香を持って行くことで死（病）を抑えたアロンについて，自分が金の耳輪を与えたことでアロンが子牛像事件を起こしたのだと述べている。つまり，サタンがアロンに働きかけたために子牛像事件が起こったという設定をエフライムが語っているのである。これは本章冒頭の BT シャバット篇 89a に残されているサタンの行動とは異なるものの，子牛像事件におけるサタンの関与を示しているという点においては，このユダヤ教の伝承と一致している。またこの『ニシビス賛歌』におけるサタンは，他のエフライムの著作に見られるものよりも人間的に描かれており，新約聖書に見られる超人間的な悪魔というよりは，ヨブ記や BT シャバット篇 89a に見られるサタン像に近いと言えよう。

6.6. 小括

本章では，ユダヤ教伝承に見られる子牛像事件にサタンが関与したとされる解釈をもとに，まずはヘブライ語聖書，聖書偽典，新約聖書，およびタナイーム・アモライーム期のユダヤ教文献に見られるサタン像の分析を行った。その結果，神や人間に敵対し害を及ぼす超人間的存在としてのサタン像は，新約聖書以降のキリスト教において確立した一方で，ユダヤ教においては，キリスト教の成立以降も人間的に振る舞う神の使いの一人としてのサタン像が保持されたという結論が得られた。つまり，サタンをどのように描くかという点において，ユダヤ教とキリスト教を区別することが可能となったのである。その視点をもとに，シリア・キリスト教，特にエフライムの著作に見られるサタン像の分析を行った結果，子牛像事件に関与するとともに人間に

を底本とした。独訳は *ibid.*，英訳は Brock, S. P. & Kiraz, G. A., *Ephrem the Syrian: Select Poems* (Provo: Brigham Young University Press, 2006) がある。

害を及ぼし神に裁かれるというサタン像が見られた。つまり，サタン像については シリア・キリスト教がキリスト教的な土台の上に成立しているのは間違いない。その一方で，子牛像事件解釈に関してはユダヤ教伝承との類似が確認できるのである。論じた事例が限られているために絶対的なことは言えないが，シリア・キリスト教には，新約聖書から発するキリスト教的なサタン像の上に，ユダヤ教的なサタン伝承も混在しているという可能性を指摘することはできるだろう。特に子牛像事件に関与するサタンというモチーフに関しては，本章冒頭の BT シャバット篇 89a に見られるような解釈がトマス行伝とエフライムの解釈にも見られるように，ユダヤ教とシリア・キリスト教に共通していると言えよう[284]。

---

[284] どちらがどちらに影響を与えたか，もしくは両者が独立して発生したものであるかどうかなど，その関係の詳細については安易に結論を出すことはできない。

第 7 章　結論

7.1. 比較分析の結果

　本書では，出エジプト記 32 章に描かれている金の子牛像事件についての解釈を中心に，ギリシア・ラテン教父の著作も参照しつつ，ユダヤ教とシリア・キリスト教の比較分析を行った。

　第 1 章で論じた通り，「大いなる罪」の記録である金の子牛像事件はユダヤ教とキリスト教の両者にとって重要な意味を持ち，両者ともにこの問題に関しては様々な面から数多くの解釈を生み出してきた。それと同時に近現代の研究者たちも，聖書本文の分析や解釈伝承の収集，事件の背景や解釈史の考察など，様々な角度からこの事件についての分析を行ってきた。それらの研究の結果，この子牛像事件の解釈について時代や地域を越えた包括的な見解を述べるのは，不可能とは言わないまでも有効な取り組みではなく，これからの研究は時代や地域，歴史的状況などある一定の条件下での分析に特化する必要があることが確認されている。それを踏まえて，本書ではアモライーム期までのユダヤ教の解釈と，同時期までのシリア教父（アフラハトとエフライム）の解釈を比較することを試みた。本書では，子牛像事件の何が問題でどのような罪に該当するのか，子牛像事件の登場人物であるアロン，モーセ，イスラエルの民についてはどのような解釈がなされているのか，そして一部の解釈においては子牛像事件に関与したとされるサタンについての伝承からはどのようなことが言えるのかという点に着目し，一次資料を参照しながら論を進めてきた。

　第 2 章ではまず，子牛像事件の罪についての分析を行った。ユダヤ教とキリスト教の比較に入る前に，まずはヘブライ語聖書中の子牛像事件解釈について確認したが，それらは（列王記上のヤロブアムの金の子牛像事件を除いて）みな出エジプト記の内容をまとめるのみで，そこで語られていない事件の背景や情報を与えてくれるものはなかった。また，子牛像事件で描かれて

いる「牛」そのものについても分析を行ったが，そこに使用されている単語に関しては何の問題も見出されなかった。その上でまずユダヤ教の解釈を見てみると，子牛像事件がいかに大きな問題であったか，そしてその罪の結果イスラエルの民にどのような悪い結果が訪れたかという解釈が目立っていた。それに加え，子牛像事件の罪は「偶像崇拝（עבודת כוכביםやעבודה זרה）」の罪ないしはその中でも特に姦淫の罪であるといった解釈が見られた。翻ってギリシア・ラテン教父の解釈では，子牛像事件をエジプトに結び付ける解釈，そしてその罪は「偶像崇拝（εἰδωλο-λατρεία）」であったとみなす解釈が見られた。その一方でシリア教父の解釈では，子牛像事件の罪を認定する解釈はもちろんのこと，エジプトとの関係を指摘する解釈，その罪は「偶像崇拝（ܦܬܟܪܐやܕܚܠܬܐ）」だとする解釈，そして子牛像事件に姦淫の罪を見出す解釈が見られた。ここで重要なのは，「偶像崇拝」という言葉の持つ意味である。ユダヤ教の解釈で用いられる「偶像崇拝」が，異質ないしは異教的な祭儀という意味合いが強いのに対し，ギリシア・ラテン教父の用いるギリシア語の「偶像崇拝」は，具体的な図像を用いた崇拝行為を意味していた。それに対してシリア教父の解釈で用いられる「偶像崇拝」は，ユダヤ教のような異教的な祭儀とギリシア語の「偶像崇拝」が意味する図像に対する礼拝行為の両方の意味を有していた（二種類の言葉を併用していた）。つまり，三者ともに子牛像事件を問題視する姿勢は共通しているものの，その何が問題であるかには差異が見られた。その中でシリア教父は，キリスト教の立場に身を置きながらもユダヤ教伝承を十分に活用していたと言える。

　第3章では，出エジプト記の記述に従えば「主犯」と言ってもよいであろう，ユダヤ教の最初の大祭司であるアロンについての解釈を扱った。彼は聖書によれば子牛像を作った当の本人であり，下山したモーセにも激しく叱責されている。それにもかかわらずユダヤ教の解釈においては，特に第二神殿時代とアモライーム期の文献では，その責任の軽減化やアロンに対する同情的な記述が目につく。他方でタナイーム期の文献では，アロンは罪を犯したと明確に語られた上で，その罪はすでに赦されたとする解釈が中心である。アモライーム期に入ると，アロンの責任を軽減しようとしているとみなせる解釈が増えるが，アロンが罪を犯したことを認める解釈も依然として見られ

第7章　結論

る。ところがギリシア・ラテン教父の解釈を見ると，むしろ子牛像事件におけるアロンの罪を認めて非難するもののほうが少数派で，多くの教父が，アロンは罪を犯したにせよそれは事情があってのことだったという方向でアロンを擁護している。シリア教父の解釈に目を転じてみると，アロンは罪を犯したもののその罪はすでに赦されたとするユダヤ教のタナイーム的な解釈とともに，ユダヤ教の伝承に見られるのと同じ理由でアロンを擁護している解釈が見出せる。三者ともにアロン擁護の姿勢を示している点については，彼がユダヤ教にとってもキリスト教にとっても重要な大祭司であったからという背景から説明することができる。しかし，ユダヤ教の解釈者はアロンの背後にユダヤ教を，キリスト教の解釈者はアロンの背後にキリスト教を見て，それぞれアロンを擁護していたのである。その中でも，シリア教父の解釈にはユダヤ教の解釈と同じ傾向やモチーフが見られたのは注目に値する。

　第4章では，子牛像を破壊して，事件を起こしたアロンと民を叱責し，レビ人に命じて民を処罰させ，その一方で神に民の助命を願うなど，事件における責任は皆無に見えるモーセについての解釈を扱った。実際に，いずれの立場においてもモーセを非難するような解釈は見られない。ユダヤ教ではその存在の大きさ，神ともいわば対等に話し合えるその関係，民を救うために自らを犠牲にささげようとするその姿などが称賛されるとともに，聖書の記述からは特に好意的に解釈するのが難しい彼の行動についても評価する解釈が見られた。キリスト教の解釈においても，ユダヤ教の解釈同様モーセを称賛するものが多く，その自己犠牲の精神をイエスに結び付けるものも見られた。また，モーセを持ち上げるために代わりに民をこきおろすという手法が見られるなど，「偉大なモーセ」をユダヤ教の枠内から引き出してキリスト教の文脈に位置づけようとする姿勢が見て取れる。シリア教父の解釈においても，モーセを称賛する姿勢は同じである。アフラハトもエフライムも，モーセは民の神のようであったと述べ，特にエフライムの解釈においては，モーセが民の心に秘められていた問題行動を抑えていたというような，ギリシア・ラテン教父の解釈に見られるのと同様の，民とモーセの対比構造も見出せる。それと同時に，神に人間のような思考や思惑を想定してモーセとの距離感を縮めている点などには，ユダヤ教の解釈との類似性が見出せる。つま

り，シリア教父のモーセ解釈には，ユダヤ教とギリシア・ラテン教父の解釈に見られる両者の特徴が併存しているのである。

　第5章では，子牛像事件においてアロン以上に擁護のしようがないように見えるイスラエルの民についての解釈を扱った。重層的な概念である「イスラエルの民」の描写を子牛像事件解釈に限定して分析を進めたが，この民の行為にまったく非を認めない解釈はいずれの立場においても見つけることができない。ユダヤ教伝承にのみ，民に対して同情的ないしは好意的と見なし得る解釈がいくつか見られる程度である。もちろん，ユダヤ教伝承にも民を一枚岩とみなしてその行動を非難する解釈は多々残されているが，民以外の責任を指摘することで翻って民の責任を軽減しようと試みていると考えられる解釈も，同じように見出せる。また，同じイスラエルの民の中にも非難されるべき者とそうでない者がいると区別している解釈も一定数見出せる。他方で，初期キリスト教からギリシア・ラテン教父の解釈においては，新約聖書にこそ民の中に区分を設けて非難するべき者とそうでない者を分けて考えているような解釈が見られるが，その後はほぼ一貫して，子牛像事件のためにイスラエルの民／ユダヤ人は「神との契約を失った」であるとか，子牛像事件は彼らの愚かさなどの現れだとみなす解釈が支配的である。シリア教父の解釈においても，民を単純に非難するものが目立ってはいるが，ユダヤ教の解釈にも見られるように，やむなく子牛像事件にかかわった者や非難されるべきでない者もいたという，民を区別する解釈も見出せる。つまり，いずれの立場においても民に対する批判的な態度は明らかなものの，それぞれの解釈伝承の時代や文学ジャンルを考慮することで，微妙な差異も見えてくるのである。

　第6章では，出エジプト記には全く姿を現さないサタンが，実は子牛像事件に関与していたというユダヤ教の解釈を軸に，それぞれの立場におけるサタン像の分析，および子牛像事件との関与について論じた。そもそもヘブライ語聖書では，サタンは固有ではない一般的な存在やその行為を意味したり，神の使いとして神の許容範囲内で人間に対して悪事（と思われること）を行ったりしていたが，聖書偽典では徐々に神や人間に敵対する存在として描かれ始める。そして新約聖書に至って，現代の我々が単純に想像するような神

第 7 章 結論

の敵や悪魔といったイメージで語られるサタン像がほぼ確立したことが確認された。他方で、キリスト教成立以降も、ユダヤ教においては神の使いであったり人間的な振る舞いをしたりするサタン像が依然として保存されている。シリア・キリスト教にも、そうしたキリスト教的なサタン像が伝わっていると同時に、ユダヤ教の解釈に見られたような、子牛像事件にサタンが関与するという解釈も見出された。これは、シリア・キリスト教が一般的なキリスト教におけるサタン理解の他に、ユダヤ教と共通のサタン伝承も有していた一つの証拠と考えられるだろう。

以上のように子牛像事件における様々な要因に着目して、ユダヤ教、ギリシア・ラテン教父、シリア教父の解釈を比較してきた。どの要因の分析においても言えることは、シリア教父の解釈には、ユダヤ教とギリシア・ラテン教父のそれぞれに独自の特徴が両方とも見出せることである。あらゆるテーマについての聖書解釈においても同様のことが言えると断言することはできないが、少なくとも子牛像事件解釈においては確実な傾向と言えよう。以上が最も端的な本書の結論であるが、以下でその背景についてさらに考察を加える。

7.2. ユダヤ教とシリア・キリスト教の類似性の背景

ユダヤ教とシリア・キリスト教の聖書解釈の類似性の背景としては、シリア地域ではユダヤ教もキリスト教もどちらも少数派であったこと、両者が同じ都市で暮らし互いの共同体の交流が保たれていたこと、そのためどちらの共同体の一般信徒もシナゴーグと教会の両方に顔を出すことができたこと、そして、ユダヤ教の解釈が伝えられたヘブライ語・アラム語とシリア教父たちの使用していたシリア語が言語的に似通っていることが主に挙げられるだろう。これらの点は、これまでに述べてきたようにすでに先行研究によっても確認されている[285]。時にはシリア教父の解釈をユダヤ教の解釈者が利用

---

[285] Barnard, *op. cit.*; Kronholm, *op. cit.*; Drijvers, 1985; idem, 1992; Narinskaya, *op. cit.* など。ここで注意するべきなのは、アフラハトとエフライムと同じシリア地域のアンティオキアで主に活動し、ギリシア語で著作を残したヨアンネス・クリュソストモスの

したという可能性も考えられるが，ユダヤ教の歴史の長さを考えるに，多くの場合にはシリア教父がもともと知っていたユダヤ教起源の伝承，もしくは新しくユダヤ人から知った彼らの伝承を，自分たちの解釈に組み入れたと考える方が自然であろう。それによって，シリア教父は自分たちの聖書解釈にギリシア・ラテン教父の解釈にはない幅を生み出すとともに，ユダヤ人の関心をひくことを狙った解釈や説教を行ったのだと考えられる。

加えて，シリア教父自身も意図していたかどうかは不明であるが，彼らがもともと持っていた聖書の知識がユダヤ教的な解釈とセットになっていたという可能性も指摘できる。そうすると，ギリシア・ラテン教父の間では失われてしまった，もしくは意図的に彼らの中からは捨て去られていったユダヤ教を前提とした聖書理解が，シリア語地域においては4世紀に至るまで生き続けたとも考えられる。

さらに踏み込んで考えるならば，同じような言語で（背景は異なりながらも）同じような解釈を行っている点で，当時のシリア語地域ではユダヤ教とキリスト教の境界は現在の我々が考えるほどには厳密なものではなかったのかもしれない[286]。しかしこれはあくまで当時の社会情勢とここまでの結論を踏まえた暫定的な仮説に過ぎない。

7.3. 子牛像事件が示すアイデンティティー

子牛像事件そのものに戻ると，これまで見てきたように長期にわたって大

ケースである。彼も上述の状況下のシリア地域で多くの説教や聖書解釈を行ったが，少なくともアフラハトとエフライムほどの顕著なユダヤ教との類似性は見られない。そのため，ユダヤ教とキリスト教の物理的交流に加えて，使用言語という点が両者の類似性に大きな役割を果たしていると考えられる。アンティオキアのユダヤ教とキリスト教を取り巻く状況については，Wilken, *op. cit.* の，特に pp. 34–65 が詳しい。

[286] 1世紀のマタイ福音書記者とその読者を念頭に，A. J. Saldarini は「特にシリアにおいて，ユダヤ人共同体とそこから現れたキリスト教集団は，長らく透過性が高く識別のつかないままであった」と述べている（*Matthew's Christian-Jewish Community* (Chicago: The University of Chicago Press, 1994), p. 11）。本書ではその状態が4世紀まで続いた可能性を示唆するにとどめる。

第 7 章 結論

きな多様性を示してきた子牛像事件解釈は，ユダヤ教とキリスト教の両者にとって，自分たちのアイデンティティーを示すために便利な素材であったと筆者は考えている。まずユダヤ教にとっては，聖書内でも有数の先祖の罪を子孫である自分たちがどのように考えるか，またそこからどのような教訓を引き出せるかが当面の課題であった。そこでは例えば，そもそもその罪を隠蔽しようとする解釈や，子牛像事件を罪と赦しの物語として語り継いてゆこうとする解釈などが見出された。他方で初期キリスト教にとっては，ユダヤ人が神との契約を失って自分たちこそが新たな契約を結んだことを証明するために，そしてそれ以降のユダヤ人たちを非難するためにも，子牛像事件は格好の出来事であった。子牛像事件について述べることそれ自体が，自分たちの立場を確固たるものとするのに役立っていたのである。そして時が経って両者が並び立つようになると，今度は相手側が子牛像事件をどのように活用しているかを知る者も出始め，それに対する反応としての解釈が生み出されるようになった[287]。それと分かる形で提示されなくとも，比喩的な反応や，直接反応しないという形での反応もあったであろう。様々な形で直接的・間接的に攻撃を受ける中で，自分たちは改めて子牛像事件をどのように考えるのか，そしてその中で自分たちは何を主張したいのかといったことを，解釈の中に組み込んでゆくようになるのである。そのような状況下でシリア教父たちは，言語の類似性を最大限活用し，身近にいるユダヤ人たちの伝承を組み込んだ子牛像事件をも使って，彼らとの差異化を図っていったと考えることができる。

このように，様々な背景で自分たちのアイデンティティーを示すための素材として，子牛像事件はユダヤ教とキリスト教の双方から大いに活用されてきた。そして，本書はその子牛像事件の解釈を分析することで，彼らのアイデンティティーの一端に迫ることができたと考えている。これを最大の成果

---

[287] もちろん，キリスト教以前から子牛像事件などを題材にユダヤ教を非難する勢力は確実に存在していただろう。そのため，他者への応答としての解釈が生まれたのは必ずしもキリスト教成立以降と断じることはできない。ここでは，まずは内省があり，しかる後に（誰であろうと）他者への対応があったという程度の推移を想定している。

として，本書はここで筆を擱くこととする。

補遺　子牛像事件解釈から見るユダヤ教，ギリシア・ラテン教父，シリア教父の神観

1. 序言

　この補遺では，子牛像事件解釈に見るユダヤ教，ギリシア・ラテン教父，シリア教父の神観について論じてゆく。自分たちの信仰の対象である神についての認識は，それぞれの信仰に基づく聖書解釈に対しても多大な影響を及ぼしていると考えるのが自然である。そのため，この三者の神観という重要な問題も当初は本論の中で扱う予定であったが，十分に説得力のある結論を出すだけの資料が特にギリシア・ラテン教父の解釈に見出せず，また子牛像事件解釈に限定するとは言え，これら三者が神をどのように認識していたかという問題には，前提とするべき情報や資料が膨大に存在し，本書のような規模の研究の一章とするには荷が勝ちすぎた。そのため，本論から外れた補遺という形で補足的に論を進めたい。

2. 子牛像事件における神の振舞い

　まずは，出エジプト記 32 章において神がどのように振舞ったかを確認しておこう。1–6 節で子牛像が作られて犠牲が捧げられたのを受け，神はモーセに下山を促す。その際には民を強く非難し，彼らを滅ぼして（その代わりに）モーセを「大いなる民にする」と述べている（10 節）。しかしモーセに情理を尽くして懇願された結果，神は「心を静め」る（14 節）。その後しばらく舞台はシナイ山の麓に移る。モーセがレビ人に民の殺害を命じた後に再度モーセはシナイ山に登り，民を赦すように，そしてもし赦してもらえないなら自分の身を犠牲に捧げると神に迫る（31–32 節）。それを聞いた神は，民には罪の報いが訪れると答える（34 節）。そして出エジプト記 32 章の結

語として、神が子牛像事件ゆえに民を打ったと語られる（35 節）。

子牛像事件がどれほど神にとって重大な問題であったのかは、これまでにも十分論じてきたので措くとして、ここから見えてくる神は、事件後すぐに民を滅ぼすことを決意するほどに短気であると言える。しかもモーセの懇願により簡単にその決意を覆すほどに、その怒りは軽い。モーセが 11–13 節で神に述べる通り、神はわざわざ民をエジプトから連れ出し、荒野における民の様々な不平不満にも奇跡でもって対応したにもかかわらず、子牛像事件に際しては留保なしにその民を滅ぼすと宣言する。しかも、その怒りはモーセの懇願によりわずか数節で治まってしまう。この世界を創造し聖書中でも多くの奇跡を実現している神としては、あまりにも簡単な翻意と言えるのではないだろうか。実のところ、ヘブライ語聖書の神にはこのような人間じみた側面が多々見られるのであるが、そういった点はさておき本書の議論に話を戻すと、子牛像事件に見られるのは、一度は怒りに燃えて民を滅ぼす決意をするも、モーセに説得および懇願されたことでその怒りを鎮め、それでも結局は民へ罰を与えることを告げる神である。

3. ユダヤ教の解釈における神

以上のような子牛像事件における神の姿を踏まえ、ユダヤ教の事件解釈の中では神がどのように描かれているのかを見てゆくことにする。

まず、『聖書古代誌』12.4 は出エジプト記 32:7–14 を敷衍させた形で解釈を進めるが、ここでは神がモーセに子牛像事件の発生を伝えた直後にモーセが下山するため、この時点ではモーセによる神への懇願と執り成しは語られない。ここでのモーセへ向けた神の言葉からは、神が怒りに燃えて民を滅ぼそうとするというより、最初から理性的に民の問題を指摘して、将来民がまた別の罪を犯すことを見越した上で民を赦そうとする姿勢が見て取れる。その後、下山したモーセと麓での騒動を経て、12.8 から再度神とモーセの対話が始まる。そこではモーセが様々な比喩を使って神の怒りを鎮めようと奮闘し、神は即座にそれに応じて憐みを表明する。そして新しい契約の板についての指示をモーセに出す。『聖書古代誌』12 章の記述では、もともと神は

補遺

それほど民に対して怒りを表しているように見えないが，モーセの必死の執り成しとその内容の豊かさを敢えて記すことは，その筆者である偽フィロンにとっては読者に対する重要なアピールであったのであろう。ここに見られる神は，出エジプト記 32 章の神よりもかなり理性的で，自らの怒りを簡単に取り下げるという以前に，そもそも聖書に見られるような神の怒り自体が見出せない。このような神描写に対しては，たとえ神の言葉といえども，解釈者の目的のためには（少なくとも表面上は）自由に改変してもよいという，ユダヤ教の聖書解釈の特徴の一つが指摘できる。

神の言葉の改変どころではなく，聖書中にまったく根拠のない神の発言を解釈者が創作している事例も，ユダヤ教の解釈には多く見られる。

『申命記スィフレ』1[288]

〔…〕「ディ・ザハブ」（申 1:1）〔という語句について〕。〔神は〕彼らに言った。見よ，すべてのことの中で，子牛像の件においてお前たちが行ったことが，私にとってはすべてのことよりも重い。〔…〕

ここでは，自分にとっては子牛像事件が一番重い問題であると神自身が述べたとされる。その一方で，BT には神が以下のように発言したとされる解釈が残されている。

---

[288] 聖書の申命記について，その法的側面を重点的に論じたタナイーム期のミドラッシュ。成立年代は 3 世紀末とされる（Lindqvist, *op. cit.*, p. 31; 阿部，前掲書，p. 7）。その中心部分は，多くの弟子を持ち後世への影響も大きいラビ・アキバ（タナイーム第二世代：50〜135 年頃）の学派に属するものと考えられているが，他の学派からの影響や後代の編集の跡なども指摘されている（Kahana, M. I., "Sifrei," *EJ²ⁿᵈ*, vol. 18, pp. 562–564）。アキバの師は，ユダヤ人のエルサレム追放後にヤブネにユダヤ教の中心地を設立したヨハナン・ベン・ザッカイである。なお引用は，Finkelstein, L., *Sifre on Deuteronomy* (New York & Jerusalem: The Jewish Theological Seminary of America, 2001) を底本とした。英訳には，Hammer, R., *Sifre: A Tannaitic Commentary on the Book of Deuteronomy* (New Heaven & London: Yale University Press, 1986)，および Neusner, J., *Sifre to Deuteronomy: An Analytical Translation*, 2 vols. (Atlanta: Scholars Press, 1987) がある。

BT ベラホット篇 32b

　〔…〕〔イスラエルの会衆は〕神の前で言った。世界の主よ，あなたの栄光の玉座の前に忘却はないので，あなたは私に対して子牛像の出来事を忘れることはないのでしょう。神は答えて言った。「これらのこと（אֵלֶּה）[289]も忘れられるだろう」（イザ 49:15）。〔イスラエルは〕神の前で言った。世界の主よ，あなたの栄光の玉座の前に忘却があるので，あなたは私に対してシナイの出来事を忘れるのでしょう。神は答えて言った。「私はお前のことを忘れはしない」。これは次のことと同じである。ラビ・エルアザル曰く，ラビ・オシャヤ曰く。「これらのことも忘れられるだろう」と書かれているのはどういうことか。これは子牛像の出来事のことである。「私はお前のことを忘れはしない」。これはシナイの出来事のことである。

　要点をまとめると，神は子牛像事件については忘れるが，シナイ山でのイスラエルの民との契約は忘れないと宣言しているのだと考えられる。子牛像事件全体の罪について，解釈者が神の口を借りて罪の赦しを述べている解釈と言えるであろう。
　以下は本書でもすでに度々引用している解釈であるが，罪の赦し以上に子牛像事件における神の責任を指摘するものである。

『トセフタ』キプリーム篇 4(5).14

　〔…〕どこでそれ（懺悔の言葉）を言うのか。祈りの後である。聖櫃の前を通る者は四つ目の祈りの際に。ラビ・メイール曰く。その者は七つの祈りを祈り，懺悔で終える。賢者たちが曰く。その者は七つの祈り

---

[289] 「これらがお前の神々だ，イスラエルよ（אֵלֶּה אֱלֹהֶיךָ יִשְׂרָאֵל/'elleh 'eloheicha isra'el/）」（出 32:4）という聖書の句を念頭に置きながら，「これら（のこと）（אֵלֶּה/'elleh/）」というその聖書の句の冒頭の一語で子牛像事件全体に言及していると考えられる。つまり，子牛像事件にはまったく関係のないイザヤ書の句を持ってきて，そこで「忘れられるだろう」と言われていることが子牛像事件を指しているとする解釈である。

を祈る。そしてもし懺悔で終わりたいのなら，終わればよい。そして罪の詳細を述べる必要がある。ラビ・イェフダ・ベン・プティラの言葉。「ああ，この民は大きな罪を犯しました。彼らは自分たちのために金の神々を作ったのです…」（出 32:31）と言われているように。ラビ・アキバ曰く。その必要はない。もしそうなら，なぜ「彼らは自分たちのために金の神々を作った」と言われているのか。だが主はこう言った。誰がお前たちに，お前たちが金の神々を作るようになることを引き起こしたのか。私だ。私がお前たちに金を多く与えた。

この解釈ではモーセが子牛像事件の罪を懺悔している聖書の箇所に対し，神が直接自分の言葉で，民が金の子牛を作るに至ったのは自分が彼らに多くの金を与えたからだと述べている。ここには，自らの過ちを認めるとともにそれを自らの言葉で告げる神の姿が描かれていると言える。逆に言えば，そのような神の姿を人間が（勝手に）描いているのである。

このように子牛像事件の責任（の一端）が神にあるという解釈は，前述のようにユダヤ教の他の文献にも見られる。

BT ベラホット篇 32a

〔…〕ラビ・ヤンナイ派の者たち曰く。〔ここまでの議論は〕ここから引き出せる。「ディ・ザハブ」（申 1:1）。「ディ・ザハブ（וְדִי זָהָב）」とはどういうことか。ラビ・ヤンナイ派の者たち曰く。モーセはほむべき聖なるお方の前でこう言った。世界の主よ，彼らが「もういい（דַי）」と言うまであなたが彼らに，イスラエルに与えた銀と金（זָהָב）のために，彼らが子牛を作るということを引き起こした。〔…〕「さあ，私をほうっておけ。私の怒りは彼らに対して熱く燃え上がり，私は彼らを消滅させる。そしてお前を大いなる民としよう」（出 32:10）。ラビ・アバフ曰く。〔…〕これ（聖書にこのように書かれていること）は次のことを教える。モーセはほむべき聖なる方をつかんだ。友人の服をつかむ人のように。そして主の前で言った。世界の主よ，あなたが彼らを赦すまで，私はあなたを放しません。〔…〕

ここでは，上に引用した『トセフタ』の伝承とは違い，モーセが神に向かって直接神の責任を指摘している。神が絶対無謬であるならば罪に対する神の責任という概念自体が矛盾するわけであるが，それが神にあるというだけでなく，人間であるモーセが神に向かって直接それを指摘しているのである。そしてこういった解釈には，人間と対話する神という存在が前提とされていることも重要である。

　以上で見てきたように，ユダヤ教の解釈に神が現れる際には，聖書における神よりもより理性的で冷静といったように神の様子が描き直されたり，子牛像事件の罪を強調するにせよ軽減する方向で語るにせよ，聖書にない言葉を解釈者が自由に神に語らせたりといった事例が確認された。そして時には神自らが事件の責任を認め，また時にはモーセによってその責任を指摘される例も見出せる。このように，神としての地位と尊厳は守りながらも，解釈者の思うように描かれ喋らせられるのが，少なくとも子牛像事件解釈には見られる神の姿である[290]。

4. ギリシア・ラテン教父の解釈における神

　ユダヤ教の解釈に現れる神とは異なり，初期キリスト教からギリシア・ラテン教父の解釈に現れる神は，自ら口を開くようなことをほとんどしていない。新約聖書の使徒言行録や『バルナバの手紙』を例にとっても，子牛像事件についての解釈を述べているのは，すべてキリスト教徒であるところの人間である。それは以降の教父たちの著作においても同じことで，子牛像事件における神の振舞いや役割について論じたり，神自身の口を借りて事件に関することを語らせたりするような解釈は，これまでのところでは見つけられていない。それを踏まえ，出エジプト記 32 章に限らず子牛像事件に関連する神の言葉が出てくる章節を引用している解釈を何点か見てゆく。

---

[290] このような神観が，子牛像事件解釈に限定されないユダヤ教の聖書解釈の特徴の一つであることは，子牛像事件以外の様々な解釈からも明らかであるが，本書ではこれ以上立ち入らないこととする。

補遺

　まずユスティノスは,「愚かな子ら」（エレ 4:22）と「彼らには信仰がない」（申 32:20）を合わせてひとまとまりの神の言葉とし, 子牛像事件におけるイスラエルの民への非難に結び付けている（『ユダヤ人トリュフォンとの対話』20.4）。エレミヤ書 4:22 も申命記 32:20 も, 少なくとも表面上の意味では子牛像事件についての神の言葉というわけではない。だがユスティノスはこの神の言葉を子牛像事件の文脈でとらえ, 神が子牛像事件のためにイスラエルの民を「愚か」で「信仰がない」と言って非難しているとみなしている。これはユダヤ教の解釈のような神の言葉の切り貼りというよりは, 対象が広い神の言葉を, 特定の文脈に限定して引用した例と言えるだろう。

　テルトゥリアヌスも, 自身の子牛像事件解釈の中で,「私をほうっておけ。私の怒りは彼らに対して熱く燃え上がり, 私は彼らを消滅させる」（出 32:10）という神の言葉を引用している（『マルキオン駁論』II.26）。すでに第 4 章で述べたように, ここではモーセの中にキリストの予型を見るという解釈がなされており, 神の言葉は中心的な位置を占めているわけではない。子牛像事件の臨場感を出すための演出の一つであると言うこともできるだろう。子牛像事件を語る際にそこに記されている神の言葉を引用するという, 神の言葉の素直な使用である。

　以上の二例のみからすべてのギリシア・ラテン教父について断定的なことは言えないが, 子牛像事件における神の言葉を利用する解釈においても彼らギリシア・ラテン教父は, ユダヤ教の解釈に見られるように, 神の言葉を勝手に創作したり文脈を変えて切り貼りしたりということはしない傾向にあるようである。あくまでも, 聖書本文の内容に沿った神の言葉をそのまま引用しているだけと言えよう。ギリシア・ラテン教父には, 自らの著作の中で神を自分の好きなように動かし喋らせるという傾向が皆無, とは断言できないにしても, ユダヤ教の解釈のように頻繁に見られるわけではない。これを敷衍させることができるならば, 自分たちが神を勝手に喋らせることなどできないように, 神は人間の理解を越えて超然と存在すると考えるのがギリシア・ラテン教父の神観と言えるかもしれない。

5. シリア教父の解釈における神

以上で論じてきたユダヤ教とギリシア・ラテン教父の神観を踏まえ，シリア教父の解釈に見られる神の姿の分析に移る。

アフラハトの解釈の中には，先ほど取り上げたギリシア・ラテン教父の解釈のように，出エジプト記 32 章の神の言葉を引用しているものも見られるが[291]，それよりもユダヤ教の解釈のように神の主体性をアフラハト自身の言葉で語っているものが見受けられる。

アフラハト『論証』7.15

悔い改めを求める者よ，祭司の長であるアロンのようになれ。彼は子牛によって民に罪を犯させた時，自らの罪を告白してその主が彼を赦した。イスラエルの王たちの中で最も偉大なダビデも，自らの愚行を告白して赦された。〔…〕

ここでアフラハトが述べているような，アロンが自らの罪を神に告白して赦されたという記述は聖書中には見出せない。従ってこの神がアロンを赦したという内容は，オリジナルの解釈かどうかは別としてもアフラハト自身の理解ということになる。子牛像事件におけるアロンの罪を赦すという大きな問題を，アフラハトは自らの裁量で神の行為と描いているのである。

エフライムの著作にも，すでに論じた箇所ではあるが同様の解釈はいくつか見られる。

エフライム『出エジプト記註解』32.6

〔…〕〔神が〕モーセに，彼らを滅ぼすことを明らかにしたのは，モーセが骨折りをして彼らが赦される時に，彼らの目に赦しが大きくなり，彼らの頭の中で調停者（モーセ）が愛されるためであった。

---

[291] 『論証』6.14。

ここでは，神がモーセに民を滅ぼすことを宣言したのは，それを聞いたモーセが民のために執り成しを行い，その結果として救われた民がモーセをより愛するようになるのを見越してのことだったと解釈されている。エフライムは神の言葉を創作することはないが，聖書に書かれている神の言葉の背景を（勝手に）読み取って，聖書に書かれていない内容をそこに読み込んでいる。ここではそれが，神に人間のような思惑を想定するという形になっている。ユダヤ教の解釈ほど自由奔放ではないと言え，神の意志を推し測ってそれを自分の解釈に組み込むという姿勢は，少なくともギリシア・ラテン教父の解釈には見られなかったものである。

エフライム『我らが主についての説教』6

〔…〕レビの子らは誰を殺すのかをわかっていなかった。〔子牛を〕崇拝した者たちが，崇拝しなかった者たちと混ざっていたからである。簡単に分けることができる者（神）が，彼らを異端に走った者たちと異端に走らなかった者たちに分けた。無実な者たちは感謝した。彼らの徳が正義に背かなかったことを。有罪な者たちは認識した。彼らの罪が裁きから逃れられなかったことを。〔…〕

この箇所では，レビ人が罪を犯した民を殺害するに際し，誰を殺すべきであるかを神が区別したという解釈が述べられている。神の言葉を創作しているわけではないが，聖書に書かれていない神の行為によって聖書の行間を埋めて子牛像事件の内容を膨らませていると言えよう。

同 18

彼らの異教崇拝が，隠れていたところから現れ出たとき，モーセもまた隠れていたところから公けに出てきた。彼はこれらの者たちに罰を与えた。彼らの異教崇拝が呼び起こされたためである。聖なる雲の下で，それは彼らを覆っていた。四十日間，神は群れからその羊飼いを隠した。その群れは，その信頼が子牛に結びついていることを示すだろう。神がすべての壮麗さによってその群れの世話をしていたように。その群れは

自分たちのために，群れを世話することさえできない子牛を羊飼いとした。モーセは彼らから取り去られ，彼らに恐怖を引き起こした。モーセの力が彼らの心の中に抑えていた偶像崇拝が，彼らの口の中で声を上げるように。確かに彼らは声を上げた。「我々に，我々の前を行く神々を作れ」（出 32:1）と。

　モーセが民の中からいなくなったために民が心の中に秘めていた「偶像崇拝」が姿を現したとする解釈だが，そのような状況を引き起こしたのは神であり，神が主体的にモーセを取り去ったとエフライムは述べている。モーセがシナイ山に上ったために民から離れたのは聖書的事実であるが，それは神がその後の子牛像事件を見越して敢えてそのように差配したという解釈である。ここでもエフライムは，聖書の記述の行間に神の意志を差し挟み，その背景を説明している。
　以上のようにアフラハトもエフライムも，ユダヤ教の解釈のように神の言葉までを自由に創作するほどではないものの，聖書に書かれていない神の意図を（勝手に）読み取り，それを自分たちの解釈に組み込んでいることが見て取れる。

6. 小括

　ここまで，子牛像事件における三つの立場の解釈から，事件に神の言葉や振舞いを関係付けるものを分析してきた。ユダヤ教の解釈においては，もはや神は自由に使える登場人物の一人であり，聖書に書かれていない言葉からその行動まで，解釈者たちの自由裁量で創作されていると言えよう。他方でギリシア・ラテン教父の解釈では，文脈が限定されない神の言葉や子牛像事件に関係する神の言葉をそのまま事件の文脈にあてはめて引用するものがせいぜいで，そういった姿勢は神を自由に使い回すユダヤ教の解釈の対極に位置すると言えるだろう。それを踏まえるとシリア教父の解釈は，ユダヤ教のように神の言葉を勝手に創作するというところまでは行かないものの，聖書には書かれていない神の意図や行動を自分たちの解釈に組み込んでいるよう

補遺

に，ある意味で節度を持って神を利用していると言うことができるだろう。

こういった三者の立場から彼らの神観を考えてみる。（もちろん相応の敬意は備えた上で）神を人間の登場人物のように自由に描くユダヤ教の聖書解釈は，聖書解釈という枠の中では，つまり理屈が通じる限りでは，神すらも多種多様な解釈の対象となるようである。その意味では，神よりも解釈，ないしは解釈の論理が上位に来ると言ってしまってもよいのかもしれない[292]。それに対してギリシア・ラテン教父は，神を絶対無謬，かつ人間によって安易に操作され得ない存在とみなしていると考えられ，そういった姿勢が彼らの聖書解釈にも如実に表れていると言えるのではないだろうか。本書では触れるだけにとどめたが（p. 86），聖書の記述を何らかの予型や比喩と捉える彼らの聖書解釈の手法（アレクサンドリア学派／アンティオキア学派）は，そうした絶対の真実を前提とした上でできる限り多様な解釈を行うために生み出された技術だと言えるのではないだろうか。そしてシリア教父は，神すらも解釈の対象となるユダヤ教の流れを汲みつつ，ギリシア・ラテン教父的な神の無謬性や不可侵性を尊重した結果，神の言葉や行動の創作ではなく，聖書中の神の行動の意図を推し量るところで折り合いをつけたと言えるのではないだろうか。

この補遺から得られる結論は参考程度のものに過ぎないが，本論の結論のように，ユダヤ教の影響や前提を色濃く残しながらもギリシア・ラテン教父からの影響も受け入れるシリア教父という構図は，ここまでに見てきた神観についても妥当する可能性が高い。本論の議論も含めて子牛像事件という一定の制限の中での分析を行っているために，全体的に図式的な結論という批

---

[292] 当然のことではあるが，子牛像事件に限らないユダヤ教の聖書解釈全般を分析しない限りは確実なことは言えない。しかし，ユダヤ教の神と聖書解釈について考える際には，神の地位を下げるというより聖書解釈という行為の地位を高めに設定する必要がありそうだとは言ってもよいであろう。しかしながら，ではなぜそれほどにまで聖書解釈が重要であるかと言えば，聖書が神の言葉でありその言葉の真の意味を自分たち人間にわかるように解釈するという行為だからだと考えられる。つまり，神の言葉を「正しく」解釈するためにはその神すらも解釈の対象にすることが許されるという，一種のパラドックスがユダヤ教の聖書解釈の伝統にはあると言うこともできるだろう。

判は免れ得ないだろうが，本論でも繰り返し述べているように，具体的な資料から一定の方向性を示すという成果は出せたものと信じ，本書は改めてここで筆を擱くこととする。

一次文献索引

（※引用または内容への言及をしている箇所が対象。
一次文献中での引用は除く）

＜ユダヤ教＞

ヘブライ語聖書

 出エジプト記（32章は除く）

  24:7　　　　　125

 レビ記

  9:1–2　　　　39

 民数記

  22:22　　　　147

  22:32　　　　147

 申命記

  9:7–21　　　　36

 サムエル記上

  28:24　　　　39

  29:4　　　　　148

 サムエル記下

  19:23　　　　148

 列王記上

  5:18　　　　　148

  11:14　　　　148

  11:23, 25　　148

 ゼカリヤ書

  3:1–2　　　　147, 150

 詩編

  38:20–21　　146

  71:13　　　　146

  106:19–23　　37

  109:4　　　　146

  109:6　　　　149

  109:20　　　147

  109:29　　　147

 ヨブ記

  1:6–9, 12　　150

  2:1–4, 6–7　　150

 ネヘミヤ記

  9:17–19　　　38

 歴代誌上

  21:1　　　　　149

ヘブライ語聖書偽典

 『ヨベル書』

  10.8, 17　　　153

  23:29　　　　153

 『十二族長の遺訓』

  ダン 3.6; 5.6; 6.1　152

  ガド 4.7　　　152

 『第一エノク書』

  54.4–6　　　　154

『ヨブの遺訓』
  3.3–6　　　　155
  4.4–5　　　　155
  6.4　　　　　155
  7.1, 6, 12　　155
  16.1–2　　　156
  17.1　　　　156
  20.1　　　　156
  23.1, 3, 11　156
  26.6　　　　156
  27.1, 6　　　156
  41.5　　　　157

フラウィウス・ヨセフス『ユダヤ古代誌』
  III, 5.7–8, [95–99]　68, 99, 123

フィロン『モーセの生涯』
  II. 161–162　　71, 123

『聖書古代誌』
  12.2–3　　　69
  12.4　　　　182
  12.7　　　　124

『ミシュナ』
  メギラー篇
    4.10　　　13, 43
  アボット篇
    1.12　　　83
    5.18　　　97
  サンヘドリン篇
    7.6　　　　45

『トセフタ』
  シャバット篇
    1.16　　　41
    17.3　　　161
  キプリーム篇
    4(5).14　　122, 184
  メギラー篇
    3(4).31–37　43
  ソーター篇
    6.6　　　　46
    12.2　　　162

『メヒルタ・デラビ・イシュマエル』
  バホデシュ 9　119

『スィフラ』
  ツァブ
    メヒルタ・デミルイーム 1　73
  シェミニ
    メヒルタ・デミルイーム 3　74, 96, 120
    メヒルタ・デミルイーム 4　121

メヒルタ・デミルイーム 8
　　75, 96

『申命記スィフレ』
　　1　　　　　　183

『レビ記ラッバー』
　　1.3　　　　　98
　　10.3　　　　 77
　　21.4, 10　　 162
　　27.8　　　　 80, 125

『雅歌ラッバー』
　　4.9　　　　　128
　　6.4　　　　　128

『タルグム・偽ヨナタン』
　　32:5　　　　 80

『タルグム・ネオフィティ』
　　32:5　　　　 80

『バビロニア・タルムード』（BT）
　ベラホット篇
　　19a　　　　　164
　　32a　　　　　100, 126, 185
　　32b　　　　　184
　　33a　　　　　165
　　51a　　　　　163
　ヨーマ篇

　　20a　　　　　164
　　66b　　　　　45, 46, 98
　シャバット篇
　　17a　　　　　41
　　88a　　　　　125
　　88b　　　　　49
　　89a　　　　　99, 127, 144
　エルビーン篇
　　54a　　　　　42
　メギラー篇
　　25b　　　　　13, 44, 82
　イェバモット篇
　　62a　　　　　103
　ソーター篇
　　14a　　　　　101
　ババ・バトラ篇
　　16a　　　　　163
　サンヘドリン篇
　　60b　　　　　45
　　89b　　　　　164
　　95a　　　　　165
　　107a　　　　 165
　アボダー・ザラー篇
　　43b–44a　　　49
　　53b　　　　　47

『バビロニア・タルムード』小篇
　セフェル・トーラー篇
　　1.6　　　　　41

＜初期キリスト教＞

新約聖書

マタイによる福音書
- 4:10　　　　　158
- 12:22, 24–26　158

マルコによる福音書
- 1:13　　　　　158

ルカによる福音書
- 13:16　　　　　159
- 22:3　　　　　159

使徒言行録
- 7:38–42　　　51, 131
- 26:18　　　　159

コリントの信徒への手紙一
- 10:5–8　　　　53, 130

コリントの信徒への手紙二
- 2:11　　　　　160
- 11:14　　　　160
- 12:9　　　　　160
- 20:1–2　　　　160

ヘブライ人への手紙
- 5:6, 10, 6:20　90–91

新約聖書外典

『バルナバの手紙』
- 4.6–8　　　　131
- 14.1–4　　　　132

『ニコデモ福音書』
- 9.2　　　　　106

『ヤコブ原福音書』
- 16章　　　　　50

『フリア・ロギオン』　158

『トマス行伝』
- 32章　　　　　166

＜ギリシア・ラテン教父＞

ユスティノス『ユダヤ人トリュフォンとの対話』
- 20.4　　　　　134, 187

エイレナイオス『異端反駁』
- IV, 15.1　　　52

テルトゥリアヌス

『マルキオン駁論』
- II.26　　　　　105, 187

『サソリの解毒剤』
- 3　　　　　　84

アタナシオス『セラピオンへの手紙』
- 16　　　　　　135

ニュッサのグレゴリオス『モーセの生涯』
- 1.57–59　　　54, 135
- 2.202　　　　55

2.210, 212	85	87.4	58
2.319	105	『誕生賛歌』	

アンブロシウス『書簡』

87	84	14.19	62
		26.8	168

『ニシビス賛歌』

ヨアンネス・クリュソストモス

　『ユダヤ人反駁講話』

		53.1–3, 10–13	170

『種なしパン賛歌』

5.4; 6.2; 6.4	135	3.16–18	168

　『創世記講話』

『創世記註解』

1.6	107	2.32	167

『出エジプト記註解』

アウグスティヌス

		32.2	87

　『書簡 43』

23	84	32.4	88
		32.5	88

　『七書についての諸問題』

		32.6	111, 188
141	84	32.8	140

『ディアテッサロン註解』

		7.13	138

『我らが主についての説教』

＜シリア教父＞

		6	58, 59, 62, 140, 189

アフラハト『論証』

4.7	108	17	112, 139
7.15	56, 86, 188	18	112, 139, 189
8.9	109, 137	43	112, 140
10.2	56, 109		
15.4	57		

エフライム

　『信仰賛歌』

14.6–7	61

197

参考文献一覧

＜書誌情報中の略語＞

The Anchor Bible Dictionary：6 vols., (ed.) Neusner, J., Avery-Peck, A. J. & Green, W. S. (New York: Doubleday, 1992)

EJ^{2nd}：*Encyclopaedia Judaica 2nd edition*, 22 vols., (ed.) Berenbaum, M. & Skolnik, F. (Detroit: Macmillan Reference USA, 2007)

＜一次文献＞

・データベース，ウェブサイト

Bar Ilan's Judaic Library ver. 20

The Comprehensive Aramaic Lexicon (http://cal1.cn.huc.edu/：2017 年 11 月 19 日最終閲覧)

イスラエル国ヘブライ語アカデミーの歴史辞書用データベース Ma'agarim（http://maagarim.hebrew-academy.org.il/Pages/PMain.aspx：2017 年 11 月 19 日最終閲覧）

Torat ha-Tannaim (http://www.biu.ac.il/JS/tannaim/： 2017 年 11 月 23 日最終閲覧)

・刊行物

Albeck, C., *Shishah Sidrei Mishnah*, 6 vols. (Jerusalem: Bialik Institute, 1953–1959)

Beck, E., *Des Heiligen Ephraem des Syrers Hymnen de Fide* (Louvain: Peeters, 1955)

Beck, E., *Des Heiligen Ephraem des Syrers Hymnen de Nativitate (Epiphania)* (Louvain: Peeters, 1959)

Beck, E., *Des Heiligen Ephraem des Syrers Sermo de Domino Nostro* (Louvain: Peeters, 1966)

Brock, S. P., *Tetamentum Iobi* (Leiden: Brill, 1967)

Clarke, E. C., *Targum Pseudo-Jonathan of the Pentateuch: Text and Concordance* (Hoboken: Ktav Publishing House, 1984)

De Jonge, M., *The Testaments of the Twelve Patriarchs* (Leiden: Brill, 1978)

Ehrman, B. D., *The Apostolic Fathers* (London: Harvard University Press, 2003)

Ehrman, B. D. & Plese Z., *The Apocryphal Gospels: Texts and Translations* (New York: Oxford University Press, 2011)

Elliger, K. & Rudolph, W., *Biblia Hebraica Stuttgartensia* (Stuttgart: Deutsche Bibelgesellschaft, 1977, 1997[5])

Evans, E., *Tertullian: Adversus Marcionem* (Oxford: Clarendon Press, 1972)

Finkelstein, L., *Sifre on Deuteronomy* (New York & Jerusalem: The Jewish Theological Seminary of America, 2001)

Fraipont, I., *Sancti Aurelii Augustini, Quaestionum in Heptateuchum Libri VII, Locutionum in Heptateuchum Libri VII, De Octo Quaestionibus, Ex Veteri Testamento* (Turnhout: Brepols, 1958)

Funk, F. X. & Bihlmeyer, K., *Die Apostolischen Väter* (Tübingen: Mohr Siebeck, 1956)

Goodspeed, E. J., *Die ältesten Apologeten* (Göttingen: Vandenhoeck & Ruprecht, 1984)

Higger, M., *Seven Minor Treatises* (New York: Bloch Publishing Company, 1930)

Horovitz, H. S. & Rabin, I. A., *Mechilta D'Rabbi Ishmael* (Jerusalem: Shalem Books, 1997)

Jacobson, H., *A Commentary on Pseudo-Philo's Liber Antiquitatum Biblicarum* (Leiden; Brill, 1996)

Leloir, L., *Saint Éphrem: Commentaire de l'Évangile Concordant Texte Syriaque (Manuscrit Chester Beatty 709) Folios Additionnels* (Leuven: Peeters Press, 1990)

Lieberman, S., *The Tosefta, Mo'ed* (New York: The Jewish Theological Seminary of America, 1962)

Lieberman, S., *The Tosefta, Nashim* (New York: The Jewish Theological Seminary of America, 1967)

Malinowitz, C. et al., *Talmud Bavli: the Schottenstein edition* (New York: Mesorah Publications, 1998)

Margulies, M., *Midrash Wayyikra Rabbah*, 2 vols. (New York & Jerusalem: The Jewish Theological Seminary of America, 1993)

Mariès, P. L. & Froman, L., "Mimré de Saint Éphrem sur la Bénédiction de la Table," *L'Orient Syrien*, 4 (1959), pp. 73–109, 163–192, 285–298

Migne, J. P., *Patrologia Graeca*, vol. 7 (Paris: Migne, 1857)

Migne, J. P., *Patrologia Graeca*, vol. 26 (Paris: Migne, 1857)

Migne, J. P., *Patrologia Graeca*, vol. 48 (Paris: Migne, 1862)

Migne, J. P., *Patrologia Graeca*, vol. 53 (Paris: Migne, 1862)

Migne, J. P., *Patrologia Latina*, vol. 16 (Paris: Migne, 1880)

Migne, J. P., *Patrologia Latina*, vol. 33 (Paris: Migne, 1861)

Parisot, D. I., *Aphraatis Sapientis Persae Demonstrationes I-XXII* (Paris: Firmin-Didot, 1894)

The Peshitta Institute, *The Old Testament in Syriac: According to the Peshitta Version*, Part 1, Fascicle 1 (Leiden: Brill, 1977)

Rahlfs, A. & Hanhart, R., *Septuaginta (Edition altera)* (Stuttgart: Deutsche Bibelgesellschaft, 2006

Reifferscheid, A. et al., *Tertulliani Opera II, Opera Montanistica* (Turnhout: Brepols, 1954)

Thackeray, H. St. J., *Josephus, vol. IV* (London: William Heinemann, 1930)

Tonneau, R. M., *Sancti Ephraem Syri in Genesim et in Exodum Commentarii* (Louvain: Peeters, 1955)

Walters, E. J., *Ephrem the Syrian's Hymns on the Unleavened Bread* (Piscataway: Gorgias Press, 2012)

Weiss, I. H., *Sifra Debe Rab Hu Sefer Torat Kohanim* (Jerusalem: Jacob Schlossberg, 1862)

Wright, W., *The Homilies of Aphraates, the Persian Sage* (London: Williams and Norgate, 1869)

Yahalom, J. & Katsumata, N., *Taḥkemoni or the Tale of Heman the Ezraḥite by*

Judah Alharizi (Jerusalem: Ben-Zvi Institute, 2010)

Zuckermandel, M. S., *Tosefta* (Jerusalem: 出版社不明, 2004)

編者不明, *Sifra: Venetian version 1545* (Jerusalem: 出版社不明, 1971)

＜翻訳＞

荒井献・柴田善家訳「トマス行伝」『聖書外典偽典 7 新約外典 II』教文館, 1976 年, pp. 217–375

Beyenka, M. M., *Saint Ambrose: Letters* (Washington, D.C.: The Catholic University of America Press, 1954. rep. 2001)

Böer, P. A., *Hymns and Homilies of St. Ephraim the Syrian* (UK: Veritatis Splendor Publications, 2012)

Brock, S., *St Ephrem the Syrian: Hymns on Paradise* (Crestwood, NY: St Vladimir's Seminary Press, 1990)

Brock, S. P. & Kiraz, G. A., *Ephrem the Syrian: Select Poems* (Provo, Utah: Brigham Young University Press, 2006)

Brock, S., *The Harp of the Spirit: Poems of Saint Ephrem the Syrian* (3rd enlarged edition) (Cambridge: Aquila Books, 2013)

Burgess, H., *The repentance of Nineveh: a metrical homily on the mission of Jonah. Also, An exhortation to repentance and some smaller pieces* (London: Blackader, 1853)

Cohen, A., *The Minor Tractates of the Talmud*, 2 vols. (London: The Soncino Press, 1971)

Colson, F. H., *Philo*, vol. 6 (Cambridge: Harvard University Press, 1950)

Harkins, P. W., *Saint John Chrysostom: Discourses against Judaizing Christians* (Washington, D. C.: The Catholic University of America Press, 1979)

秦剛平訳『七十人訳聖書 V 申命記』河出書房新社, 2003 年

Hansbury, M., *Hymns of Saint Ephrem the Syrian* (Oxford: SLG Press, 2006)

Heine, R. E., *Origen: Homilies on Genesis and Exodus* (Washington, D.C.: The Catholic University of America Press, 2002)

Hill, R. C., *Saint John Chrysostom: Homilies on Genesis 1–17* (Washington, D.C.: The Catholic University of America Press, 1986)

蛭沼寿雄訳「フリア・ロギオン」『聖書外典偽典別巻補遺 II』教文館，1982年，pp. 33–37

井阪民子・土岐健治訳『聖書古代誌』教文館，2012 年

Israelstam, J. & Slotki, J. J., *Midrash Rabbah: Leviticus* (London & New York: The Soncino Press, 1983)

James, M. R., *The Apocryphal New Testament* (Oxford: Clarendon Press, 1924)

フラウィウス・ヨセフス著・秦剛平訳『アピオーンへの反論』山本書店，1977 年

フラウィウス・ヨセフス著・秦剛平訳『ユダヤ古代誌 I』ちくま学芸文庫，1999 年

Klijn, A. F. J., *The Acts of Thomas* (Leiden: Brill, 1962)

小林稔訳『キリスト教教父著作集 3/II：エイレナイオス 4　異端反駁 IV』教文館，2000 年

共同訳聖書実行委員会『新約聖書』日本聖書協会，2000 年

旧約聖書翻訳委員会訳『旧約聖書 I–IV』岩波書店，2004 年

Lehto, A., *The Demonstrations of Aphrahat, the Persian Sage* (Piscataway: Gorgias Press, 2010)

Mathews, E. G. & Amar, J. P. (tr.), McVey, K. (ed.), *St. Ephrem the Syrian, Selected Prose Works* (Washington, D.C.: The Catholic University of America Press, 1994)

Mathews, E. G., JR., *The Armenian Prayers Attributed to Ephrem the Syrian* (Piscataway: Gorgias Press, 2014)

McCarthy, C., *Saint Ephrem's Commentary on Tatian's Diatessaron* (Oxford: Oxford University Press, 1993. rep. 2000)

McNamara, M., Hayward, R. & Maher, M., *Targums Neofiti 1 and Pseudo-Jonathan: Exodus* (Collegeville: The Liturgical Press, 1994)

McVey, K. E., *Ephrem the Syrian: Hymns* (Mahwah: Paulist Press, 1989)

三小田敏雄「バルナバの手紙」（解説・訳）『東海大学紀要文学部』7 (1965)，

pp. 51–71

村岡崇光訳「ヨベル書」『聖書外典偽典 4 旧約偽典 II』教文館，1975 年，pp. 15–158

村岡崇光訳「エチオピア語エノク書」『聖書外典偽典 4 旧約偽典 II』教文館，1975 年，pp. 161–292

Musurillo, H., *Gregorii Nysseni: De Vita Moysis* (Leiden: Brill, 1964, rep. 1991)

笈川博一・土岐健治訳「十二族長の遺訓」『聖書外典偽典 5 旧約偽典 III』教文館，1976 年，pp. 221–354

Roberts, A. & Donaldson, J., *Ante-Nicene Christian Library: Translations of the Writings of the Fathers down to A.D. 325*, vol. 11 (Edinburgh: T. & T. Clark, 1869)

Robertson, A., *Select Writings and Letters of Athanasius, Bishop of Alexandria* (Peabody; Hendrickson, 1994)

Rokéaḥ, D., *Justin Martyr: Dialogue with Trypho the Jew* (Hebrew) (Jerusalem: The Hebrew University Magnes Press, 2004)

Rousseau, A., *Irene de Lyon: Contre les Heresies, Libre IV* (Paris: Editions du Cerf, 1965)

Salvesen, A., *The Exodus Commentary of St Ephrem* (Piscataway: Gorgias Press, 2011)

佐竹明「バルナバの手紙」『使徒教父文書』荒井献編，講談社文芸文庫，1998 年，pp. 41–81, 457–460

Schaff, P. & Menzies, A., *Ante-Nicene Fathers, vol. 3 Latin Christianity: its Founder, Tertullian* (Grand Rapids: Christian Classics Ethereal Library, 1885. rep. 1995)

Simon, M., *Midrash Rabbah: Song of Songs* (London & New York: The Soncino Press, 1961)

田川建三訳「ニコデモ福音書（ピラト行伝）」『聖書外典偽典 6 新約外典 I』教文館，1976 年，pp. 161–228

谷隆一郎訳「モーセの生涯」『キリスト教神秘主義著作集 1』教文館，1992 年，pp. 5–136, 275–296, 357–380

Teske, R., *The Works of Saint Augustine: A Translation for the 21st Century II/1,*

Letters 1–99 (New York: New City Press, 2001)

土岐健治訳「ヨブの遺訓」『聖書外典偽典別巻補遺 I』教文館，1979 年，pp. 363–420

八木誠一・伊吹雄訳「ヤコブ原福音書」『聖書外典偽典 6 新約外典 I』教文館，1976 年，pp. 83–114

Wickes, J. T., *St. Ephrem the Syrian: The Hymns on Faith* (Washington D.C.: The Catholic University of America Press, 2015)

Williams, A. L., *Justin Martyr the Dialogue with Trypho* (London: The Macmillan Co., 1930)

＜二次文献＞

阿部望「データベース「マアガリーム」ヘブライ語歴史辞典としての特徴―ヘブライ文学，ヘブライ語研究の新しい方法―」『情報学研究』1（2012），pp. 101–110

Aberbach, M. & Smolar, L., "Aaron, Jeroboam, and the Golden Calves," *Journal of Biblical Literature*, 86.2 (1967), pp. 129–140

Anatolios, K., *Athanasius* (London & New York: Routledge, 2004)

浅野淳博「『使徒教父文書』に見るユダヤ教からの教会分離」『CISMOR ユダヤ学会議』5（2011），pp. 40–53

Barnard, L. W., "The Origins and Emergence of the Church in Edessa during the First Two Centuries A. D.," *Vigiliae Christianae*, 22 (1968), pp. 161–175

Begg, C. T., "The Golden Calf Episode according to Pseudo-Philo," *Studies in the Book of Exodus* (Leuven: Leuven University Press, 1996), pp. 577–594

Blumenkranz, B. & Herr, M. D. "Church Fathers," *EJ²ⁿᵈ*, vol. 4, pp. 719–21

Bori, P. C., (tr.) Ward, D., *The Golden Calf and the Origins of the anti-Jewish Controversy* (Atlanta: Scholars Press, 1990)

Botha, P., "Christology and apology in Ephrem the Syrian," *Hervormde Teologiese Studies*, 45.1 (1989), pp. 19–29

Brichto, H. C., "The Worship of the Golden Calf: A Literary Analysis of a Fable on Idolatry," *Hebrew Union College Annual*, 54 (1983), pp. 1–44

Brock, S., "Jewish Traditions in Syriac Sources," *Journal of Jewish Studies*, vol. 30.2 (1979), pp. 212–232

Brock, S. P., "From Ephrem to Romanos," *Studia Patristica*, 20 (1989), pp. 139–151

Brock, S., *An Introduction to Syriac Studies* (Piscataway: Gorgias Press, 2006)

セバスチャン・ブロック（石渡巧訳）「シリア語文学：諸文化の十字路」『国際基督教大学学報 III-A アジア文化研究』32（2006），pp. 157–176

Brock, S. P., *A Brief Outline of Syriac Literature* (Piscataway:Gorgiass Press, 2011)

Brown, D. R., "The Devil in the Details: A Study of Research on Satan in Biblical Studies," *Currents in Biblical Research*, 9.2 (2011), pp. 200–227

Brown, F., Driver, S. R., & Briggs, C. A., *The Brown-Driver-Briggs Hebrew and English Lexicon* (Peabody: Hendrickson Publishers, rep. 2003)

Bundy, D. D., "Ephrem's Exegesis of Isaiah," *Studia Patristica*, 18, 4 (1990), 234-9

Cassuto, U., (tr.) Abrahams, I., *A Commentary on the Book of Exodus* (Jerusalem: Magnes Press, 1997)

ブレヴァード・S.チャイルズ（近藤十郎訳）『出エジプト記：批判的神学的注解』日本基督教団出版局，1994 年

Chung, Y. H., *The Sin of the Calf: the Rise of the Bible's Negative Attitude toward the Golden Calf* (New York: T & T Clark, 2010)

Clines, D. J. A., *The Dictionary of Classical Hebrew* (Sheffield: Sheffield Phoenix Press, 1993–2011)

ジャン・ダニエルー（上智大学中世思想研究所編訳／監修）『キリスト教史 1：初代教会』平凡社，1996 年

Darling, R., "The 'Church from the Nations' in the Exegesis of Ephrem," *IV Symposium Syriacum, 1984: Literary Genres in Syriac Literature*, 1987, pp. 111–122

出村彰・宮谷宣史編『聖書解釈の歴史：新約聖書から宗教改革まで』日本キリスト教団出版局，1986 年

De La Torre, M. A, & Hernandez, Albert, *The Quest for the Historical Satan*

(Minneapolis: Fortress Press, 2011)

Den Biesen, K., *Annotated Bibliography of Ephrem the Syrian (Student Edition)* (Kees den Biesen, 2011)

Dinur, B., "Wissenschaft des Judentums,"*EJ²ⁿᵈ*, vol. 21, pp. 105–114

Drijvers, H. J. W., "Jews and Christians at Edessa," *Journal of Jewish Studies*, 36.1 (1985), pp. 88–102

Drijvers, H., "Syrian Christianity and Judaism," *The Jews among Pagans and Christians*, (London & New York: Routledge, 1992), pp. 124-146

Dunn, G. D., *Tertullian* (London & New York: Routledge, 2004)

Durham, J. I., *Word Biblical Commentary vol. 3: Exodus* (Waco: Word Books, 1987)

Even-Shoshan, A., *A New Concordance of the Bible* (Jerusalem: Kiryat Sefer, 1988)

Feldman, L. H., "Philo's Account of the Golden Calf Incident," *Journal of Jewish Studies*, 56.2 (2005), pp. 245–264

Fitzgerald, A. D., "Quaestiones in Heptateuchum," *Augustine through the Ages: an Encyclopedia* (Michigan & Cambridge: William B. Eerdmans Publishing Company, 1999), pp. 692–3

Flusser, D., "Testaments of Twelve Patriarchs," *EJ²ⁿᵈ*, vol. 15, pp. 691–3

藤井悦子「ミドラッシュ（ラビ・ユダヤ教聖書解釈）へのアプローチ」『宗教学年報』12（1995），pp. 47–67

Funk, S., *Die haggadischen Elemente in den Homilien des Aphraates, des persischen Weisen* (Wien: Moritz Knöpflmacher, 1891)

Gerson, D., "Die Commentarien des Ephraem Syrus im Verhältniss zur jüdischen Exegese," *Monatsschrift für Geschichte und Wissenschaft des Judentums*, 17 (1868), pp. 15–33 (No. 1), 64–72 (No. 2), 98–109 (No. 3), 141–149 (No. 4)

Gevirtz, S., "Cheret in the Manufacture of the Golden Calf," *Biblica*, 65 (1984), pp. 377–81

Gieschen, C. A., "The Different Functions of a Similar Melchizedek Tradition in 2Enoch and the Epistle to the Hebrews," *Early Christian Interpretation of the Scripture of Israel* (1997), pp. 364–379

Ginzberg, L, (tr.) Szold, H. & Radin, P., *Legends of the Jews*, 7 vols. (Philadelphia:

Jewish Publication Society of America, 1909–28)

Golinkin, D., "Ginzberg, Louis," *EJ²ⁿᵈ*, vol. 7, pp. 613–4

Golinkin, D., "*The Legends of the Jews* as Viewed by Louis Ginzberg and by Others," (Hebrew), *Jewish Studies,* 47 (2010), pp. 11–24 (Hebrew section)

E. R. グッドイナフ（野町啓・兼利琢也・田子多津子訳）『アレクサンドリアのフィロン入門』教文館，1994 年

Grant, R. M., *Irenaeus of Lyon* (London: Routledge, 1997)

Gray, A. M., "Amoraim," *EJ²ⁿᵈ*, vol. 2, pp. 89–95

Griffith, S. H., *'Faith Adoring the Mystery': Reading the Bible with St. Ephraem the Syrian* (Milwaukee: Marquette University Press, 1997)

Grossfeld, B., Sperling, S. D. et. al., "Bible (translation: ancient version)," *EJ²ⁿᵈ*, vol. 3, pp. 588–595

Halamish, M. et al., *Moses the Man - Master of the Prophets* (Hebrew) (Ramat-Gan: Bar-Ilan University Press, 2010)

Halbertal, M. & Margalit, A, (tr.) Goldblum, N., *Idolatry* (Cambridge: Harvard University Press, 1992)

Hamilton, V. P., "Satan", *The Anchor Bible Dictionary*, vol. 5, pp. 985–989

秦剛平「ギリシア・ローマ時代のモーセ像」『ヨセフス研究 4：ヨセフス・ヘレニズム・ヘブライズム II』L. H. フェルトマン・秦剛平編，山本書店，1986 年，pp. 145-186，328-333

秦剛平『あまのじゃく聖書学講義』青土社，2006 年

秦剛平『書き替えられた聖書』京都大学学術出版会，2010 年

Hayes, C. E., "Golden Calf Stories; the Relationship of Exodus 32 and Deuteronomy 9-10," *The Idea of Biblical Interpretation* (Leiden: Brill, 2004), pp. 45–93

Hayman, A. P., "The Image of the Jew in the Syriac Anti-Jewish Polemical Literature," *"To See Ourselves as Others See Us": Christians, Jews, "Others" in Late Antiquity* (Chico: Scholars Press, 1985), pp. 423–441

Heinemann, J., "Leviticus Rabbah," *EJ²ⁿᵈ*, vol. 12, pp. 740–742

Herr, M. D., "Song of Songs Rabbah", *EJ²ⁿᵈ*, vol. 19, pp. 20

Hidal, S., *Interpretatio Syriaca* (Lund: CWK Gleerup, 1974)

Holladay, W. L., *A Concise Hebrew and Aramaic Lexicon of the Old Testament* (Leiden: Brill, 1988)

市川裕『ユダヤ教の精神構造』東京大学出版会，2004 年

Joüon, P. & Muraoka, T., *A Grammar of Biblical Hebrew (Forth Reprint of the Second Edition)* (Roma: Gregorian & Biblical Press, 2013)

Kahana, M., "Sifrei," *EJ²ⁿᵈ*, vol. 18, pp. 562–564

Kamesar, A., "The Evaluation of the Narrative Aggada in Greek and Latin Patristic Literature," *Journal of Theological Studies*, 45.1 (1994), pp. 37–71

加藤哲平「カウンター・ヒストリーとしての教父研究」『京都ユダヤ思想』2 (2012), pp. 26–55

Katsumata, E., *Priests and Priesthood in the Aramaic Targums to the Pentateuch* (Berlin: Lambert Academic Publishing, 2011)

勝又悦子「ラビ文献における TRGM（翻訳する）の語感」『一神教学際研究』6 (2011), pp. 90–119

勝又悦子「ユダヤ教における「自由」―ヘブライ語聖書とラビ・ユダヤ教を中心に―」『基督教研究』77.1 （2015），pp. 1–23

Kessler, E., *An Introduction to Jewish-Christian Relations* (Cambridge: Cambridge University Press, 2010, 2013³)

Knibb, M. A. & Van der Horst, P. W., *Studies on the Testament of Job* (Cambridge: Cambridge University Press, 1989)

Kohlenberger III, J. R. et al., *The Exhaustive Concordance to the Greek New Testament* (Grand Rapids: Zondervan Publishing House, 1995)

H. クラフト（水垣渉・泉治典監修）『キリスト教教父事典』教文館，2002 年

Krauss, S., "The Jews in the Works of the Church Fathers IV," *Jewish Quarterly Review*, 6.1 (1893), pp. 82–99

Kronholm, T., *Motifs from Genesis 1–11 in the Genuine Hymns of Ephrem the Syrian* (Uppsala: Almqvist & Wiksell, 1978)

Kuhlmann, K. H., "The Harp out of Tune: the anti-Judaism/anti-Semitism of St Ephrem," *The Harp: A Review of Syriac and Oriental Studies*, 17 (2004), pp.

177–83

Langner, A. M., "The Golden Calf and Ra," *Jewish Bible Quarterly*, 31.1 (2003), pp. 43–47

Lindqvist, P., *Sin at Sinai: Early Judaism Encounters Exodus 32* (Vaajakoski: Gummerus Printing, 2008)

Loewenstamm, S. E., "The Making and Destruction of the Golden Calf," *Biblica*, 48 (1967), pp. 481–490

レオンハルト・ロスト（荒井献・土岐健治訳）『旧約外典偽典概説』教文館，1972年

Lund, J. A., "Observations on Some Biblical Citations in Ephrem's Commentary on Genesis," *Aramaic Studies*, 4.2 (2006) pp. 207–220

Mandelbaum, I. J., "Tannaitic Exegesis of the Golden Calf Episode," *A Tribute to Geza Vermes* (Sheffield: Sheffield Academic Press, 1990), pp. 207–223

McCullough, J. C., "Aphrahat the Biblical Exegete," *Studia Patristica*, 18.4 (1990), pp. 263–8

McVey, K. E., "'The Anti-Judaic Polemic of Ephrem Syrus' Hymns on the Nativity," *Of Scribes and Scrolls* (Lanham: University Press of America, 1990), pp. 229–240

アンソニー・メレディス（津田謙治訳）『カッパドキア教父』新教出版社，2011年

Murphy, F. J., *Pseudo-Philo. Rewriting the Bible* (New York: Oxford University Press, 1993)

Murray, R., *Symbols of Church and Kingdom (revised edition)* (London & New York: T&T Clark, 2006)

武藤慎一「ニシビスのエフライムとクリュソストモスの解釈学の比較」『日本の神学』35（1996），pp. 51–70

武藤慎一『聖書解釈としての詩歌と修辞』教文館，2004年

Muto, S., "Interpretation in the Greek Antiochenes and the Syriac Fathers," *The Peshitta: Its Uses in Literature and Liturgy* (Leiden: Brill, 2007), pp. 207–222

武藤慎一「ニシビスのエフライムの『創世記注解』における発見法的読み—

―近代的解釈学の枠組みを超えて」『近代精神と古典解釈―伝統の崩壊と再構築―』財団法人国際高等研究所，2012 年，pp. 285–295

Narinskaya, E., *Ephrem, a 'Jewish' Sage* (Turnhout: Brepols, 2010)

Neusner, J., *Aphrahat and Judaism* (Leiden: Brill, 1971)

西川正雄他編『角川世界史辞典』角川書店，2001 年

Nöldeke, T., (tr.) Crichton, J. A., *Compendious Syriac Grammar* (London: Williams & Norgate, 1904)

大澤耕史「出エジプト記３２章金の子牛像事件解釈―アロン伝承を中心としたユダヤ教・キリスト教比較考察」『一神教世界』5（2014），pp. 1–16

大澤耕史「タルムードまでのユダヤ教におけるサタン像――キリスト教との比較から――」『ユダヤ文献原典研究』1（2014），pp. 5–23

Osawa, K., "The Interpretations of the Golden Calf Story in Exodus 32 and a New Possibility: A Comparison of Judaism with Syriac Christianity," *Proceedings of the 8th CISMOR Conference of Jewish Studies* (2015), pp. 86–94

Palmer, A., "Ephrem, Nisibene Madrosho 42, Stanza 1: a Symbolic and Dramaturgical Commentary," *The Harp*, 18 (2005), pp. 245–51

Petersen, W. L., "Some Remarks on the Integrity of Ephrem's Commentary on the Diatessaron," *Studia Patristica*, 20 (1989), pp. 197–202

Rabinowitz, L. I., "Satan", *EJ²ⁿᵈ*, vol. 18, pp. 72–73

Ramsey, B., *Ambrose* (London & New York: Routledge, 1998)

Reiss, M., "The Melchizedek Traditions," *Scandinavian Journal of the Old Testament*, 26.2 (2012), pp. 259–265

Rodrigues P., A. S., *Studies in Aramaic poetry: (c. 100 B.C.E.–c. 600 C.E.); Selected Jewish, Christian, and Samaritan Poems* (Leiden: Brill, 1997)

Rokeah, D., *Justin Martyr and the Jews* (Leiden: Brill, 2002)

Rosen, D., "Moses in the Jewish Tradition," *Moses in the Three Monotheistic Faiths* (Jerusalem: Palestinian Academic Society for the Study of International Affairs, 2003), pp. 3–12

Russell, P., "Nisibis as the Background to the Life of Ephrem the Syrian," *Hugoye*, 8.2 (2005), pp. 179–235

Sabel, J., "Aggadah in "Higher Unity": The German Manuscript of *the Legends of the Jews*," *Jewish Studies,* 47 (2010), pp. 13–38 (English section)

Saldarini, A. J., *Matthew's Christian-Jewish Community* (Chicago: The University of Chicago Press, 1994)

Salvesen, A., "The Exodus Commentary of St. Ephrem," *Studia Patristica*, 25 (1993), pp. 332–338

Schalit, A., "Josephus Flavius," *EJ²ⁿᵈ*, vol. 11, pp. 435–442

ケネス・シェンク著，土岐健治・木村和良訳『アレクサンドリアのフィロン』教文館，2008 年

Shepardson, C. C., ""Exchanging Reed": for Reed Mapping Contemporary Heretics onto Biblical Jews in Ephrem's Hymns on Faith," *Hugoye*, 5.1 (2002), pp. 15–33

Shepardson, C., *Anti-Judaism and Christian Orthodoxy* (Washington, D.C.: The Catholic University of America Press, 2008)

Shepardson, C., (Review) "Ephrem the Syrian's Hymns on the Unleavened Bread," *Hugoye*, 16.2 (2013), pp. 382-4

柴田有『教父ユスティノス：キリスト教哲学の源流』勁草書房，2006 年

Smolar, L. & Aberbach, M., "The Golden Calf Episode in Postbiblical Literature," *Hebrew Union College Annual*, 39 (1968), pp. 91-116

Sommer, B. D., *Jewish Concepts of Scripture* (New York: New York University Press, 2012)

Spencer, J. R., "Golden Calf," *The Anchor Bible Dictionary*, vol. 2, pp. 1065–1069

Sperber, D., "Tanna, Tannaim," *EJ²ⁿᵈ*, vol. 19, pp. 505–507

Strack, H. L. & Stemberger, G., (tr.) Bockmuehl, M., *Introduction to Talmud and Midrash* (Minneapolis: Fortress Press, 1996)

Strugnell, J., "(Pseudo-) Liber Antiquitanum Biblicarum," *EJ²ⁿᵈ*, vol. 16, pp. 58–59

高橋英海「翻訳と文化間関係――シリア語とその周辺から」『精神史における言語の想像力と多様性』慶応義塾大学言語文化研究所，2008 年，pp. 83–110

高橋英海「シリア正教会」『東方キリスト教諸教会―基礎データと研究案内―（増補版）』上智大学アジア文化研究所イスラーム地域研究機構，2013

年，pp. 60–67, 74–83

戸田聡「「最初のシリア語キリスト教著作家」バルダイサンの知的背景について」『西洋古典学研究』59 （2011），pp. 118–130

土岐健治『旧約聖書外典偽典概説』教文館，2010 年

Treat, J. C., "Barnabas," *The Anchor Bible Dictionary*, vol. 1, pp. 610–615

Trigg, J. W., *Origen* (London & New York: Routledge, 1998)

筒井賢治「マルキオン」『岩波キリスト教辞典』大貫隆他編，岩波書店，2002 年，p. 1072

上村静『宗教の倒錯』岩波書店，2008 年

Wacholder, B. Z., "Job, Testament of," *EJ²ⁿᵈ*, vol. 11, pp. 359–360

Watts, J. W., "Aaron and the Golden Calf in the Rhetoric of the Pentateuch," *Journal of Biblical Literature*, 130.3 (2011), pp. 417–430

Weitzman, M. P., *The Syriac Version of the Old Testament. An Introduction*, (Cambridge: Cambridge University Press, 1999)

Wilken, R. L., *John Chrysostom and the Jews* (Berkeley: University of California Press, 1983)

Winslow, K. S., "The Exegesis of Exodus by Ephrem the Syrian," *Exegesis and Hermeneutics in the Church of the East*, (ed.) Hovhanessian, Vahan S. (New York: Peter Lang, 2009), pp. 33-42

山本伸一『シャブタイ派思想における反規範主義の起源と展開』学位請求論文（東京大学），2011 年

Yousif, P., "Exegetical Principles of St Ephraem of Nisibis," *Studia Patristica*, 18.4 (1990), pp. 296–302

あとがき

　「本は批判されるために出すものである」という言葉を耳にして以来，いつか自分が本を出すような機会に恵まれれば，その時には必ずこの言葉に言及しようと思っていた。元来謙遜することが嫌いな筆者であるが，こうして一冊の本を書き上げてみて，改めてこの言葉の重みを痛感している。本書の現代的な意義や，研究者に限らない広い読者へのアピールなども執筆中にあれこれ考えたが，そのような表面的な部分から離れた本書の根幹，学術界への貢献となりうる核の部分を，このような単著の形で世に問うことがこれほど恐ろしいものだとは思っていなかった。研究に終わりはないというのは一つの真理だが，それを一冊の本にまとめるに際しても，調べれば調べるほどに収集がつかなくなることばかりであった。冒頭の言葉を知らなければ途中で心が折れていたであろう。読者諸兄におかれては，各々の専門から見ればことによると失笑を禁じえないような箇所も見出せるかもしれないが，それらの内容をぜひ批判していただき，筆者までお知らせ願いたい。

　本書は，2015 年 11 月に京都大学大学院人間・環境学研究科に提出された学位請求論文「出エジプト記 32 章金の子牛像事件解釈に見る，古代・中世初期のユダヤ教とシリア-キリスト教の比較分析」をもとに大幅な加筆修正を加え，平成２９年度京都大学総長裁量経費人文・社会系若手研究者出版助成を受けて出版されたものである。論文の審査を引き受けてくださった同研究科のカール・ベッカー先生，水野眞理先生，そして同志社大学神学部の勝又悦子先生には，数々の貴重なご意見とご指摘をいただき，本書の基盤となるべき部分に多くの改善点を見出していただいた。そのおかげで，出版助成を受けられるまでに本書の完成度を高めることができた。また，東京大学大学院人文社会系研究科の市川裕先生，大東文化大学文学部の武藤慎一先生には，論文以前の構想の段階から折にふれて様々な点で多くの貴重な助言をいただいた。そのうちのどれだけを消化できたか心許ないが，それらの助言は

本書にとって欠くことのできない土台となった。まずは以上の方々に衷心より感謝申し上げたい。

　そして論文の主査であり学部からの指導教員であった勝又直也先生には，明確な全体像もなくただひたすら聖書解釈を読むところから始めた論文未満の文章を，博士論文の形になるまで導いていただいた。そもそも，勝又先生と出会わなければ筆者は恐らくユダヤ学の研究を志すことはなく，ひょっとすると大学院にも進んでいなかったかもしれない。普段は京都大学の伝統的な形式でご指導いただいていたが，ひとたび一次文献の内容について相談にうかがえば，何時間でも質問や議論にお付き合いいただくことができた。当時思っていた以上に，あの時間は貴重なものだったと今になってより強く思うものである。いまだ筆者はこの偉大な師の足元にも及ばないために弟子を名乗ることもできないでいるが，一次文献を重視するという（能力はともかく）姿勢だけは受け継いでいると自負している。優れた研究を生み出すことが一番の恩返しとなると信じ，今後も精進を続けていく所存である。

　本書は筆者のこれまでの研究の集大成となるものであり，その過程で多くの方々に教え導いていただいた。特に，同志社大学神学研究科の先生方，院生の皆様には，一時期半ば研究難民と化していた筆者を温かく迎え入れていただき，ユダヤ学を志す者としての居場所を与えていただいたと思っている。とりわけ，ヘシェル読書会のメンバー及び京都ユダヤ思想学会の運営委員の皆様には，当時（今も？）プライドだけは高く生意気盛りだった院生を可愛がっていただき，このような成果をなんとか世に出せるまでに育てていただいた。研究は個人で行うものではあるが，相互扶助組織としての研究仲間がいなければ時にはそれもままならないということを痛感した次第である。感謝申し上げる。

　紙幅の都合もあって本書の執筆にご協力いただいた方全員のお名前を挙げさせていただくのは断念せざるを得なかったが，その中でも特に，ユダヤ思想史が専門の山本伸一氏（ベン・グリオン大学），中世ユダヤ教の論争文学が専門の志田雅宏氏（日本学術振興会特別研究員），ギリシア・ローマ時代のユダヤ・キリスト教文学が専門の加藤哲平氏（ヒブル・ユニオン・カレッジ），ロシア・ユダヤ史が専門の鶴見太郎氏（東京大学）の四氏には，ご自

あとがき

身も大変お忙しい中で本書の草稿に対して非常に有意義かつ今後の研究の指針にもなり得るような貴重なコメントの数々をいただいた。筆者の力量不足ゆえにその多くを本書に反映させるには至らなかったが，この場を借りて改めて感謝の気持ちをお伝えしたい。本当にありがとうございました。それでもなお本書に問題点が残っているならば，それらはすべて筆者に帰するものである。

　教文館出版部の高橋真人氏には，仕事の遅い筆者のために度々お手数をおかけしてしまった。本書がこのような形で無事に世に出ることができたのは，氏のご協力とご尽力のおかげである。心より感謝申し上げたい。

　専門の研究上の師とは別に，大学での学問全般に加えて愉快な生き方の師として，山本達也氏（静岡大学）のお名前を挙げさせていただきたい。まだ学問の道に入る前から氏に鍛えていただいた知力と体力（そしてユーモア）は，研究者として，そして一人の人間として生きていくための大きな手引となっている。本当にありがとうございました。と同時に，今後ともよろしくお願いします。

　最後に，筆者がここまでなんとか健康を保ちつつ研究を続けて来られたのは，遠くの家族と近くの家族の支えがあったからこそである。身分も定まらずにいつも心配をかけてばかりであるが，このような形で一つの成果を出すことができたのもこれまでの支えのおかげである。深く，深く感謝している。

2017年12月，Weihnachtsmarktで賑わう冬のウィーンにて

◆著者紹介

大澤耕史（おおさわ・こうじ）

1984年埼玉県生まれ。2007年京都大学総合人間学部卒業。2013年同大学大学院人間・環境学研究科博士後期課程単位取得退学。博士（人間・環境学）。イスラエル国ヘブライ大学ロスベルグ国際校客員研究員（2010〜11年），日本学術振興会特別研究員（PD: 2013〜15年度）などを経て，現在，日本学術振興会海外特別研究員／オーストリア国ウィーン大学歴史・文化学部ユダヤ学研究所客員研究員。
主な論文に "Jannes and Jambres: The Role and Meaning of Their Traditions in Judaism," Frankfurter Judaistische Beiträge, vol. 37 (2011/2012), pp. 55-73 ほか。

金の子牛像事件の解釈史

古代末期のユダヤ教とシリア・キリスト教の聖書解釈

2018年3月10日　初版発行

著　者　大澤耕史
発行者　渡部　満
発行所　株式会社 教文館
〒104-0061　東京都中央区銀座 4-5-1
電話 03(3561)5549　FAX 03(5250)5107
URL http://www.kyobunkwan.co.jp/publishing/
印刷所　株式会社 平河工業社
配給元　日キ販
〒162-0814　東京都新宿区新小川町 9-1
電話 03(3260)5670　FAX 03(3260)5637

ISBN 978-4-7642-7422-8　　　　　　　Printed in Japan
© 2018 Koji OSAWA　　落丁・乱丁本はお取り替えいたします。

教文館の本

武藤慎一
聖書解釈としての詩歌と修辞
シリア教父エフライムとギリシア教父クリュソストモス
A5判 248頁 6,500円

多くの著作を残したシリアのエフライムと、透徹した説教と聖書注解で知られたヨアンネス・クリュソストモスの解釈学を、現代の解釈学やレトリックをも視野に入れながら、比較考察。シリア教父の思想世界を初めて紹介した書。

E. J. グッドスピード　R. M. グラント補訂　石田 学訳
古代キリスト教文学入門
使徒後時代からニカイア公会議まで
B6判 360頁 3,700円

新約聖書と共に、古代キリスト教徒が残した手紙、黙示書、福音書、行伝、賛歌などを解説。使徒教父、ユスティノス、エイレナイオス、オリゲネスなどからエウセビオスまでの教父文学を明快、大胆、正確に描く古典的名著。

H. クラフト　水垣 渉／泉 治典監修
キリスト教教父事典
A5判 550頁 8,500円

キリスト教の形成に決定的な影響を与えた思想家たちの生涯と著作。異端や論争、教会会議の決定等、キリスト教の基礎を知るための不可欠の事典。人名・事項あわせて677項目、1187タイトルの古代教父関連文献に言及。

土岐健治
旧約聖書外典偽典概説
A5判 252頁 3,200円

旧約聖書の歴史書と新約聖書の間を結ぶ旧約聖書外典。新約聖書と初期キリスト教の理解に不可欠な旧約聖書偽典。これらの重要な文書群が書かれた時期の社会状況と、内容・著者・成立年代・意義など、各文書の特徴を的確に解説。

ケネス・シェンク　土岐健治／木村和良訳
アレクサンドリアのフィロン
著作・思想・生涯
A5判 306頁 4,500円

イエスの同時代人であるユダヤ人哲学者フィロンは、アレクサンドリアを中心とする古代キリスト教神学と聖書解釈に決定的な影響を与えた。新約聖書の背景と古代キリスト教への理解を望む人への最新の案内。全著作への主題別索引、用語解説付。

偽フィロン　井阪民子／土岐健治訳
聖書古代誌
A5判 292頁 4,900円

紀元50〜150年の筆とされる旧約聖書偽典の一書。アダムからサウル王までの歴史を、旧約の内容を要約・敷衍しながら記述する。新約との並行も多い、当時のユダヤ教思想を知るための重要文献。ラテン語本文からの本邦初訳！

M. ハルバータル　志田雅宏訳
書物の民
ユダヤ教における正典・意味・権威
四六判 342頁 3,500円

ユダヤ教の教典である聖書、ミシュナ、タルムードは、テクストを中心とする共同体の形成にいかなる役割を果たしたのか。中世・近現代の思想家による論究を参照しつつ、「書物の宗教」における正典テクストの意味を明らかにする。

上記価格は本体価格（税別）です。